느림과 비움의 미학

느림과 비움의 미학
장석주의 장자 읽기

푸르메

느림과 비움의 미학

1판 1쇄 발행 2010년 4월 16일
1판 9쇄 발행 2021년 6월 25일

지은이 | 장석주
펴낸이 | 김이금
펴낸곳 | 도서출판 푸르메
등록 | 2006년 3월 22일(제318-2006-33호)
주소 | 경기도 화성시 향남읍
  행정중앙2로 64, 1106동 1604호
전화 | 02-334-4285~6
팩스 | 02-334-4284
전자우편 | prume88@hanmail.net
인쇄·제본 | 한영문화사

ⓒ 장석주, 2010

ISBN 978-89-92650-27-4 03810

*책값은 뒤표지에 표시되어 있습니다.
*저자와 협의하여 인지를 생략합니다.

차례

1. 자유롭게 노닐다
호접몽(胡蝶夢)   11
천하를 자유롭게 노닐다   21
상상하라! 변화하라!   28

2. 변화의 바람을 타고 가라
물고기를 잡은 뒤 통발을 버려라   39
여희의 후회함   48

3. 도둑에게는 도둑의 도가 있다
말을 사랑하는 법   61
화공이 알몸인 채로 앉아 있었네   69

4. 비워라, 비워야 채운다
빈 배   81
열자 이야기   89
수레바퀴 자국에 괸 물 속에서   98
장자의 죽음   109
어부가 배를 골짜기에 감추다   117

5. 본성을 거스르지 말고 살아라

129 　　　　바닷새

138 　　　　오리 다리가 짧다고 늘여줄까

147 　　　　진흙탕에서 꼬리를 끌지언정

160 　　　　꿩은 열 걸음 걸어 모이를 쪼고

168 　　　　장과 곡은 양을 잃어버렸네

6. 운명에 맞서지 마라

177 　　　　달려오는 수레를 막는 사마귀

185 　　　　아내의 주검 앞에서 노래하다

193 　　　　남의 발을 밟으면

7. 쓸모없음의 쓸모를 구하라

203 　　　　쓸모없는 나무가 큰 나무가 되었네

213 　　　　작은 재주를 뽐내다가는

224 　　　　송나라 모자 장수의 어리석음

8. 배워 익힌 것은 잊어라

235 　　　　아낌없이 잊어라

243 　　　　물의 길 사람의 길

9. 진인으로 사는 법

애태타 257
누가 진인인가? 266
진인으로 사는 법 272
이 순간이 큰 꿈인 것을! 278
살려면 죽고 죽으려면 산다 285

10. 눈에 보이는 세계 너머를 보라

우물 안 개구리 293
조릉 이야기 304
얼음처럼 차고 눈처럼 흰 사람 314
그림자가 그림자를 탓하다 325

11. 마음의 눈으로 보라

포정 이야기 333
누가 바람을 부러워하랴 344
드러난 아름다움은 아름다움이 아니다 352
장자가 해골을 베고 잠들다 356

에필로그

다시 느림과 비움을 노래하자! 365

1. 자유롭게 노닐다

호접몽 胡蝶夢

어느 날 장주가 나비가 된 꿈을 꾸었다. 나비가 되어 유유자적 재미있게 지내면서도 자신이 장주임을 알지 못했다. 문득 깨어 보니 다시 장주가 되었다. 혼몽한 중에 장주는 제가 나비가 되는 꿈을 꾸었는지 나비가 장주가 되는 꿈을 꾸었는지 알 수가 없었다. 장주와 나비 사이에 무슨 구별이 있기는 있을 터. 이런 것을 일러 '사물의 변화'라 한다.

「장자」, 「제물론齊物論」

『장자』의 「제물론」 편을 읽는다. 내가 살고 있는 현실은 꿈이 아닌가. 나는 자주 이런 의심을 해본다. 장자의 '나비 꿈 이야기'는 유명한 이야기다. 장자는 몽접주인夢蝶主人이란 별칭을 들을 정도로 이 이야기는 그 당대에 널리 알려진 이야기다. 어느 봄날 장자는 깜빡 낮잠이 든다. 잠 속에서 나비가 되어 훨훨 날아다녔다. 이 꽃 저 꽃으로 한가롭게 날아다니며 꿀을 빨아먹는다. 솜털이 돋은 다리에는 노란 꽃가루가 잔뜩 묻는다. 세상은 평화로웠다. 장자와 나비 사이의 분별이 사라졌다. 그러다가 문득 잠에서 깨어났다. 깨어난 순간 장자는 삶이 일장춘몽一場春夢이란 걸 깨닫는다. 삶이란 뇌가 만들어낸 하나의 환몽幻夢이다. 사람은 평생을 그 환몽 속에서 허우적이다가 죽는다. "눈은 빛깔을 보고, 귀는 소리를 듣고, 입은 맛을 음미하고, 마음은 제 안에서 일어나는 욕망의 만족을 구한다."(「장자」, 「도척盜跖」) 우리가 실재라고 믿는 빛깔과 소리와 미각들은 모두 환몽의 그림자다. 장자는 어느 날 문득 꿈속을 잠행하다가 그 환몽의 문턱을 넘어서서 삶을 투명하게 지각한다. 그 지각을 적은 게 나비 꿈 이야기다.

장자는 꿈에서 깼는데도 혼몽한 상태에 머물렀다. 문득 둘러보니 만화방창萬化方暢으로 흐드러진 꽃들의 향기는 천지에 진동하고, 그 꽃들 위로는 나비가 날아다녔다. 장자는 생각에 잠겨 스스로에게 묻는다. 나는 꿈속에서 나비였는데, 그 나비는 어디로 날아갔는가? 꿈은 무엇이고, 꿈 아닌 것, 즉 깨어남은 무엇인가? 내가 나비로 변한 것인가, 혹은 나비가 나로 변한 것인가? 장자가 깨달은 것은 제가 살아 숨쉬는 이 세상이 상호연기相互緣起의 세상이라는 사실이다. 상호연기의 세상에서 주객을 굳이 가르는 것은 뜻 없다. 나를 완전히 잊어버리면 주객합일은 쉽게 이루어진다. 장자는 꿈속에서 문득 사지와 형체가 있음을 잊고 주객합일로 노닐었던 것이다. 꽃과 나비와 장자 사이에 어엿한 분별이 있지만, 그 분별이라는 것도 서로의 인연으로 잇대어져 있다. 그렇기 때문에 장자에서 나비로, 다시 나비에서 장자에로 존재 이동을 할 수 있었다.

발랄한 애인은 어느 날 갑자기, 당분간 나를 찾지 마, 라는 마지막 전화 통화 이후 연락이 끊겼다. 담에 달라붙은 가을 햇빛은 누더기같이 누추해졌다. 내 잘못은 '당분간'을 '영영'이 아니라 '며칠'로 믿었다는 것이다. 나는 갑자기 할 일이 없어져버렸다. 다만 공중전화 부스 옆을 지나갈 때마다 오줌이 마려워지고 손바닥에서 땀이 났다. 더 나쁜 것은 발랄한 애인의 경우를 여자 일반으로 확대하는 해석의 오류에서 헤어나지 못했다는 점이다. 나는 점점 여자들에게 거절당하는 것이 두려워졌고, 여자들이 미소 뒤에 흉기를 감추고 있다는 의심을 버리지 못했다. 여자에게서 취할 것은 미모와 교태, 상냥함과 부드러움, 그러나 그것들은 때때로 흉기로 변하지. 나는 여자에게서 도망가기에 바빴다. 나도 한숨을 자주 내쉬는 버릇을 갖게 되었다. 내 한숨들은 장기적으로 지구의 습지들과 열대우림에 영향을 주었다. 호수의 물이 어느 날 갑자기 증발해서 바닥을 드러내고, 열대우림은 사라졌다.

종려나무 같은 머리는 자주 무겁고 내 팔과 다리가 버드나무 가지같이 내 마음에서 너무 멀리 뻗어나갔다는 이상한 강박증에 사로잡혔다. 길어진 팔다리가 창피해서 나는 일체의 바깥 출입을 끊었다. 집 안에 틀어박혀 내가 한 일이란 이상한 체조를 하며 길어진 팔다리를 줄이는 일이었다. 그 체조는 내 스스로 발명한 체조다. 나는 그 체조에 열중했다. 누군가 그 체조를 하는 내 모습을 보았다면 자기 그림자와 싸우는 사람으로 오해했을 것이다. 그러나 효과가 아주 없지 않았다. 그 체조를 시작한 지 두 달쯤 되었을 때 거짓말같이 길어진 팔다리가 줄기 시작했다. 문제는 그 다음에 생겨났다. 나는 체조에 지나치게 몰입했다. 이번에는 팔다리가 거북의 그것처럼 너무 짧아졌다. 저울의 눈금들은 저마다 달랐고, 나침반들이 가리키는 남과 북의 방향도 조금씩 어긋났다. 나는 명랑함을 잃지 않은 채 벙긋벙긋 잘 웃었지만, 내 안에 휴일과 섹스에 대한 기피증이 곰팡이처럼 서서히 번져갔다.

그동안 러시아에서는 개구리 비가 쏟아지고, 중국 어느 지방에서는 두꺼비 수십만 마리가 한꺼번에 떼 지어 이동하는 장엄한 광경이 목격되었다. 개구리 비가 내린 뒤 러시아에서는 원자력발전소에서 방사능이 누출되는 사고가 터져 그 근처에 있던 29명이 그 자리에서 죽었다. 그 사고는 그것으로 끝나지 않았다. 원자력발전소 해체 작업에 나선 노동자 5천7백 명이 죽고, 인근 지역에 살다가 다른 곳으로 소개된 주민 2천5백 명이 죽었다. 일대의 방사능 오염으로 인해 43만 명이 암이나 기형아 출산 등과 같은 갖가지 후유증을 앓았다. 두꺼비 수십만 마리가 떼 지어 이동한 지 며칠 지나지 않아 중국에서는 대지진이 일어났다. 수만 명이 죽고 그보다 많은 사람들이 무너진 건물들의 잔해 속으로 사라졌다.

다시 체조를 한 덕에 내 팔과 다리는 정상으로 돌아왔다. 내장산 단풍 구경에 인파는 몰리고, 10월 들자 야생 호랑이가 사라진 산간지방에는 첫얼음이 얼고 곧 초설初雪이 뒤따랐다. 낮은 평야지대에도 무서리가 내리고, 물가에는 안개가 짙게 피어올랐다. 어느 날 광화문의 교보문고를 향해 걷고 있는데 누군가 앞을 막아서며, "개도 불성佛性을 가질 수 있나요?" 하고 진지하게 물었다. "내 몸이 타자他者들이 출몰하는 장소라면, 그리고 타자들이 내가 출몰하는 장소라는 전제가 맞다면, 아마도 그럴 수 없겠지요. 나는 너의 타자야. 그리고 나는 타자이면서 나야. 나는 나와 타자를 함께 갖고 있는 동시성의 존재라는 거지. 그런 교환 가능한 존재만이 불성을 가질 수가 있지요. 그러나 개들에겐 동시성의 공존도, 교환도 일어나지 않아요. 개들은 같은 종의 개체들에게서 출몰할 수 없으니까요. 개는 언제나 제 몸에서만 서식할 뿐이지 다른 개에게 옮겨갈 수 없어요. 개는 단지 바라봄과 보임 사이에서 어슬렁거릴 뿐이죠. 그러니까 개가 불성을 갖는 건 불가능한 일이에요." 옛날 기념사진 찍을 때 마그네슘 광이 펑 하고 터지듯 그의 얼굴에 기쁜 빛이 떠올랐다. "당신은 어느 별에서 왔나요?" "개들은 공중에서 날고 시조새들은 땅을 엉금엉금 기어 돌아다니는 별이요." "거긴 제 고향인데요. 1백 년에 한 번씩 대꽃이 피고, 봉황들은 늘 대나무에 달린 얼매만 먹지요. 진흙 목욕을 즐기는 거북들은 1천 년을 살고, 뽕나무들은 8천 년을 살지요. 아, 반갑네요. 고향 사람을 광화문 바닥에서 만나다니!" "우리가 이렇게 거리에서 마주 보고 오래 얘기를 나눈다면 혹시 소문이라도 나지 않을까요?" 나는 스파이놀이를 하는 아이처럼 은밀한 어조로 말을 건넸다. "아, 왜 그 생각을 못했을까요. 정말 큰일

날 뻔했군요." 그는 깜짝 놀란 얼굴이 되었다. 그의 얼굴이 뻥튀기 과자처럼 누르면 곧 부서질 듯한 연약함으로 물들었다. "그럼, 저는 이만 제 길을 가겠습니다." 나는 겨우 그에게서 빠져나왔다.

세월은 상냥한 악마처럼 왔다가 멀어졌다. 누군가 영어를 공공에서 쓰는 단일어로 채택해야 한다는 주장을 할 무렵 한 젊은 여자배우에 대한 흉흉한 소문이 분분했다. 나는 영어 공용론과 여배우 사이의 연결고리가 무엇인가를 깊이 생각했다. 구름 속에서는 아직 이름을 갖지 못한 태풍들이 갓난아기처럼 조용히 잠들어 있었다. 프랑스어 독학은 더이상 진도가 나가지 못하고, 그럴수록 엑상프로방스에의 꿈도 희미해졌다. 마침내 칫솔이 반토막으로 부러지고, 그 뒤로는 내 기호도 변하여 라벤더 얼 그레이나 단팥죽을 찾지 않았다. 집에서 기르던 사슴벌레들을 숲속에 놓아주었다. 그 대신에 선인장 화분을 스무 개나 사들이고 선인장의 잎에서 뻗친 가시들의 생태에 관해 관찰하는 습관을 들였다.

아침에 해가 뜨고 저녁에는 달이 뜨는 이상한 현상은 계속되었다. 봄에 피는 꽃들은 저마다 정도의 차이는 있지만 공통적으로 치매현상을 앓았다. 봄꽃들이 차례를 잊고 한꺼번에 피어나자 혼란스럽기는 벌도 마찬가지다. 벌들은 방향을 잃고 공중에서 제자리를 맴돌았다. 당연히 꿀과 꽃가루를 모으는 일에도 차질이 생겼다. 벌들의 개체 수가 해마다 줄었다. 남극의 빙하들이 녹아 지구의 해수면이 높아졌다고 했다. 그즈음 바둑을 둘 때마다 나는 마치 이기는 법을 잊은 사람처럼 지기만 했다. 날마다 불계패의 굴욕들이 늘어났다. 정수리께의 머리가 희끗희끗 변하기 시작했다. 어느 날 갑자기 나는 광합성을 하는 법을 잊어버렸다. 더이상 살구나무가 낭송하는 시가 들리지 않았고, 복숭아나무가 부르는 노랫소리도 듣지 못했다. 내 안의 식물들이 차츰 시들고 잎눈과 꽃눈이 나오던 자리에서 날카로운 발톱과 이빨이 자라기 시작했다. 끔찍한 날들이 이어졌다. 너무 끔찍해서 죽고 싶었지만 내 마음대로 죽을 수도 없었다. 달이 뜨면 나는 정신을 잃고 혼절했다. 깨어나면 발톱과 이빨에는 다른 짐승의 털과 살, 그리고 피가 말라붙어 있었다. 도대체 무슨 일이 있었던 거야. 나는 아무것도 기억할 수가 없었다.

 야행성인 부엉이들이 낮에 날아다녔다. 저건 무슨 징조야. 별로 좋은 징조는 아니었다. 밤에는 코끼리를 타고 강을 거슬러 오르는 꿈을 꾸었다. 나는 보험과 정기적금을 서둘러 해약했다. 아침에는 팔굽혀펴기를 3백 번씩 한 뒤에 냉수마찰을 했다. 한낮에는 공중부양 연습을 하고 느티나무 가지에 세 시간씩 매달려 팔의 근력을 키웠다. 그리고 밤에는 중국 초나라 시대의 시인 굴원屈原, 기원전 340~기원전 278 의 『초사楚辭』를 읽고 낮에는 사마천司馬遷, 기원전 145~기원전 68의 『사기史記』를 읽었다. 가을이 끝나고 겨울이 오기 전에 지구라는 숙박업소의 장기 투숙자였던 노인 몇 명이 숙박자 명부에서 이름을 지우고 다른 별로 사라졌다. 그해 나는 서른 살이 되었고, 서른 살이 된 기념으로 뜰에 포도나무를 한 그루 심었다. 포도나무를 심자 신기하게도 발랄한 애인이 나를 기만하고 떠나버린 뒤 이어지던 편두통이 사라졌다. 희뿌옇던 하늘이 에메랄드처럼 빛나 보였다. 에메랄드빛에 감싸인 하늘 아래 붉은 구릉 위에 서있는 느티나무들은 늠름해 보였다. 세상은 온통 투명한 빛으로 둘러싸였다. 나를 오래 괴롭혀온 망막박리증이 저절로 나은 것이다. 나는 그해 봄에 처음으로 바다를 보러 가기로 결심했다. 그 결심은 누구도 깨트릴 수 없을 만큼 아주 굳은 결심이었다. 나는 바다가 있는 도시로 떠나는 길고 긴 여행 계획을 세웠다.

장자의 나비는 꿈속에서 훨훨 날아다녔다. 장자가 꿈에서 깨어 다시 자기로 돌아왔을 때 아쉬운 것은 나비가 누린 즐거움과 자유를 잃었기 때문이다. 나비의 본래면목이나 장자의 본래면목은 하나다. 내가 당신을 사랑한 것은 꿈의 미혹일 따름이다. 마찬가지로 당신이 나를 사랑한 것도 그렇다. 그 모든 것은 한낮의 낮잠을 횡단한 뒤 사라진 '나비 꿈'이다. 꿈도 꿈이고, 나비 꿈을 꾸었다고 믿는 장자도 꿈이다. 나비 꿈은 지나간 영화**로운 시절, 이제는 사라지고 흩어진 꿈의 기억이다. 모든 기억이 삶의 일부라면 꿈도 삶의 일부다. 사랑을 잃고 나는 혼자 영화를 보러 간다. 당신은 멀리 있고, 나는 극장에서 환몽을 바라보고 있다. 나는 또 다른 환몽의 세계 속에 있는 당신에게 말한다. 내 말 들려? 사랑해. 당신을 사랑한다고. 영화는 끝나고 나는 극장에서 나왔다. 천지는 어두웠고, 나는 어둠 속을 걸어서 한강변으로 갔다. 물이 흐르는 것을 두 시간도 넘게 바라봤다. 강 건너 강서구 등촌동의 낮은 하늘 위로 비행기가 착륙하려고 고도를 낮춰 비행하는 모습이 보였다. 아, 우리는 왜 그렇게 어리석은가! 꿈을 깨고 나서야 그것이 꿈인 것을 안다.

우리가 진짜라고 믿는 것은 보고 만지고 느껴지는 것, 즉 지각되어지는 것이다. 지각은 그것이 진짜인가, 아닌가를 분별할 수 있는 척도다. 왜냐하면 지각되는 것은 존재하는 것이니까. 우리는 오감으로 받아들이는 것, 꽃과 나무와 하늘과 태양과 강들, 그리고 빛깔과 형태와 소리들의 세계를 진짜라고 여긴다. 그 안에서 밥 먹고 사람과 만나고 계약하고 새끼를 낳아 키운다. 이것이 객관적 실체라고 속삭인다. 그러나 진짜라고 믿은 것, 감각적인 경험들은 단지 "뇌가 해석하는 전자신호"일 뿐이다. 진짜라고 믿은 것은 진짜가 아니고, 진짜가 아니라고 믿은 것이 진짜다. 그렇다면 누가 삶이 꿈의 미혹이 아니라고 말할 수 있는가? 나는 자주 내가 살아 숨쉬는 이 세계가 아주 커다란 꿈속인 것처럼 느껴진다.

영화 「매트릭스」에서 모피어스는 말한다. "너무도 현실같이 느껴지는 꿈을 꿔본 적이 있나, 네오? 꿈에서 깨어날 수 없다면 어찌 하겠나? 꿈의 세계와 현실의 세계를 어떻게 구분하지?" 꿈속은 무궁無窮의 세계다. 새가 알에서 깨어날 때 각각 우는 소리가 다르다. 이것이 분별이다. 앎과 모름, 삶과 죽음, 너와 나, 그 분별이 없을 때 꿈과 현실은 하나다. 무분별 속에 있을 때 우리는 무궁의 세계에 머물 수 있다. 무분별은 일월을 품고 우주를 품는다. 그러나 분별 속에서 사람은 작아진다. 장자가 그 꿈속에서 나왔을 때 세상이 아주 작다는 것을 깨달았다. 장자는 사람이 얼마나 작고 보잘것없는 존재인가를 다음과 같은 물음 속에 담아냈다. 이 세상은 "사해四海가 하늘과 땅 사이에 있는 것을 계산해보건대, 큰 연못 속에 있는 돌멩이의 작은 구멍과 같지 않은가?"(『장자』, 「추수秋水」) 그리하여 장자는 "천지 사이에서 사람들이 살아가는 것은 마치 흰 개가 조그마한 틈 사이를 지나가는 것과 같다"(『장자』, 「지북유知北游」)고 말한다. 이 우주에서 보자면 사람이란 현상계에 반짝 하고 빛을 내고 금세 어둠속으로 사라지는 외물에 지나지 않는다. 그 '흰 개'는 살아 있는 동안 부귀와 장수, 명예를 구한다. 그것들을 구하느라 미처 자신을 구하지는 못한다.

천하를 자유롭게 노닐다

북해에 한 물고기가 있는데 이름을 곤(鯤)이라 한다. 곤은 그 크기가 몇 천 리인지 알 수 없다. 이것이 변하여 새가 되는데 그 이름을 붕(鵬)이라 한다. 붕의 등 넓이도 몇 천 리인지 알 수 없다. 한번 기운을 일으켜 날면 그 날개가 하늘에 구름을 드리운 것 같았다. 이 새는 바다가 움직여 물결이 흉흉해지면 남명으로 날아가는데, 예로부터 남명이란 '하늘 못(天池)'이라 했다. '제해(齊諧)'는 괴이한 일들을 담은 책인데, 여기에 따르면 대붕이 남명으로 날아갈 때 파도가 일어 3천 리까지 퍼지고, 대붕은 회오리바람을 일으켜 9만 리 상공으로 올라가 여섯 달 동안을 쉬지 않고 난다. 땅 위에는 아지랑이가 피어오르고 티끌이 날고, 생물들은 서로 숨을 불어준다. 하늘은 푸른데, 그게 하늘의 본래 색깔인가? 끝없이 멀고 지극하기 때문에 푸르게 보이는 것은 아닌가? 붕새가 높이 떠서 내려다보니까 이처럼 까마득하고 푸르게 보일 뿐이다. 또한 물이 깊지 않다면 큰 배를 띄울 수가 없다. 마당 우묵한 곳에 술잔의 물을 부으면 겨자씨로 배를 만들어야 한다. 물은 얕고 배는 크기 때문이다. 마찬가지로 대기가 두껍지 않으면 대붕도 큰 날개를 띄울 수가 없다. 그러므로 9만 리 바람이 발 아래에 있어야만 바람을 탈 수 있다. 푸른 하늘을 등에

지고 막힘이 없어야만 장차 남쪽으로 날아갈 수 있다.

『장자』, 「소요유逍遙遊」

『장자』의 「소요유」 편을 읽는다. 『장자』의 첫머리에 나오는 우화로 널리 알려진 대목이다. 장자는 변신의 이야기로 그 첫 장을 연다. 물고기와 새의 덩치는 몇 천 리에 이를 정도로 엄청나게 크다. 여기서 주목할 점은 그것의 크기에 있지 않고 내면 형질의 변화, 존재의 연금술적 변용이다. 처음엔 물고기였는데, 이것이 새로 변하였다. 그 크기가 몇 천 리인지 알 수 없는 물고기는 변하여 하늘을 나는 대붕이 되었다. 날개가 하늘을 다 덮을 만큼 엄청나다. 변화가 일어나기 전에 양적인 팽창이 있어야 한다. 다시 말해 "크게 자라야 비로소 변화한다. 大而化之" 변화함으로써 작은 것의 한계를 뛰어넘어간다. 바로 초월이다. 무엇이 초월의 변화를 이끄는가? 이 변화는 외부에서 오는 힘에 의지한 것이 아니다. 스스로 자기 안에 있는 "기운을 일으켜" 변화를 이끌어낸다. 장자는 「대종사」에서 말했다. "죽고 사는 것은 운명이며, 거기에 낮과 밤처럼 영원불변의 변화가 있는 것은 자연이다.死生, 命也. 其有夜旦之常, 天也" 자연은 끊임없는 변화함 속에 있으며, 그 변화함 속에서도 변하지 않음을 지니고 있다. 곤은 붕으로 변한다. 변화와 생성을 타고 9만 리 상공으로 날아 더 큰 바다로 나아가지만 그 근본은 바뀌지 않는다. 대붕은 "회오리바람을 일으켜 9만 리 상공으로 올라" 가는데,

대붕이 타고 노는 회오리바람은 신바람이고 생기生氣가 아니겠는가! 대붕의 움직임에는 소소한 것에의 매임이 없이 자유로워 거침이 없다. 시공을 맘껏 휘저으며 즐겁게 노니는 형국이다. '소요유'의 뜻이 바로 그렇다. 본디 모든 존재는 자유롭게 살아야 한다. 자유롭지 못한 것은 대개는 물物에 매이기 때문이다. 장자는 「추수」에서 도를 아는 사람은 반드시 이치에 통달하고 그 결과로 "물로써 자기를 해치지 않게 된다以物害己"고 했다. 물은 타고난 바의 자아가 아닌 모든 것을 말한다. 살아가는 데 필요한 물질적 필요들, 그리고 부귀와 명예들이 다 물의 범주에 든다. 이것들은 얻으려고 애쓸 때 마음에 희로애락이라는 파문이 일고 기필코 몸을 번거롭게 만든다. 장자는 「덕충부」에서 "언제나 자연에 맡기되 익생益生하지 않으려 한다常因自然而不益生也"라고 했다. 익생은 생물학적 필요 이상을 추구하는 것을 뜻한다. 한마디로 탐욕이다. 이 탐욕도 삶의 타고난 바 자연스러움을 해친다. 탐욕이 들어오면 마음은 고요히 있지 못하고 일렁인다. 물로 인해 성性이 변질되는 것이다.

황국黃菊이 졌다. 무서리가 내리고 꽃잎들은 속절없이 떨어진다. 새벽에 나오면 마당에 있는 개들이 마시는 물들이 얼어 있다. 아무 결실도 맺지 못하고 한 해가 저문다. 여름 내내 울창하던 잡풀들이 무너지며 키를 낮추고, 들판에 숨은 웅덩이에서는 물이 마른다. 가을 가뭄이 길게 이어졌다. 밤마다 꿈은 부쩍 많아지는데 사는 일에 신명은 준다. 탕약이 끓는데, 이렇게 살아도 되나. 옛날은 가고 도라지꽃도 지고, 간

고등어나 한 마리씩 먹으며 살아도 되나. 늙은 어머니는 작년보다 더 쇠약해졌다. 며칠 전에는 안성 시내에 나갔다가 넘어져 잘 걷지를 못한다. 노모는 늙고 기력이 쇠해진 탓에 잘 넘어진다.

    요즘 웬만한 길흉이나 굴욕은 잘 견디지만 사소한 일에 대한 인내심은 부쩍 사라졌다. 더위나 추위에 대한 참을성도 젊은 시절보다 훨씬 줄었다. 어제 낮에만 해도 핏물이 있는 고기를 씹다가 구역질이 나서 더 먹지를 못했다. 비루해, 비루해. 남의 살을 씹는 거. 내 구강에서 날고기 비린내가 난다. 내가 이슬람교도였다면 라마단 기간에 금식했을 텐데! 금식은 얼마나 순결한가. 안성 시내에서 탄 죽산행 버스 안에서 술 냄새가 나는 필리핀 남자 두 명을 만났다. 키가 작고 광대뼈가 나오고 낯빛이 검은 사람들이다. 그들은 내게 죽산 어디선가 일하는 필리핀에서 온 동료를 찾아간다고 했다. 안성 공단에서 일하는 노동자겠지. 고향과 조국을 떠나 낯선 땅에서 술을 마시며 헤매는 저 이방의 노동자들! 돈을 벌기 위해 많은 사람들이 국경을 넘어간다.

    기온이 빙점으로 내려가는 밤이다. 서재에서 국립지리학회보를 들여다보는데 뼛속의 칼슘들이 조용히 빠져나간다. 지난해 이맘 때 자주 출몰하던 너구리 가족이 보이지 않는다. 하천 양쪽으로 콘크리트 옹벽을 친 탓일까. 배나무에서 배꽃 필 무렵 그 많이 잉잉대던 벌들도 올해는 드문드문 보인다. 전자파 때문인지 지구상에 벌의 개체수가 급격하게 줄어든다고 한다. 시골에는 젊은이들이 없으니 아기 울음소리가 사라지고, 노인들만 사는 집이 대부분이다. 남은 젊은이들조차 시골을 뜰 궁리에 바쁘다. 이 강산 낙화유수의 시절과 함께 주변에서 사라지는 것들이 많다. 엿장수와 아이스케키 장수가 사라지고, 무쇠솥이 사라지고, 납 활자가 사라지고, 호랑이와 늑대가 사라지고, 언청이와 곰보가 사라지고, 협궤 열차가 사라지고, 곡마단이 사라졌다. 가창오리들이 꾸륵꾸륵 우는 소리 들으니 집 아래 호수의 물이 어는 모양이다. 땅굴에 사는 들쥐 새끼들도 추위에 떨며 잠이 들겠다. 나는 꿈속에서 모래먼지를 일으키며 달리는 버스를 탔다. 누군가 흑해행 버스라고 했다. 검은 염소들이 시끄럽게 울어댄다. 한 주일쯤 달리면 흑해에 닿는다고 했다. 나는 참 멀리도 가는구나. 쓸쓸한 내 간을 위하여 누가 마두금[馬頭琴]이라도 울려다오. 마두금이 없다면 뺨이라도 철썩철썩 때려다오.

   대붕은 익생을 탐하지 않음으로 곤고[困苦]를 피하고 대자유의 공간에서 노닐 수 있다. 대붕이 하늘 높이 떠서 내려다보니, 사람들 사는 꼴이 물에서 나온 물고기들이 서로의 몸에다 물을 뿌리고 있는 모습이다. 또 마당 우묵한 곳에 술잔의 물을 부어 겨자씨로 만든 배를 띄우고 노는 형국이다. 물을 떠난 물고기들이 서로의 몸에다 물을 뿌리는 것은 살기 위함이다. 물을 떠나서는 안 될 물고기들이 물을 떠났으니 어려움이 닥친 것이다. 서로에게 물을 뿌려줌은 남을 돌보는 것으로 결국은 자기를 돌보는 것인데, 이것이 공자가 말한 인[仁]이고 예[禮]다. 한마디로 인과 예는 도덕의 총괄적 형태라고 말할 수 있다. 대붕에겐 그런 인과 예가 필요하지 않다. 이미 마음을 삼감^{心齋}, 완전히 잊음^{坐忘}, 꿰뚫어 봄^{朝徹}이라는 세 가지의 경지에 들어 자유롭게 되었으니 굳이 자기를 돌볼 필요가 없다. 성인^{聖人}에게는 인과 예가 불필요한 이치와 같다. 인과 예도 일종의 매임인 까닭이다.

사람들이 쓸모있음^{有用之用}을 따르고 구하는 것은 당연하다. 사람의 '있음'은 쓸모의 부양을 통해 비로소 존재할 수 있는 까닭이다. 사람이 밥을 구하고, 옷을 구하고, 집을 구하는 것은 그것이 다 사람의 '있음'에 필수적으로 필요하기 때문이다. '있음'의 근원은 '없음'이다. 무릇 천지 만물은 근원의 없음에서 시작된 것이다. 모든 '있음'은 쓸모없음^{無用之用}을 그 바탕으로 삼는다. 모든 '있음'의 어미가 '없음'이다. 대붕에게 현실적 쓸모를 물을 수는 없다. 대붕은 자생자화^{自生自化}의 존재요, 화이위조^{化而爲鳥}의 흐름을 타고 바다에서 나와 하늘로 빠져나가는 것이다. 쓸모있음과 쓸모없음이라는 이분법적 논리로 생령^{生靈}의 자유를 제약하는 것은 어리석은 짓이다. 식물, 짐승, 별은 스스로 그러함 속에 처해 있다. 이것들에게 무슨 쓸모가 있느냐고 묻는 것은 어리석다. 유용한 것은 마음을 물^物에 가두고 무용한 것은 마음을 자유롭게 둔다. 장자는 대붕의 우화를 통해 쓸모없음의 위대한 쓸모에 대해 말하는 것이다. 장자는 「산목^{山木}」편에서 이렇게 말한다. "만약 저 도와 덕을 타고서 노닐면 그렇지 않다. 칭찬도 잊고 비난도 잊으며, 움직이기도 하고 머물기도 하며, 때의 변화에 따라 함께 변화하되 고집스럽게 하려고 하지 않는다. 한번 오르락 한번 내리락하여 조화로써 표준을 삼아 만물의 근원에서 노닐며 물을 물되게 하되 물에 의하여 물되지 않는다면, 어찌 얽매일 수 있겠는가?" 세상은 변화하는 것이다. 내가 아무리 변화하지 않으려고 해도 세상의 변화함에 따라 변할 수밖에 없다. 그 변화에 따라 함께 변화하되 변화에 집착하지도 마라. 온갖 이 법(法)에 매여 풀죽은 삶을 살지 마라. 생기로 가득 찬 가슴 뛰는 삶을 살라. 도덕과 지혜를 쌓으려고 애쓰지도 말고 그 위에서 크게 웃어라! 쌓으려다가 쌓지 못하면 무망하다. 애초부터 쌓지 않으려고 했다면 무망함도 없다. 장자도 도와 덕을 타고서 노닐라고 하지 않는가! 다만 신바람을 타고 날아라!

상상하라! 변화하라!

매미와 메추라기가 대붕을 보고 함께 웃으며 말한다. 우리는 한 껏 날아보아야 겨우 느릅나무나 박달나무에 이를 뿐이고, 어떤 때는 거기에도 못 미처 땅에 내려앉고 마는데, 9만 리를 날아 남쪽으로 간다니! 가까운 숲으로 놀러 가는 사람은 세 끼 먹을 것만 가지고 가도 돌아올 때까지 배고픈 줄 모르지만, 1백 리 길을 가는 사람은 하룻밤 지낼 양식을 준비해야 하고, 1천 리 길을 가는 사람은 석 달 먹을 양식을 준비해야 한다. 매미나 메추라기 같은 미물이 어찌 이를 알 수 있겠는가? 조금 아는 것으로 많이 아는 것을 헤아릴 수 없고, 짧은 삶으로 긴 삶을 헤아릴 수 없다.

이런 사실을 어떻게 알 수 있겠는가? 아침에 잠깐 났다가 시드는 버섯은 저녁과 새벽을 알 수 없다. 여름 한철 사는 메뚜기는 봄과 가을을 알 수 없다. 이것이 짧은 삶이다. 초나라 남쪽에 명령(冥靈)이라는 신령한 거북이 살았다. 이 거북에게는 봄과 가을이 각각 5백 년씩이었다. 그보다 더 오랜 옛날에 춘(椿)이라는 큰 나무가 있었다. 이 나무에게는 봄과 가을이 각각 8천 년씩이었다. 이런 것이 긴 삶이다. 그런데 팽조(彭祖)가 7백 년이나 8백 년을 살았다고 사람들이 오래 살았다며 부러워하니 이 아니 슬픈가?

「장자」, 「소요유」

대붕은 회오리바람을 타고 9만 리 상공으로 솟아 여섯 달 동안 쉬지 않고 난다. 날개가 얼마나 큰지 구름이 하늘을 가린 듯하다. 작은 매미와 메추라기가 대붕을 보고 비웃었다. 자기들은 겨우 느릅나무 사이를 날아다닐 뿐인데 뭐 하러 그렇게 멀리까지 나는가? 대붕은 물론 장자가 세속을 뛰어넘어 훨훨 자유롭게 날아 노니는 삶을 보여주기 위해 상상 속에서 끄집어낸 새다. 대붕은 막힘이 없고 거침이 없는 대자유의 삶을 산다. 대붕에 견주자면 매미와 메추라기는 일상의 지평을 벗어나지 못하는 소시민들에 지나지 않는다.

매미와 메추라기의 처지에서 절대 자유의 경지에 있는 대붕을 다 이해할 수는 없다. "조금 아는 것으로 많이 아는 것을 헤아릴 수 없고, 짧은 삶으로 긴 삶을 헤아릴 수 없다. 小知不及大知, 小年不及大年. 奚以知其然也?" 물고기는 꿈꾸고 크게 되고 그 뒤에 변화와 초월의 꿈을 이뤘다. 매미와 메추라기는 애초부터 꿈조차 꾸지 않는다. 꿈조차 꾸지 않았으니 당연히 대붕의 경지에 이를 수가 없다. 꿈꾸는 자와 꿈꾸지 않는 자의 차이는 처음엔 별 것 아닌 듯 보이지만 나중에는 크게 벌어진다. 큰 물고기는 변화를 타고 큰 새가 되었다. 인류가 하늘을 나는 꿈을 꾸지 않았다면 비행기는 없었을 것이다. 인류가 바다 속을 누비고 다닐 꿈을 꾸지 않았다면 잠수함은 없었을 것이다.

대개의 예술가들은 규범과 형식의 구속에 얽매이기를 좋아하지 않는다. 삶도 자유롭고 스스로 고독에 처하는 사람이 예술가다. 범인의 상식으로 보자면 괴팍한 부류들이다. 아울러 그들은 상상력의 천재들이다. 상상력은 인습과 규범과 틀을 깨는 힘이다. 비록 진흙탕에 뒹굴며 살지언정 임금 밑에서 호의호식하여 규범과 형식에 얽매이는 신하 노릇하기는 못하겠다고 말하는 장자 위에 프랑스 출신의 작곡가 에릭 사티1866~1925의 삶을 겹쳐본다. 살았던 시대와 장소는 달라도 두 사람에게는 통하는 게 있다. 에릭 사티는 노르망디의 옹폴뢰르에서 태어났는데, 일찍 어머니를 여의고 고독을 내면화하며 매사에 고분고분하지 않은 까탈스런 청소년기를 보냈다. 그의 기벽과 독특한 삶은 남다른 상상력의 산물이다. 펠트 모자를 쓴 채 염소수염을 기르고 코안경을 쓴 그의 모습을 담은 사진은 지금 봐도 우스꽝스럽기 짝이 없다. 그의 경박하고 괴상한 차림과 거침없고 익살스러운 행동들은 동료 음악가들의 분노를 사기에 충분했다. 음악가들은 사티의 뒤에서 수군거렸는데, 보통은 사티가 사기꾼이라는 데 의견을 같이했다. 어릿광대의 모습을 하고 과도한 음주로 비틀거리며 몽마르트 거리를 활보하는 사티의 모습은 당대에서 튕겨져 나온 반항아, 이단자의 모습이다.

사티는 파리음악원에서 피아노와 화성학과 솔페지오를 배웠지만 규율의 엄격함을 견뎌내지 못했다. 국가가 규범의 총체를 발명해내는 곳이라면 학교는 그것을 유포하고 개인의 의식에 덧씌우는 기관이다. 사티는 음악원 공부 대신에 플로베르의 소설을 읽고, 국립도서관을 다니며 제가 좋아하는 책들을 읽고 탐구하는 데 시간을 보냈다. 마침내 사티는 파리음악원에서 뛰쳐나와 자유를 찾아 보병으로 군대에 들어가는데, 거기 역시 음습한 감옥이라는 사실을 깨닫는 데 많은 시간이 필요하지는 않았다. 군대에서 패충열이라는 병을 얻어 제대한 뒤 사티는 파리 몽마르트에 있는 카바레 '흑묘黑猫'에서 피아노를 치며 생계를 꾸린다. 사티는 나중에 카페 '오베르주 뒤 클루'로 옮겼는데, 여기서 자기보다 네 살 위인 드뷔시를 만나고 오랫동안 교유를 이어갔다. 두 사람의 음악적 경향은 달랐지만 오랫동안 친하게 지냈다. 사티는 자주 점심을 먹으러 드뷔시의 집을 찾아가곤 했다.

1898년부터 파리 근교의 빈민가에 있는 아르쾨유의 한 아파트에서 오래 숨어 지내는 생활을 했다. 아무도 사티의 아파트를 가본 사람이 없었다. 염세주의자이자 우울증 환자였던 사티는 아무도 아파트에 들이지 않고 혼자 가난과 고립의 운명을 벗 삼아 살아갔다. 사티는 "삶은 내게는 너무나 견딜 수 없는 것이다. 나는 내 영지 속에 은둔해 살기로 결심했다"라고 말한다. 창문조차 봉쇄해 외부자의 시선을 차단한 그 아파트에서 사티는 무려 27년간을 은둔하며 살았다. 사티의 사후에 비로소 그 아파트가 공개됐는데, 고장난 피아노 뚜껑 밑에 쓰레기들이 은닉되어 있고, 집 안은 온통 몇 년 동안 그가 쓰고 버린 물건들이 정리되지 않은 채 어질러져 있었다. 그 더럽고 누추한 아파트 내부의 광경을 보고 사람들은 경악했다.

모든 창의적인 예술가들이 그러하듯이 사티도 음악에서의 전통적 형식이나 조성 구조조차 버리고 독창적인 제 길을 걸어갔다. 악보에는 통상적인 연주 기호 대신에 '중병에 걸리듯이' '계란처럼 가볍게' '이가 아픈 꾀꼬리같이' 와 같은 알쏭달쏭한 말들을 써놓곤 했다. 발레 음악 「파라드 Parade」 1917. 레오니드 마신 안무, 장 콕토 대본, 파블로 피카소 무대장치·소품 에는 타자기, 사이렌, 비행기 프로펠러, 시계 소리 녹음테이프, 회전식 추첨기 등이 등장한다. 사티는 장 콕토, 피카소, 르네 클레르 등과 같은 시인, 화가, 영화감독들과 어울리며 자기만의 예술 세계를 창안해내는 데 몰입했다. 그렇게 해서 나온 곡들이 「사라방드」 「짐노페디」 「그노시엔」 등이다. 사티는 그 기발한 상상력과 창의력으로 시대를 앞지르며, 뒤에 올 스트라빈스키나 존 케이지의 길을 먼저 열어갔다. 1차 세계대전 초기에 만난 장 콕토는 사티 음악의 숭배자가 되었다. 장 콕토는 "군더더기 없이 쇄신된 건강하고 새로운 음악"이라고 찬사를 보냈지만, 청중들은 당대의 평균적 감각으로는 받아들이기 힘든 난삽한 사티 음악에 야유와 욕설을 보내 모독을 서슴지 않았다. 사티는 59세가 되던 해에 성 요셉병원에서, 아내도 없고 아이도 없이 고독한 삶을 끝냈다. 에릭 사티는 죽고 난 뒤, 세월이 많이 흐른 뒤에야 비로소 현대음악을 연 천재 작곡가 반열에 올랐다. 빈센트 반 고흐가 그랬고, 프리드리히 니체가 그랬고, 이상이 그랬듯 에릭 사티의 가치는 뒤늦게 재발견되었던 것이다.

많은 사람들이 변화를 두려워한다. 왜 그럴까? 변화의 본질은 나를 바꾸는 것, 나를 잊거나 잃어버리는 것이기 때문이다. 변화는 불확실성 속에 뛰어듦이고, 이것은 스트레스를 낳는다. 그러니까 변화를 두려워하는 것은 어쩌면 당연하다. 그러나 세상 만물을 움직이는 기氣가 변화 속에서 생동하는 까닭에 변화하지 않는다면 우리는 곧 도태될 수가 있다. 자연은 엄격하게 변화에 적응하지 못하는 생물을 도태시킨다. 이것이 적자생존이다. 지구 위에서 변화에 적응하지 못한 무수한 생물 종들이 사라졌다. 그러므로 살아남기 위해서 변화를 받아들이고 즐기며 그 변화를 기꺼워해야 한다. 변화를 타고 놀아야 하는 까닭은 변화가 기회를 만들기 때문이다. 변화를 두려워하고 거부하는 자에겐 기회가 찾아오지 않는다. 변화를 두려워하는 사람들은 혁신하지 못하고, 혁신하지 못하는 조직은 쇠퇴한다.

대붕은 처음에 북명北溟에 사는 물고기 곤이었다. 나중에 대붕이 되어 날아간 곳은 남명南溟이다. '하늘의 연못'이라고 불리는 곳이다. 남명은 대붕이 가보지 않은 곳, 가능성의 바다다. 요즘 말로 하자면 블루오션이다. 무언가를 이룬 사람들의 공통점은 남이 감히 상상하지 않은 블루오션을 꿈꾼다는 점이다. 그 상상은 그것이 이루어지기 전까지는 비현실적으로 보인다. 그래서 영악한 현실주의자들은 상상조차 하지 않는다. 노자도 "뛰어난 사람은 도를 들으면 힘써 행하려 하지 않고, 어중간한 사람은 도를 들으면 이런가 저런가 망설이고, 못난 사람은 도를 들으면 몹시 비웃는다. 이런 까닭에 웃음거리가 되지 않는 것은 도라고 할 수가 없다.上士聞道, 勤而行之, 中士聞道, 若存若亡, 下士聞道, 大笑之, 不笑不足以爲道"(『도덕경』 제41장)고 했다. 자신을 '건전한 상식'에 묶어두는 사람은 발전할 수가 없다. 오히려 비범하게 날아오르려는 사람의 발목을 잡거나 비웃는다. 매미와 메추라기가 대붕을 비웃듯이. 상상하라! 그리고 변화하라!

사람은 누구나 유한한 생명의 시간을 살다가 죽는다. 장자는 유한한 생명의 시간을 살다가 가는 사람을 아침에 잠깐 났다가 시드는 버섯과 여름 한철 사는 메뚜기에 견주었다. 버섯은 저녁과 새벽을 끝내 알 수 없고, 메뚜기는 봄과 가을을 알 수 없다. 이것이 짧은 삶이다. 이에 반해 초나라 남쪽에 산다는 명령이라는 신령한 거북은 봄과 가을이 각각 5백 년씩이 된다고 했다. 더 오랜 옛날에 춘이라는 큰 나무는 봄과 가을이 각각 8천 년씩이었다. 70년이나 80년을 사는 사람의 삶에 견주자면 아주 긴 삶이다.

무위의 도를 깨우쳤다면 짧은 삶도 긴 삶이요, 그것을 모른다면 긴 삶도 짧은 삶이다. 짧은 삶과 긴 삶은 수치로 계량화하여 측량할 수 없다. 무위의 도는 시공을 초월한다. 짧은 삶에 무위의 도가 내접되어 있다면 그 삶이 긴 삶이요, 큰 삶이다. 장자는 노자의 말을 빌어 말한다. "도는 아무리 큰 것이라도 포용하지 못할 것이 없으며, 아무리 작은 것이라도 빠뜨림이 없으므로 만물을 갖출 수 있으니, 넓고 넓어서 용납하지 못할 것이 없고, 깊고 깊어서 헤아릴 수 없다.夫道, 於大不終, 於小不遺, 故萬物備.

嘐嘐乎其無不容也, 淵淵乎其不可測也"(『장자』,「천도天道」) 짧은 삶을 슬퍼할 것이 아니요, 긴 삶을 자랑할 것이 아니다. 짧은 삶이 옳으냐 긴 삶이 옳으냐 다투는 것은 달팽이 뿔 위에서 서로 영지를 더 차지하겠다고 싸우는 것과 같다. 오늘날에 성인으로 추앙받는 공자도 현자를 만나 말했다. 공자는 "어려서부터 닦고 배웠으나 예순아홉에 이르도록 지극한 가르침에 이르지 못했다. 그래서 감히 마음을 비우지 못했다"고 고백하며 가르침을 구했다. 현자는 사람에겐 닦고 배워 없애야 할 여덟 가지 흠이 있고, 물리쳐야 할 네 가지의 근심이 있다고 말했다. 여덟 가지 흠은 주제넘음, 망령, 아첨, 알랑거림, 참소, 이간질, 사특함, 음험이다. 네 가지의 근심은 외람됨, 탐욕, 똥고집, 교만이다. "여덟 가지 흠이 있는 자는 밖으로 사람을 어지럽히고 안으로 제 몸을 상하게 한다. 그러므로 군자는 이들을 벗으로 삼지 않고 명군은 신하로 삼지 않는다"此八疵者, 外以亂人, 內以傷身. 君子不友, 明君不臣"(『장자』,「어부漁父」) 마음으로 원하면 얻고, 마음으로 간절히 열망하면 이룬다. 이건 바른 마음이다. 그러나 비뚤어진 마음은 여덟 가지의 흠을 안고 있고, 네 가지의 근심으로 편할 날이 없다.

마음을 바르게 펴지 않고 꼼수로 가득 차면 이런 것들이 찾아든다. 마음이 바르지 않은 사람은 늘 요행과 재수를 바란다. 그 마음에 네 가지의 근심이 찾아든다. 사람은 마음먹은 대로 되는 존재다. 비열한 마음을 품으면 비열한 사람이 되고, 숭고한 마음을 품으면 숭고한 사람이 된다. 운명을 만드는 것은 마음이다. 저를 둘러싸고 있는 환경이란 제 마음을 비춰볼 수 있는 거울이다. 성인이란 신성을 품은 마음을 가진 사람이고, 그런 사람에게는 인의(仁義)와 예악(禮樂)이 따로 필요하지 않다. 하늘의 보살핌이 없더라도 만물은 스스로 조화롭고, 땅이 굳이 기르지 않더라도 만물은 스스로 자란다.

2. 변화의 바람을 타고 가라

물고기를 잡은 뒤
통발을 버려라

통발은 물고기를 잡는 도구니, 물고기를 잡은 뒤에 통발은 잊히는 게 마땅하다. 덫은 토끼를 잡은 수단이니, 토끼를 잡은 뒤에 덫은 버리는 게 마땅하다.

『장자』,「외물外物」

『장자』의 「외물」 편을 읽는다. 물고기를 잡으려면 통발이, 토끼를 잡으려면 덫이 필요하다. 고수는 통발 없이 물고기를 잡고, 덫 없이 토끼를 잡겠지만 대부분 서툰 자들은 물고기를 잡기 전에 통발을 찾고, 토끼를 잡기 전에 덫을 찾는다. 통발 없이 물고기를 잡은 자는 버릴 통발이 없고, 덫 없이 토끼를 잡은 자는 버릴 덫이 없다. 통발이나 덫은 달이 아니라 달을 가리키는 손가락이다. 달은 보지 않고 손가락만 바라보는 자는 깨달음에 이르지 못한다. "손가락을 가지고 그 손가락이 손가락 아님을 밝히는 것은 손가락 아닌 것을 가지고 손가락이 손가락 아님을 밝히는 것보다 못하다. 손가락으로 가리켜 말하지 않은 손가락은 손가락이 아니라는 것만 같지 않다. 말을 가지고 말이 말 아님을 밝히는 것은 말 아닌 것을 가지고 말이 말 아님을 밝히는

것보다 못하다. 하늘과 땅도 하나의 손가락이고, 만물도 하나의 말이
다. 以指喩指之非指, 不若 以非指喩指之 非指也. 以馬喩馬之非馬, 不若 以非馬喩馬之 非馬也. 天地一指也. 萬物一馬也"(「제물론」)
문자에 갇힌 도는 진정한 도가 아니다. 문자는 관념이요 허상이고, 도
를 실어 나르는 수단이다. 허상을 버리고 실상으로 나아가는 것은 지
혜로운 자가 마땅히 따라야 할 법이다. 물고기를 잡았으면 통발을 버
릴 일이요, 토끼를 잡았다면 덫을 버릴 일이다. 마찬가지로 도를 얻었
다면 문자를 버려야 한다.

  명문화된 법규는 사회공동체가 탈 없이 굴러가게 만든 최소의 가치
기준이다. 법규를 잘 지킨다고 훌륭한 사람은 아니다. 그런 사람은 다
만 사회의 최소 가치기준의 착실한 준수자일 뿐이다. 더 중요한 것은
내면의 법이다. 내면의 법은 도덕 감정을 관장하는 양심이다. 대개는
사회법과 내면의 법이 상충되는 경우는 드물되 아주 없지는 않다. 사
회의 최소 가치기준보다 내면의 법이 상위법이기 때문에 이럴 경우 당
연히 양심에 따라 말하고 행동하는 게 옳다. 건강한 사회가 되려면 법
규를 얼마나 잘 지키느냐도 중요하겠지만, 그보다는 사회공동체 구성
원 한 사람 한 사람의 내면의 법이 얼마나 잘 작동하느냐가 더 중요하
다. 나는 내면의 규범에 투철하려고 사회의 법에 어긋장을 놓은 적이
있다. 그럴 경우 따돌림을 받거나 불이익을 받고, 당연히 내 것일 수
있는 기회와 재화와 명예를 잃는다. 그게 억울하지 않은 것은 내가 치
러야 할 대가인 까닭이다. 오늘의 나를 만든 것은 풍속이나 사회적 규

범들이 아니라 내 안에서 작동하는 내면의 법들이다.

  자유주의 철학의 세례를 듬뿍 받은 17세 소년의 눈에는 목총을 들고 군사훈련을 받는 게 한심하고 우스꽝스러워 보였다. 나는 꿋꿋하게 그 꼭두각시 놀음에 불참했다. 교련 교사는 수업 거부를 폭력으로 응징했는데, 국가귀신이 씐 한판의 내림굿이었다. 그 폭력으로 내 삶의 진로는 크게 커브를 그리며 방향을 틀었다. 평범하게 살며 시나 쓰고 싶었던 꿈은 풍비박산이 되었다. 치욕과 절망 때문에 나는 몸을 떨고 그날의 치욕과 절망으로 모든 희망들을 폐기처분했다. "절망에 빠진 사람은 희귀한 경우가 아니다. 가장 희귀한 경우는 진정 절망에 빠지지 않은 인간이다." 피에 젖고 우스꽝스럽게 부푼 입술을 움직여 낮은 소리로 저 북구의 철학자 키르케고르의 한 구절을 중얼거리며 고등학교 중퇴자라는 내 운명을 묵묵하게 받아들였다.

  그 무분별한 폭력에서 내 몸을 지켜내지 못한 것은 후회스런 일이다. 가방을 챙기고 운동장을 가로질러 교문 밖으로 나올 때 교문 앞에 서서 운동장과 건물들을 바라봤다. 밀가루 푸대를 잘못 엎은 듯 하얀 분말 같은 햇살이 운동장에는 깔려 있었다. 그 순간부터 이 세상에서의 시간들은 내게 영원한 방과 후의 시간이다. "교문을 나서다가/ 우리는 커다란 철길을 만나/ 그 철길이 우리를/ 금빛 기차에 태워/ 세상을 한 바퀴 돌아 데려갔지/ 지구를 한 바퀴 돌아/ 우리는 바다를 만나

/ 모든 조개껍데기들과/ 향기로운 섬들과/ 아름다운 난파를 데불고/ 돌아다니는 바다를 만났지/ 바다 위에서/ 일본으로 떠나는 돛단배 위의/ 달과 별을 만났지/ 그리고 다섯 개 손가락의 삼총사는/ 성게를 잡는다고/ 바다 깊이 내려가/ 작은 잠수함의 손잡이를 돌리고/ 땅 위로 돌아와/ 철길에서 만난 것은/ 달아나는 집 한 채/ 지구를 돌아 달아나는/ 바다를 돌아 달아나는/ 집 한 채는 겨울을 피해 달아나고/ 겨울은 집을 붙잡으려 달리고/ 그러나 우리는 철길 위에서/ 달리고 달렸네/ 겨울을 쫓아 달렸네/ 겨울을 깔아뭉개고/ 집이 발걸음을 멈추니/ 벌써 봄이 우리에게 인사를 했네/ 건널목지기인 봄은/ 고맙다 고맙다 인사를 했네/ 온 세상 꽃들이 문득 피어났네/ 꽃을 상하게 할까 근심되어/ 이제는 달리지도 못하는/ 철길 위에/ 마구잡이로 피어났네/ 그래 우리는 걸어서 돌아왔네/ 세상을 한 바퀴 돌아/ 바다를 한 바퀴 돌아/ 태양을 한 바퀴 돌아/ 달과 별들을 한 바퀴 돌아/ 걸어서/ 말을 타고/ 차를 타고/ 돛배를 타고."(자끄 프레베르, 1900~1977, 「방과 후」) 방과 후의 시간이란 학교에서 달아나는 시간이다. 과연 나는 그 뒤로 끊임없이 달아나는 삶을 살고 있다. 집과 학교를 나와 지구를 돌고 바다를 돌아 달아난다. 나는 세상과 바다와 태양과 달과 별들을 돌아 걸어서 집으로 돌아올 것이다. 세상에는 나쁜 교사보다는 좋은 교사가 더 많다. 그때나 지금이나 나는 그렇게 믿는다. 나쁜 교사를 더 많이 만난 것은 내 불운일 뿐이다. 불운한 소년은 침을 뱉으며 다짐했다. 다시는 학교 따위는 다니지 않을 거야. 아직 정오가 되기 전이었다. 이 순간의 햇빛, 이 순간

의 바람, 이 순간의 공기를 꼭 오래 기억하고 싶었다. 가방과 모자를 쓰레기통에 던져놓고 걷는데, 기분이 그리 나쁘지 않았다. 나는 사회가 요구하는 규범적 노동자를 조립 생산하는 컨베이어 벨트에서 뛰어내렸다. 내 삶에는 좋은 일보다는 궂은 일이 더 많으리라. 이로써 내가 하게 될 일들은 고되고 수입은 터무니없이 적으리라. 사람들은 더 많이 나를 멸시하리라. 그러나 나는 방과 후의 시간들을, 그 어디에도 소속되지 못한 채 떠돎을, 비참과 가난을 견디리라. 꿋꿋하게 견디리라.

누구나 사는 동안에는 통발과 덫을 갖고 씨름을 한다. 통발이나 덫을 준비하느라고 진을 다 빼다보면 어느덧 물고기와 토끼를 잊는다. 수단과 목적의 위계가 뒤바뀌고 이것과 저것이 뒤섞이는 착종錯綜이다. 사람들은 물고기와 토끼를 잊은 채 내 통발이 더 좋으니 내 통발이 더 좋으니 입씨름을 한다. 꼬리가 몸통을 흔드는 일은 드물지 않다. 본말이 뒤바뀌면 가던 목적지는 잊고 마음만 바빠져서 가는 길만 재촉한다. 그 사람은 어디로 갔을까. 급할수록 천천히 하고, 급할수록 빠른 길을 찾기보다 에둘러 돌아가야 한다. 항상 위기에 직면할 때는 초심과 근본으로 돌아가야 한다. 어지러울수록 근본으로 돌아가야 하는 까닭은 궁한 뒤에 편법과 술수에 기대면 진창에서 헤어날 길을 찾을 수 없기 때문이다. 밤길에 달을 잃고 지팡이마저 잃은 격이다. 그럴 때 마음을 열고 세상을 보라. 많이 가진 것도 적게 가진 것도 가을철 짐승 털끝에 미치지 못한다. 얻음이나 잃음도 대도大道 안에서 바라보면 티

끝보다 더 작은 차이일 뿐이다. "세상에 가을철 짐승 털끝보다 더 큰 것은 없으니 태산도 그지없이 작다.天下莫大於秋毫之末. 而大山爲小"(「제물론」) 도를 깨달으면 태산도 그지없이 작다. 그러니 아침에 도를 깨달으면 그 저녁에 죽어도 좋다.

임제가 20대 때 황벽黃檗선사 문하에 들어가 수행할 때다. 황벽 아래에는 목주睦州 도명道明이 수제자로 있었다. 어느 날 목주가 임제에게 물었다.

"여기 온 지는 얼마나 되었는가?"

"벌써 3년이 되었습니다."

"뭔가 깨달음을 얻었는가?"

"아직 아무것도 얻은 게 없습니다. 세월만 축내고 있는 셈이지요."

"그렇다면 큰스님께 여쭤본 일은 있었는가?"

"없었습니다."

"그럼, 큰스님께 가서 한번 물어보시게."

임제는 그 길로 황벽선사에게 달려가 물었다. 말이 끝나기가 무섭게 황벽의 죽비가 임제의 몸뚱이를 후려쳤다. 임제가 돌아오자 목주가 물었다.

"큰스님께 여쭤는 봤는가?"

"네. 여쭤봤지요. 그런데 죽비로 얻어맞기만 했습니다."

목주는 임제에게 다시 한번 큰스님께 여쭤보라고 부추겼다. 그 말을 듣고 임제가 황벽선사에게 달려가 물었다. 결과는 처음과 같았다. 황벽선사의 죽비가 임제의 몸뚱이를 사정없이 내리쳤다. 목주는 맞고 돌아온 임제를 부추겨 또 한번 큰스님께 가보라고 일렀다. 세번째 결과도 마찬가지였다. 마침내 임제는 큰스님을 떠나야겠다고 결심했다. 임제가 목주에게 말했다.

"제게 큰스님께 불법에 관해 여쭤보라고 일러준 일을 고맙게 생각합니다. 큰스님께서는 아둔한 저를 거듭해서 때려주셨습니다. 아무 깨달음이 없었던 것은 오로지 제 아둔함 때문이니 원통할 따름입니다. 이제는 여기를 떠나야겠습니다."

"그렇다면 떠나기 전에 큰스님께 떠나겠다고 고하는 것이 도리일 듯싶네."

임제가 황벽선사 앞에 나와 절을 하고 떠나겠다는 뜻을 전했다.

"고안 강가에 가면 대우(大愚)스님이 있는데 그를 찾아가거라. 네게 필요한 가르침을 줄 것이니라."

임제는 황벽선사 문하를 나와 대우스님을 찾아갔다. 대우는 임제에게 어디서 오느냐고 물었다. 임제는 황벽선사 밑에 있다가 오는 길이라고 대답했다. 대우는 임제에게 황벽선사에게 무엇을 배웠느냐고 물었다.

"불법에 대해 세 번 여쭤봤는데, 아무 말도 못 듣고 몽둥이로 맞기만 했습니다. 제가 뭘 잘못했는지 알지도 못한 채 맞기만 했습니다."

"그래? 황벽선사께서 너를 몹시도 아끼고 사랑했구나! 할머니가 손자를 대하듯이 번민과 고통에서 벗어날 수 있도록 너를 애지중지했구나! 그런데 네 놈이 여기까지 와서 제가 잘못한 것이 없다고 지껄이다니, 너는 꽉 막힌 놈이구나!"

이 말을 듣는 순간 임제는 불법을 깨쳤다. 임제가 대우에게 말했다.

"그렇다면 황벽의 불법이란 것도 대단한 것이 아니네!"

이 말을 듣고 대우가 불같이 화를 냈다. 대우가 임제의 멱살을 잡고 말했다.

"이놈아! 아까는 제가 잘못한 것이 없다고 떠들더니, 이젠 황벽선사의 불법이 형편없다고 깎아내려? 네가 깨친 게 뭔지 당장에 내놔보아라!"

임제가 아무 말 없이 대우의 옆구리를 세 번 찔렀다.

임제가 대우를 떠나 다시 황벽선사에게로 돌아왔다. 황벽선사가 임제에게 말했다.

"너는 왔다갔다만 하는구나! 그 짓을 언제 그만둘꼬?"

"이게 다 성질 사나운 할머니 때문이 아니겠습니까?"

임제가 대우를 찾아가 보고 들은 것을 황벽선사에게 일렀다.

"이런 수다스런 대우 녀석! 내 앞에 나타나기만 하면 패버릴 테다."

"스님, 뭘 대우가 올 때까지 기다리십니까? 당장에 패세요!"

그러더니 임제가 황벽선사의 따귀를 갈겼다.

"이 미친놈이 잠자는 호랑이 수염을 뽑는구나!"

따귀를 맞은 뒤 황벽선사는 임제가 도를 깨쳤다는 사실을 알았다.

물고기를 잡은 뒤에도 통발을 시렁에 얹어두고 아낀다. 토끼를 잡은 뒤에도 덫을 버리지 못한다. 버리지 못함은 집착이다. 집착하면 정체할 뿐 앞으로 나아가지 못한다. 물고기는 참이며 실질이고 하늘의 도다. 통발은 그것을 구하는 수단이다. 인의예지는 물고기가 아니라 통발이다. 하늘을 본받지 않고 참을 추구하지 않는 사람은 정작 물고기를 잊고 통발을 섬기는 사람이다. 선사 임제는 어떻게 통발과 덫을 타고 넘어 앞으로 나아갔는지를 우리에게 일러준다. 임제는 노자와 장자를 좋아하고 그 사상이 일치했다. 임제는 "부처를 찾으면 부처를 잃고, 도를 찾으면 도를 잃고, 조사를 찾으면 조사를 잃는다"고 했다. 통발을 찾지 마라. 이미 다 네 안에 있다.

여희의 후회함

삶을 즐거워하는 것이 미혹 아닐까? 죽음을 싫어하는 것은 어려서 집을 잃고 돌아갈 줄 모름과 같은 것 아닐까? 미녀 여희(麗姬)는 래(艾)라는 곳 변경지기 딸이었네. 진나라로 데려갈 때 여희는 너무 울어서 눈물에 옷깃이 흠뻑 젖었지. 그러나 왕의 처소에 이르러 왕과 아름다운 잠자리를 같이하고 맛있는 고기를 먹게 되자, 울던 일을 후회하였다네. 죽은 사람들도 전에 자기들이 삶에 집착한 것을 후회하지 않을까?

『장자』, 「제물론」

『장자』의 「제물론」 편을 읽는다. 변경지기 딸인 여희는 처음엔 울었다. 너무 울어 옷깃이 흠뻑 젖을 지경이었다. 가난 때문에 정든 부모와 집을 떠난다는 사실이 슬펐던 것이다. 왕실에서 비단 옷을 입고 산해진미를 맛보았다. 진나라 왕의 사랑을 듬뿍 받았고, 왕실에서 사는 것은 즐겁고 평화로웠다. 여희는 울던 일을 후회하였다. 여희의 슬픔은 변화에 대한 두려움에서 비롯된 것이고, 기쁨은 변화에 순응함으로써 얻은 것이다.

장자는 이 우화에서 무엇을 들려주려는 것일까? "죽은 사람들도 전에 자기들이 삶에 집착한 것을 후회하지 않을까?" 바로 이 문장에 장자가 말하려는 뜻이 숨어 있다. 죽음은 삶에서 가장 커다란 변화다. 사람들은 죽음 앞에 서면 두려워서 떨며 슬퍼한다. 죽음은 알 수 없는 것이기 때문이다.

 어느 날 우유를 마시려고 냉장고 문을 열다가 알 수 없는 공허감 때문에 눈물을 흘린 적이 있다. 날씨는 화창하고 밖에는 바람이 불었다. 내 눈에서 눈물이 흘러내린 순간 나는 삶이 품고 있는 거대한 공허의 안쪽을 만진 느낌이었다. 장자는 말한다. "사람이 천지 사이에 사는 시간은 달리는 흰 말이 문틈 사이를 지나치는 순간에 지나지 않는다." 나는 등 뒤로 흘러가는 세월의 발걸음 소리를 들었다. 세월은 알레그로 마 논 트로포 allegro ma non troppo, 빠르지만 지나치지 않게의 속도로 간다. 세월은 가면서 추억을 떨어뜨려 놓는다. 추억은 그림자같이 내내 우리를 따라다닌다. 추억은 자란다. 어린 시절의 나무가 자라고, 창문이 자라고, 돌계단이 자라듯 추억은 자란다. 추억 속에서 한 번의 작별은 1백 번의 작별로 늘어나고, 잃어버린 한 켤레의 신발은 1백 켤레의 신발로 늘어난다. 추억 속에서 새의 지저귐은 1천 마리 새의 지저귐으로 늘고, 물은 늘 새로 솟아나 항상 맑은 물로 흐른다. 추억의 마법이 없다면 인생은 한결 단조로워질 것이다. 나는 철책 안에서 우울한 눈빛으로 서성이는 늑대도 아니고, 동해에 나타난 귀신고래도 아니다. 나는 8할[割]이 추억으로 이루어진 삶을 사는 인류의 일부다. 선행 인류의 오랜 관습에 따라 나는 직립보행을 한다. 날마다 점심을 먹은 뒤에 한강으로 산책을 나가고, 돌아와서 세 시간은 책을 읽는다. 책을 읽을 때 나는 수정에 갇힌 불꽃 같은 느낌이 든다. 내 몸은 차갑게 타오른다. 시효가 만료된 것 같은 밤이 찾아오면 나는 일찍 잠자리에 든다.

추억은 내가 걸어온 길의 이정표다. 세월이 흐른 뒤에 돌아보면 그 이정표들은 늘 제자리에 서있다. 현재는 미래이다가 오늘이 되었다가 다시 과거의 화석이 되어버린다. 추억에는 짙은 우수가 어린다. 추억은 시간의 미망인인 까닭이다. 밤의 달은 흘러가버린 낮에 떠있던 태양의 미망인이다. 우리는 그 미망인들을 향해 연민을 보낸다. 미망인은 새벽 네시에 깨어난다. 결국 혼자 남았군요. 누군가를 사랑한 적이 있던가요? 당신 눈빛은 여전히 맑군요. 계절이 바뀔 때마다 추억은 덜그럭거린다. 금요일 아침에 일어나서 찬물을 마신다. 찬물이 식도를 넘어 몸으로 흘러들어오는 걸 선명하게 느낀다. 찬물을 마신 뒤 가수상태假睡狀態에서 깨어난다. 나쁜 날씨와 변덕스런 바다에서 살아 돌아온 것처럼 나는 돌연 기분이 좋아지는데, 그것은 내 삶이 비교적 평탄하고 내가 추억이 많은 사람이라는 걸 깨달았기 때문이다. 나이가 들고 살아갈 날보다 살아온 날들이 길어지면 누구나 불가피하게 추억의 부자가 된다. 추억은 양식이다. 우리는 추억으로 밥을 짓고, 그것을 꾸역꾸역 삼킨다. 내 살과 피는 추억이 만든 것이다.

추억은 기억이 잃어버린 아들이다. 어느 날 잃어버린 아들은 탕자가 되어 돌아온다. 돌아온 탕자는 밥을 먹고 기나긴 낮잠에 빠진다. 이마가 반듯하고 눈이 맑은 아이의 모습은 그 어디에도 남아 있지 않다. 탕자는 머리가 크고 이마에는 흉한 상처도 있다. 아무리 봐도 그 아들의 모습은 낯설다. 어린 계집애들은 벌써 허리가 굵고 엉덩이가 펑퍼짐한 아줌마로 변신한다. 우리는 공손하게 인사를 하지만, 그 아줌마가 소년 시절에 연모하던 그 어린 계집애라고는 믿기지 않는다. 가슴과 목 사이를 가로지르며 튀어나온 그 여자애의 쇄골을 떠올리며 나는 얼마나 많은 밤들을 번민과 괴로움으로 지샜던가. 그 쇄골은 공중으로 날아오르기 직전의 새 같다. 잘 지냈어? 그래. 잘 살았지. 어린 계집애의 흔적이 없는 그녀가 환하게 웃는다. 무르익은 자두처럼 여자의 향기가 그녀의 주변에 흥건하게 번진다. 어젯밤 하늘에서 별똥별 두 개가 흘러갔다. 하늘에는 별똥별이 지고, 땅에서는 목백일홍의 꽃잎들이 바람에 날렸다. 바람이 부는가, 어둠 속에서 깃발이 펄럭였다. 추억이 낯선 것이라면 그 낯선 것과 마주서는 것이 인생이다.

추억은 삶에서 찢겨져 나온다. 내가 그 누구도 아닌 나 자신인 건 오로지 추억의 질료들 때문이다. 사람은 누구나 다른 추억의 질료들로 빚어진다. 추억의 질료들은 말랑말랑하다. 이를테면 여름의 끝자락, 빈 모래톱, 하늘 위를 떠가는 철새들, 푸른빛을 잃고 쓰러진 갈대들, 만산홍엽, 어떤 송별회, 곤한 잠에 빠져 있는 당신, 오후 네시, 구름의 이동, 새가 앉았다 날아간 빈 가지, 누군가 틀어놓은 라디오에서 흘러 나오는 바흐의 선율, 이웃집에서 들리는 갓난아기의 울음소리, 대전역 에서 놓친 열차, 눈꺼풀 위로 쏟아져 내리던 잠, 닫힌 문, 당신이 없는 빈집, 너무 멀리 떠나와서 아득히 돌아보는 다시 가야 할 길, 눈썹이 까만 소녀의 웃음, 이국 호텔의 편지지에 끼적인 몇 구절, 내 발바닥의 신경세포에 새겨진 카리브해 모래의 뜨거움, 노랗게 돋은 움들, 저 혼 자 떨어져 산길에 구르는 솔방울들, 길바닥에 깔린 늦가을의 죽은 매 미들, 무서리가 내린 새벽, 모두가 돌아가 텅 빈 학교의 복도에 떨어진 해질녘의 음영, 젊은 아버지의 수고, 첫 키스, 첫번째 거짓말, 마른 풀 로 만든 작은 새둥지, 닿기만 해도 부서져 내용물이 쏟아질 듯 얇은 껍 데기를 가진 새알들, 소맷단이 닳은 셔츠, 물에 젖어 부푼 책들……. 추 억은 공공적 가치를 만들지 못한다. 그것은 오로지 개인에게로 귀속한 다. 잘려진 나무가 오로지 탁자의 네 귀퉁이만을 받들고 있듯이.

추억은 분실물 보관소에서 보관하지 않는다. 추억의 지정된 거소는 항상 내면 기억이다. 스물 몇 해 만에 고향에 들른다. 기억을 더듬어 태어나고 자란 생가生家를 찾는다. 나는 그 집을 끝내 찾지 못했다. 그 집은 오래전에 헐렸고, 그 집터는 텃밭으로, 축사로 변했기 때문이다. 나는 그 앞에 우두커니 섰다가 돌아섰다. 노년에 이르러 추억을 완전 히 망실하는 자들도 있다. 끔찍하다. 우리는 그들을 치매환자라고 부 른다. 외할머니는 팔순을 넘긴 뒤 돌연 모든 추억을 잃어버렸다. 그때

외할머니는 천명天命을 다한 것이나 다름없었다. 외할머니는 자신이 낳은 큰딸을 보고, 아주머니는 어디서 오셨어요? 라고 깍듯하게 존대를 했다. 치매환자들은 희로애락의 볼륨이 없는 백지와 같이 밋밋한 삶을 산다. 머릿속에 어떤 추억도 없다면 존재는 껍데기만 남은 것이다. 추억이 없으면 삶도 없고 전생도 내세도 없다. 추억은 파괴와 죽음으로 가득 찬 부정의 대양大洋이다. 그 속에서 꽃과 생명과 명확성이 태어난다. 나는 추억의 피 속에서 새로 태어나는 자다. 나는 추억을 잃어버릴까봐 두렵다. 추억을 잃는 것은 삶의 정수를 잃는 것이기 때문이다.

여희는 처음엔 과거에 기대 현재를 거부하려고 했다. 그러나 현재에 안착한 뒤에는 과거에 집착한 것을 부끄러워했다. 과거의 추억은 곤두박질치는 인생이 만드는 두려움에 대한 일종의 처방전이다. 너무 늙어 찾아오는 자식도 없고 더는 희망이 없는 사람들이 기댈 수 있는 유일한 언덕, 그게 바로 추억의 황홀경이다. 추억은 잉여의 삶, 여분의 삶이다. 노인들이 추억에 한사코 매달리는 것은 삶을 다 탕진하고 오직 그것밖에 남아 있지 않기 때문이다. 노인들은 늘 추억이라는 빵을 굽는다. 그리고 아무라도 붙잡고 그 빵을 건넨다. 인생이 상승의 기운을 탈 때 추억의 가치는 줄어든다. 추억의 힘을 빌리지 않고도 견딜 만하기 때문이다. 충분히 젊은 사람은 추억이라는 영롱하게 반짝이는 진주의 빛 따위는 필요하지 않다. 그 자체로 활력이 넘치고 삶이 빛나기 때문이다. 나는 이미 젊지 않다. 나는 추억에서 돌아와 구름이 흘러가는 하늘 아래

오래된 목탑같이 서있다. 나는 달생達生, 즉 삶에 통달하기를 꿈꾸었으나 인생은 덜 익은 감을 주었을 뿐이다. 그것은 너무 떫어서 먹을 수가 없었다. 당신은 연약하군요. 네, 그럴지도 모릅니다. 우연을 필연으로 알고 산 잘못이 크죠. 당신은 새로운 사랑을 늘 첫사랑으로 착각하기도 했죠. 오류가 많았다는 점을 인정합니다. 추억은 식은 밥같이 현재라는 생동감이 빠진 삶이다. 추억은 아무리 화려해도 추억일 뿐이다. 추억은 통용되지 않는 구화폐舊貨幣다. 아무리 많이 갖고 있어도 쓸모가 없다. 그래서 우리는 추억의 중요성을 자주 간과하고, 추억의 근원을 탐구하는 일을 멸시한다. 집단기억이란 우리 피에 새겨진 종種 전체로서의 추억이다. 세월이 흐른 뒤에 그것은 계통 발생의 기억으로, 집단무의식으로 진화한다. 진화하지 않는 추억은 기억의 밑층에서 화석으로 변한다. 추억은 우리를 인류, 즉 위대한 어머니라는 배에 맨 부표와 같다. 그것이 배에서 풀려나면 부표는 방향 없이 무의미의 바다를 표류한다. 나는 알레그로 마 논 트로포의 속도로 인류를 빠져나가는 추억이다.

『장자』에는 아내의 죽음과 제 자신의 죽음을 비롯해서 여러 번에 걸쳐 죽음에 관해 말한다. 장자는 삶이든 죽음이든 초연하게 받아들이라고 한다. 파도가 오고 가고, 달이 찼다가 기울고, 사계절이 순환하는 것처럼 삶과 죽음은 우주의 순환이다. 삶의 긍정에 이르는 일은 아름답다. 1천 년 전 이웃 나라에서 살았던 한 여자는 다음과 같이 썼다. "9월경 밤새 내린 비가 아침에 그치고 해가 반짝 얼굴을 내밀었을 때, 뜰에 핀 화초에 이슬이 굴러 떨어질 듯 소담스럽게 매달린 것은 매우 운치 있다. 그리고 사립 울타리나 초라한 지붕 처마의 거미줄에 빗방울이 떨어져 맺힌 것도 마치 진주가 맺힌 듯이 맑고 예쁘다."(세이 쇼나곤, 「9월의 아침」) 삶을 시작했다면 생명의 충일감 속에서 꽃이 피고 지고 새가 우짖는 이 삶의 아름다움을 받아들이는 게 중요하다. 거미줄에 맺힌 빗방울은 그 하나하나가 진주알인 듯 초롱초롱 맑고 영롱하다. 세상에 대한 미적인 관조가 그윽할수록 삶은 보다 살 만하고 참다운 것이 된다. 반면에 거칠고 투박하면 나날의 삶은 고달프고 참에서 멀어지며 뜻은 얕아진다. 조선의 한 선비는 다음과 같이 썼다. "한가하게 거처하는 즐거움은 다른 것이 없다. 아침 일찍 일어나 세수하고 양치질한다. 집 안을 물 뿌리며 비질하고, 아침 해가 비쳐들면 향로를 비로소 피운다. 책상을 정돈하고 책을 펼쳐 되풀이해서 읽고 생각에 잠긴다. 그러다 옛 사람이 마음을 쏟은 곳을 엿보기라도 하면 이 가운데 즐거움이 있다. 말로 형용하기는 어렵고 가만히 혼자 알 뿐이다." 이만부(李萬敷, 1664~1732)가 지은 「한거지락(閑居至樂)」에 나오는 글이다. 나날의 조촐한 삶의 내역을 토로하는 이 글은 마음의 깊은 데를 두드린다. 평화와 고요가 느껴지지 않는가? 잘 삶은 아침에 일찍 일어남, 세수하고 양치질함, 마당을 비질하고 향로에 불 피움, 책상을 정돈하고 책을 펼쳐 되풀이해서 읽음…… 이런 한거지락 속에서 나오는 게 아닌가! 독일의 시인 횔덜린은 "사람은 땅 위에 시적으로 거주한다"고 했는데, 이만부가 그린 이상적 삶이 바로 시적으로 거주함 아닌가?

그 삶을 하나의 테두리로써 둘러싸는 것이 죽음이다. 시인 천상병은 누구보다도 고달프고 남루한 삶을 살았으나 그것을 순연한 마음으로 긍정했다. "나 하늘로 돌아가리라,/ 새벽빛 와 닿으면 스러지는/ 이슬 더불어 손에 손을 잡고,/ 나 하늘로 돌아가리라.// 노을빛 함께 단 둘이서/ 기슭에서 놀다가 구름 손짓하며는,/ 나 하늘로 돌아가리라.// 아름다운 이 세상 소풍 끝내는 날,/ 가서, 아름다웠더라고 말하리라."
(천상병, 「귀천」) 시인은 이미 삶과 죽음의 경계를 넘어서 있는 것은 아닐까? 시인은 제 삶을 무자비하게 짓밟은 가해자들의 폭력과 가난마저도 마음으로 용서하고 받아들인다. 이 시의 안쪽에 녹아 있는 것은 운명에 대한 불가사의하다고 할 수밖에 없는 불굴의 순응, 물리칠 수 없는 제 운명에 대한 지극한 끌어안음이다. 누가 보더라도 불행했다고 할 수밖에 없는 시인이 저 세상에 가서 삶이 아름다웠더라고 고백할 때 소름이 돋는다. 이 구절은 뼛속까지 울린다. 시인은 세상에 대한 자기요구를 최소화한 삶을 살다 갔다. 고생스러운 가운데서도 소박한 욕망들이 채워지는 일상을 즐거워하고, 삶과 죽음에 다 같이 초연한 경지에 이르러 "아름다운 이 세상 소풍 끝내는 날,/ 가서, 아름다웠더라고 말하리라"라는 노래가 흘러나온다. 오늘 당신이 살고 있는 삶은 어제 죽은 사람이 그토록 원한 것이었다는 걸 기억하라. 죽은 사람에게는 허락되지 않는 오늘의 삶은 오로지 산 자에게만 허락된 순간의 광휘들로 가득 찬 삶이다. 「양생주」의 끝에 "손은 나무에 불을 지필 뿐, 불이 지펴지면 꺼질 줄을 모르네"指窮於爲薪, 火傳也,不知其盡也 라는 구절이 나온다. 나무에

지핀 불은 언젠가 꺼진다. 때를 만나 생명을 받아 시작한 이 삶은 언젠가 끝이 난다. 생명의 애처로운 빛이 다한 뒤 꺼지면 닥치는 게 죽음이다. 허나 나무에 지핀 불이 꺼진다고 불이 사라지는 것은 아니다. 불은 영원하다.

처음에 여희는 울었고, 나중에 여희는 웃었다. 그리고 자기가 운 것에 대해 부끄러워하고 후회하였다. 그렇듯 사람은 죽음을 싫어하지만 막상 죽은 뒤에는 삶에 집착했던 것을 후회하지 않을까? "죽음과 삶은 천지와 나란히 함께하고, 신명과 함께 변해간다. 어디로 가는지 까마득하고, 어디서 왔는지 쏜살같은데, 만물을 모두 그 속에 포괄하고 있어도 되돌아갈 만한 곳이 없다. 寂漠無形, 變化無常, 死與生與, 天地並與, 神明往與! 芒乎何之, 忽乎何適, 萬物畢羅, 莫足以歸"(『장자』, 「천하天下」) 천지만물은 변화한다. 죽음도 삶이 변한 것이다. 처음에 여희는 변화를 두려워해 울었다. 변화를 마음으로 받아들이자 편안해졌다. 편안함이란 무심의 경지에 드는 것을 말한다. "하나를 통달하면 만사가 그물 안에 있고, 무심을 얻으면 귀신도 감복한다.通於一而萬事畢, 無心得而鬼神服"(『장자』, 「천지天地」) 장자는 노자의 말을 인용해서 무심에 이르면 귀신도 감복한다고 쓴다. 잘 삶은 삶에 악착같이 매달리는 것이 아니라 그로부터 놓여남, 변화를 타고 나가는 고요한 누림에 있다. 잘 삶은 마음을 비우고 한가롭게 노닒, 변화를 무심으로 끌어안음, 그리고 잘 죽음이다.

3. 도둑에게는 도둑의 도가 있다

말을 사랑하는 법

말을 사랑하는 사람이 있었는데, 좋은 광주리로 말똥을 받고, 큰 대합 껍데기로 말 오줌을 받을 정도였다. 말 등에 모기와 등에가 앉는 것을 보고 불시에 말 등을 때리면 놀란 말이 재갈을 풀고 머리를 깨고 가슴을 걷어찰 것이다. 말을 사랑하는 뜻은 지극하지만 말은 그것을 잊어버리기 때문이다. 어찌 조심하지 않을 수 있겠는가?

『장자』, 「인간세人間世」

『장자』의 「인간세」 편을 읽는다. 말을 사랑한다고 말똥을 광주리에 받고, 말 오줌을 큰 대합 껍데기에 받았다면 이는 잘못된 일이다. 무조건 지극정성을 들인다고 덕이 아니다. 마땅히 지켜야 할 바를 넘어서 지나친 것, 즉 과공비례過恭非禮다. 말을 사랑하는 뜻은 지극하나 그 방법이 잘못되었다. 말이 재갈을 풀고 주인의 머리를 깨고 가슴을 걷어찼다. 이는 뜻이 간곡해도 그 실행이 바르지 않으면 그 결과가 처참해진다는 사실을 말해준다. 말은 풀을 먹이고 스스로 똥과 오줌을 누게 해야 한다. 그게 말을 말답게 기르는 것이다. 말똥을 광주리에 받고, 말 오줌을 대합 껍데기에 받는 일은 지나친 인위다.

이것은 하나의 비유가 아닐까? 말은 천하를 비유함이 아닐까? 놀란 말은 천하에 도가 없음을 뜻하는 것이 아닐까? 초나라에 사는 미친 사람 접여는 공자의 집 앞을 지나며 이런 노래를 불렀다. 성인은 천하에 도가 펼쳐지면 드러내고 천하에 도가 없으면 감춰 제 생명을 보전한다. 천하에 도가 없으니 세상에 나서는 일은 위험하다고 경고한 것이다.

봉황이여, 봉황이여, 어찌 그리 덕을 잃었는가?
미래의 일은 미리 간섭할 수 없고, 과거의 일은 돌이킬 수 없네.
천하에 도가 있으면 성인은 나와서 다스리고
천하에 도가 없으면 성인은 자기 생명을 보전한다네.
오늘날과 같은 시대에는 형벌만 면해도 다행인 것을.
행복은 깃털보다 가볍지만 아무도 그것을 간직할 줄 모르고,
재앙은 땅보다 무겁지만 아무도 그것을 피할 줄 모르네.
그만두어라, 사람들에게 덕을 베푸는 일을 그만두어라.
위험하여라, 목표를 정해놓고 달려가니 위험하여라.
납가새풀이여, 납가새풀이여, 내 갈 길 막지 마라.
나는 발길을 돌려 물러나니 내 발을 상하게 하지 마라.
「인간세」

봉황은 공자를 지칭한다. 미친 접여가 세상을 구제하겠다고 여러 나라를 주유하는 공자를 조롱한다. 미친 접여는 섣불리 나서거나 누구를

속이지는 않는다. 제 쓸모를 천하에 내세워 섣불리 나서는 일은 위험하다. 도가 없는 세상에 나서서 덕을 베푸는 것, 목표를 정해놓고 달려가는 것은 재갈이 풀린 말에게 머리를 깨고 가슴을 걷어채임을 당한다. 미친 접여는 가시나무가 무성한 길을 이리 구불 저리 구불 피해 간 사람이다. 가시나무가 저를 막거나 해치지 않는 삶을 살았던 미친 사람 접여는 "나는 발길을 돌려 물러나니 내 발을 상하게 하지 마라"고 말한다. 접여는 쓸모가 너무 두드러지면 마침내 꺾이는 것을 아는 지인^{至人}이다.

  역시 무위를 강조하고 있다. 무위는 꾀하지 않음, 있는 그대로 놓아둠이다. 그리하여 스스로 그러하도록 하는 것이다. 나서면 자기를 속이고 천하를 속이게 됨으로 성인은 무위에 처한다. 무위는 대도^{大道}로 나아감이고, 대통^{大通}은 큰 열림이다. 장자는 그것을 좌망이라고 했고, 그 본질은 잊음이다. 인의와 예악을 잊고, 큰 열림에 처하는 것이다. 말에게 풀을 먹이고 말을 말답게 기르는 것이다. "그러나 지혜는 근심하게 하고, 극기와 약신은 새끼로 묶는 것이고, 인의의 덕은 교제하기 위함이고, 교묘히 꾸미는 것은 장사하기 위함이다. 그러나 성인은 꾀하지 않으니 지혜를 어디다 쓰며, 쪼개어 갈라놓지 않으니 새끼줄은 어디다 쓰며, 잃음이 없으니 덕을 어디다 쓰며, 사고팔지 않으니 장사꾼을 어디다 쓸 것인가?故聖人有所遊, 而知爲孽, 約爲膠, 德爲接, 工爲商. 聖人不謀, 惡用知? 不斲, 惡用膠? 無喪, 惡用德? 不貨, 惡用商?"(『장자』,「덕충부德充符」) 꾀하지 않는 사람에게 술수가 필요치 않으며, 쪼개어 갈라지지 않으니 묶는 데 소용되는 새끼줄이 필요 없다.

와야 할 때를 받아들이고, 가야 할 때를 따르니 마음에 고단함이 깃들 여지가 없고, 몸에 피로가 쌓이지 않는다. 이것이 순리를 따름이다.

시골집들은 불도 끈 채 웅크리고 있다가 먼 길 갔다 돌아오는 이에게 고요라는 꽃다발을 하나 안긴다. 텃밭들은 너른 개간지처럼 누워 있고, 옻샘 약수와 가끔 나타나는 새끼 고라니와 집 밖에 나온 어린 것들처럼 하늘에 오들오들 떠는 별들만 반긴다. 세상은 총총하다. 당신 별도 저기 어딘가에 있는가? 그 옆에 내 별도 당신의 별과 함께 반짝이고 있는가? 재탕한 한약 삼키듯 이 삶이 너무 쓰다고 진저리치지 마라. 안개 드문드문 떠있는 국도에서 꺾어져 집으로 뻗은 외길로 들어서며 허공에 가득 찬 천지 기운이 찬찬한 눈빛으로 나를 쳐다본다. 당신의 눈과 얼굴을 오래 들여다보고 싶었는데, 나는 첫 마음을 버리고 냉정하게 돌아선다. 찬물 도랑에 가만히 손을 들이밀듯 당신에게 뻗어가던 내 마음도 함께 거둬들인다. 당신과 함께 밥을 먹고 함께 자고 싶다는 그 소망은 저녁 덧문처럼 닫아건다. 스물 몇 해 전 내게 속삭였던 보고 싶어도 참을 수 있을 때까지 참겠다는 당신 말이 내내 얼음처럼 박혀 아프다. 당신을 뒤에 두고 냉정하게 돌아선 뒤 한동안은 얼음물 속에서 숨을 참고 있는 듯 고통이 지나갔다. 찬 서리로 축축해진 구름을 개켜 장롱에 넣고, 이제 그만 잠자리에 든다. 당신 마음에는 볕이 들어 환한가?

안성으로 내려온 뒤 빈둥거리며 흘려보냈다. 계속 날이 흐리고 비가 내렸다. 밤과 새벽으론 짙은 안개가 끼었다. 짙은 안개로 공항에서는 비행기들이 뜨지 못해 결항을 한다고 했다. 봄비가 부슬부슬 날리는 날엔 그리 춥지 않은데도 한기가 뼛속까지 파고든다. 골수가 다 빠져 뼛속이 비고 그 빈속을 찬바람이 돌아다니는 듯하다. 마당가에 놓인 돌확에 물이 고였다. 돌확의 물은 맑지 않고 시커멓다. 작년에 심었던 노랑어린연꽃 줄기들이 까맣게 죽어 있는 탓이다. 연꽃 뿌리들이 살아 있어 새싹이 돋아날까. 봄비가 부슬부슬 내리는데 감나무 높은 꼭대기에 곤줄박이가 한 마리 앉아 있다. 아직 한해살이풀들이 말라 주저앉은 자리는 황국 말라붙은 자리같이 누렇다. 그 아래 딱딱한 땅들은 죽은 자들을 끌어안고 있다. 이 봄비가 땅속 깊이 스며 저 한해살이풀의 씨앗들에 싹이 트게 하리라.

비가 내린 날은 산에도 가지 못하고 소파에 앉아 책을 보다 간혹 잠도 들었다. 끼니때가 되면 큰아이가 차리는 밥상을 받고 멍하니 텔레비전을 봤다. 밥을 먹고 몸을 움직이지 않으니 얼굴도 손도 팔다리도 수장된 듯 퉁퉁하게 부푼다. 평일에는 텔레비전을 보지 않는다. 주말에나 시골집에 내려오면 그냥 아무 생각 없이 텔레비전을 본다. 냉장고를 뒤져 과일들을 꺼내 혼자 깎아먹고 달걀도 삶아 꼼꼼하게 껍데기를 벗겨 먹는다. 삶은 달걀 두 개를 벗겨 먹고도 뱃속이 빈 듯하다. 묵은지에 삭힌 홍어와 돼지고기 편육을 얹어 한입에 쏘옥 넣어 먹는 삼합 생각이 사나흘 굶주린 자처럼 간절해진다.

다큐멘터리 프로그램을 보고, 늦게야 잠자리에 든다. 그렇게 중독된 듯 맹렬하게 텔레비전을 열 몇 시간씩 들여다보고 있으면 내가 산 사람 같지 않다. 마치 죽은 사람 같다. 아무리 편한 자세를 취하고 소파에 반 눕듯이 있어도 몸 여기저기 배기지 않은 데가 없다. 몸이 거추장스러우면 신경이 괜히 곤두서서 날카로워진다. 마음에 독한 옻 오른 듯 몸 여기저기가 불편해진다. 무거운 몸과 한없이 복잡해지는 마음을 어딘가에 버리고 헛것이 되어 떠돌고 싶어진다. 한없이 무거운 몸뚱이는 저 서해안 무인도 바람 좋은 곳에서 풍장이라도 하면 좋으련만…… 선유도가 어딜까…… 나는 아직 가보지 못한 섬이다. 내 어금니엔 백금 조각도 없으니 육탈 된 뒤에도 바람 속에 그것이 반짝거릴 일도 없겠다. 밤나무숲이 웅웅거리며 운다. 바람이 지나가는 것이다. 한밤중이면 처마 아래 매단 편종들도 바람에 흔들리며 챙캉챙캉 운다. 개들이 공중으로 날아오른 검은 비닐 따위를 보며 성의 없이 몇 번 컹컹 짖어댄다. 문득 잠에 들기 전에 내가 지상에 숨쉬고 살아 있을 날들을 가만히 헤아려본다. 20년에서 30년 사이? 밤새 깊은 잠들지 못하고 자다 깨다 했다. 일거리들이 산적해 있는데, 수졸재에 내려와 며칠째 손을 놓고 빈둥거리니 내심 불안했던 거다. 습관의 힘은 무섭다. 채 두 달도 되지 않았는데 서울에서 수졸재로 내려오면 손에서 책을 놓는다. 몸이 먼저 쉬려고 드는 것이다.

어제 낮엔 안성 시내에 나가 걸어 다녔다. 장날도 아닌데 노점상들이 많이 나와 있다. 보름이라고 잡곡들과 나물들을 파는 할머니들도 많다. 땅콩과 호두를 쌓아두고 파는 사람들도 많다. 한 할머니에게 오곡밥을 지을 잡곡을 사고, 나물과 고기를 샀다. 이것저것 기웃거리며 값도 물어보고 거리를 쏘다니는 게 재미있다. 거리를 걸어 다니는 동안 아무도 아는 얼굴을 보지 못했다. 마음에 누군가 보고 싶었던 사람이라도 있었을까. 공연히 서운했다. 집에 돌아와 급히 써야 될 원고를 위해 책을 찾아 읽었다. 우리 소설에 나타난 아파트라는 주거공간의 의미에 관한 글이다. 이 책 저 책을 서가에서 꺼내 들춰보는데, 난방을 꺼버린 서재가 너무 추워 손이 곱고 무릎이 시렸다. 몇 권을 따로 챙겨 거실로 안고 가서 책을 읽었다.

나는 천천히 지나가는 마음의 진공상태를 견딘다. 진공상태가 된 마음은 하염없는 것이어서 헛되이 독한 술로 도달하는 저 깊은 명정(酩酊), 취한 밤, 포만한 저녁들, 불빛 환한 부엌들, 모란 붉은 꽃잎, 노래, 미소, 온몸을 부드럽게 적시는 온천수, 포근한 오리털 이불, 기적, 벚꽃 날리는 봄날 오후, 그 여자의 허리, 뜨겁고 습습한 냄비요리들을 부른다. 내게 없는 것들이다. 이 밤은 목매달기에는 너무 춥다. 사람들은 불행한 순간에는 죽지 않는다. 불행의 질정에서 맞서 싸울 때는 마음에 여유가 없는 까닭이다. 자살의 유혹은 불행에서 비켜서는 순간에 나타난다. 절망을 견뎌낸 뒤 양지쪽에 한 발을 들여놓고 마음이 유순해질 때 재빠르게 죽음에 제 삶을 의탁해버린다. 집으로 들어오는 어귀를 보니 살구나무들이 일제히 흰 꽃을 피웠다. 어둠 속에 우두커니

서서 뜰 안 홍매화 가지에 핀 홍매화들을 한참 들여다보았다. 분홍색 작은 꽃들이 가지마다 다닥다닥 달려 있다. 곧 홍매화도 지겠지. 남쪽 매화마을에는 벌써 매화가 졌다고 한다. 매화꽃 죄다 떨어졌으니 그 매화꽃 핀 걸 구경 오는 사람들의 발걸음도 그쳤겠다. 벚꽃마저 이미 끝물이다. 뒤늦게 벚꽃 보러 오는 사람도 있겠다. 벚나무 아래에는 흰 꽃잎들이 흰 눈 쌓인 듯하겠다.

다시 생각해보자. 말이 똥을 누고 오줌을 누는 일은 자연스러운 일이다. 그런데 광주리를 받치고, 대합 껍데기로 받아내는 것은 지나친 인위다. 무릇 자기 자신을 먼저 건사하고 남을 돕는 게 덕이다. 자식을 사랑한다고 과보호하는 부모가 있다면 이 우화에서 말을 돌보는 사람과 같다. 말을 사랑하는 사람은 그 사랑이 지나쳤다. 말은 융숭한 대접을 받았지만 그것을 잊고 주인의 몸을 상하게 했다. 마찬가지로 잘못 키운 자식은 부모의 공덕을 잊고 고삐가 풀린 말과 같이 부모의 머리를 깨고 가슴을 아프게 할 것이다. 지나침은 모자람만 못하다. 자식에게 사랑을 베풀되 덕으로 베풀고 지혜로 가르쳐야지 그저 호의호식을 베품으로써 세상만사가 다 제 뜻대로 되는 양 해서는 안 된다. 자신이 원하더라도 되는 것과 되지 않는 것이 있음을 분명히 알게 해야 한다. 해야 할 일과 해서는 안 될 일이 있다는 것을 깨우쳐야 한다. 깨우침이 늦되면 매를 들어서라도 알게 해야 한다. 이것이 덕의 온전함이다.

화공이 알몸인 채로
앉아 있었네

송나라의 원군이 자기 초상화를 그리게 하였는데, 화공이 많이 모여들었다. 화공들은 지시를 받고 절을 한 다음 줄지어 서서 붓을 적셔 풀기도 하고 먹을 갈기도 했는데, 미처 들어가지 못한 사람이 반이나 되었다. 한 화공이 늦었는데, 마음이 급한 기색도 없이 한껏 여유로운 태도로 지시에 따라 예의만 갖추고는 자기 숙소로 돌아가버렸다. 원군이 사람을 시켜 가보게 했더니, 화공은 두 다리를 뻗고 알몸인 채로 앉아 있었다. 이 말을 전해 들은 원군이 말했다. "됐다. 이 사람이야말로 참된 화공이네."

『장자』, 「전자방田子方」

한 화공이 늦게 도착했고, 그러면서도 서두르는 기색이 없었다. 그는 숙소에 돌아와 옷을 벗고 편안한 마음으로 제가 그릴 그림을 생각했다. 임금이 크게 칭찬한 이 화공은 꾸밈이나 거짓이 없었다. 인습과 형식에 크게 구애받지 않았기에 그는 두 다리를 뻗고 알몸인 채로 앉아 있었다. 다른 화공들이 임금의 눈에 들기 위해 줄을 서고, 뭔가 있는 척 꾸몄지만, 그는 무위자연, 즉 자기가 타고 태어난 바

본연의 모습에 충실했던 것이다. 진짜 화가는 재주나 기술을 익혀서는 되지 않는다. 깎고 다듬어서 결국은 질박함으로 돌아가야 진짜 그림을 그릴 수 있게 되는 법이다. 나라 각지에서 몰려온 화공들은 대개는 재주나 기술에 뛰어났을 뿐 질박함이 없었다. 참된 화공만이 그 질박함을 지녔고, 눈밝은 임금이 이를 알아봤던 것이다.

화가에게는 화가의 도가 있고, 임금에게는 임금의 도가 있다. 심지어는 도둑에게도 도둑의 도가 있다. "도척의 부하들이 도척에게 물었다. '도둑에게도 도덕이 있습니까?' 도척이 대답하였다. '세상 어디를 가보라. 도덕 없는 곳이 있는지. 집 안에 재물이 어디 있나 알아맞히는 것이 성스러움이다. 앞장서는 것이 용기이다. 가장 나중에 나오는 것이 의리다. 도둑질을 해야 할지 말아야 할지 판단할 수 있는 것이 지혜다. 공평하게 나누는 것이 어짊이다. 이상 다섯 가지 도덕을 갖추지 않고 큰도둑이 된 사람은 없다."(「장자」,「거협胠篋」) 이때 도란 마음을 바르게 함이고, 더 나아가 초연하고 아름다운 정신의 경지이다. 물고기가 한가롭게 물속에서 노닐고 있다면 이는 물고기의 도이고, 새가 한가롭게 공중에서 날고 있다면 이는 새의 도이다. 도둑도 그의 세계에서 지키고 따라야 할 마음의 도, 즉 성스러움, 용기, 의리, 지혜, 어짊과 같은 다섯 가지가 있어야 큰도둑이 될 수 있는 법이다.

어느 날 문득 라디오에서 흘러나오는 빌리 조엘의 노래에 아무 이유

없이 눈가가 젖는다. 좀 황당했는데, 찰나의 깨달음이 번개처럼 나를 스쳐간 것이다. 단 한 번뿐인 삶이 영롱하지 않다고 무를 수는 없는 노릇이다. 간절히 영롱하고 싶다면, 이 무덤덤한 삶이 영롱해질 때까지 살아야 한다. 어떤 문은 닫히고, 또 어떤 문은 열린다. 어떤 접시는 깨지고, 또 어떤 접시는 멀쩡하다. 사물의 모든 이치들이 투명해질 때 내가 살아 있는 게 기쁘다. 단 하나의 삶을 얼마나 많은 잡다한 열정들이 밀어올리고 있는가를 나는 갑자기 깨닫는다. 아아, 시월상달이다! "불행을 요리하는 방법,/ 나쁜 소식을 견뎌내는 방법,/ 불의를 최소화하는 방법,/ 신의 부재를 극복하는 방법"(쉼보르스카, 1923~ , 「광고」)을 모르는 이들에게도 가을의 혜택은 고루 미친다. 올해도 태풍 없이 맞는 이 가을이 기특하고 고맙다. 아람이 굵은 밤들이 찬이슬에 함초롬히 젖은 밤나무숲 풀밭 위로 툭, 투둑 하고 떨어진다. 화단의 맨드라미는 핏빛으로 붉고, 늙은 어매는 밤마다 알아들을 수 없는 잠꼬대를 한다. "울타리 밖에도 화초를 심는 마을이 있다/ 오래오래 잔광이 부신 마을이 있다/ 밤이면 더 많이 별이 뜨는 마을이 있다."(박용래, 「울타리 밖」) 푸른 하늘과 잔광이 부신 가을 천지다. 밤이면 더 많은 별들이 뜨는 마을의 어른들은 다들 편안하다. 목구멍으로 넘어가는 밥은 달고, 근력은 여전하신가. 그렇다 하더라도 몸은 시들고 높이 매달린 것들은 여지없이 떨어진다. 초목을 비롯한 살아 있는 것들은 시듦과 조락을 피할 수 없는 노릇이다. 상고시대 이래로 가을은 양은 가고 음이 천지간에 퍼지는 시절이니까!

어느덧 대추나무 가지에 열린 대추들은 알이 굵고 붉어졌다. 하찮은 대추라 해도 저절로 익는 법은 없다. 대추도 역경을 견디고 시련을 이겨야만 단맛이 배고 마침내 붉게 익는다. 대추 한 알이 그러하듯 인생 또한 고진감래苦盡甘來가 아닌가. 나이 마흔 넘어 겨우 깨달은 진리다. 식멸되지 않은 망상에 시달리는 범부에게도 진리는 단순하게 다가온다. "진정한 발견의 항해는 새로운 땅을 찾는 데 있는 것이 아니라, 새로운 눈으로 보는 데 있다."(마르셀 프루스트) 맞는 얘기다. 새로운 인생을 살고 싶다면 새로운 눈으로 인생을 바라보자.

가을은 여뀌와 황국과 무서리와 초빙初氷을 거느리고 깊어간다. 기쁜 일도 없고 슬픈 일도 없는 날들이 한가롭고 평화롭게 흘러간다. 무서리 내리는 밤 섬돌 밑에선 귀뚜라미가 울고, 명월 아래로는 기러기 떼가 떠간다. 저 천하의 명필이 휘갈겨 써내려간 살아 꿈틀거리는 서체書體! 오늘 낮에는 산림욕장을 다녀왔다. 걷는 동안 좋은 생각을 품었다. "좋은 생각이란 걸으면서 젖어드는 생각들이다."(니체) 다른 생각은 조금도 품지 않았다. 그저 그 길을 따라갔을 뿐. 가는 길에 살 오른 뱀을 보았다. 마주치는 순간 저도 나도 놀라 흠칫했지만 가는 길이 서로 달랐으니 상관하지 않았다. 산그늘 짙어지고 붉은 해가 넘어간다. 쉬이 잠 못 드는 밤에는 여름 내내 붙들고 있었으면서도 끝내 다 읽지 못한 『벽암록』을 마저 읽는다. 짧은 산자락 아래에 집을 짓고, 아들을 낳고 딸을 낳고, 씨나 뿌리며 살고 싶었다고, 들찔레처럼, 혹은 쑥대밭처럼 우거져 살고 싶다고 노래한 목월은 이렇게 쓴다. "그런대로 해마다 장맛은 / 꿀보다 달다./ 누가 알 건데,/ 그렁저렁 사는 대로 살맛도 씁쓸하고/ 그렁저렁 사는 대로 아이들도 쓸모 있고/ 종일 햇볕 바른 장독대에/ 장맛은 꿀보다 달다."(박목월, 「상략 맛」) 망혼들조차 햇볕 바른 장독대 근처에 나와 앉는다. 장수하는 노인이 두엇 있는 마을은 무병하고, 그런 마을의 장맛은 해마다 꿀보다 달다. 장맛이 다니 살맛은 씁쓸하다. 우리 영혼도 숙성하고 단맛이 깊이 배어야만 한다. 그래야 참나를 만날 게 아닌가. 영혼에 덕지덕지 묻은 속진을 씻고 참나를 만나라! 그게 이 가을이 우리에게 가르치는 의로움이다. 시인들은 우리 밋밋한 영혼을 은근한 말로 꾄다. "나에게 영혼을 파십시오./ 다른 장사치들은 오지 않을 테니."(쉼보르스카) 이 가을에는 다른 무엇도 아닌 시집에 고독과 범속함에 지친 영혼을 팔아보자. 올가을이 다 가기 전에 정금의 언어로 가득 찬 시집 몇 권을 찾아 읽어보자.

「전자방」의 화공 이야기는 「달생」 편에 나오는 목수를 떠올리게 한다. "재경이라는 목수가 나무를 깎아 거를 만드는데, 그것을 본 사람들은 그 귀신같은 솜씨에 놀랐다. 노나라 임금이 보고 물었다. '자네는 무슨 기술로 이렇게 만드는가?' 재경이 대답했다. '저는 목수일 뿐 특별한 기술이 있겠습니까? 그러나 한 가지가 있기는 있습니다. 저는 거를 만들 때 기를 함부로 소모하지 않고, 반드시 재계를 하고 마음을 가라앉힙니다. 사흘을 재계하고 나면, 축하나 상을 받고 벼슬이나 녹을 타는 생각을 품지 않게 됩니다. 닷새를 재계하고 나면 비난이나 칭찬, 잘 만들고 못 만들고 하는 생각을 품지 않게 됩니다. 이레를 재계하고 나면 문득 제게 사지나 몸뚱이가 있다는 사실마저 잊습니다. 이때가 되면 이미 공무니 조정이니 하는 생각도 없어져, 오로지 기술에만 전념하고 주의를 산만하게 하는 외부적 요인은 완전히 없어집니다. 그런 뒤 산속에 들어가 나무의 본래 성질을 살펴 모양이 더할 수 없이 좋은 것을 찾습니다. 그러고 나서 거기서 완성된 거를 보게 되면 하늘과 하늘이 합하는 것입니다. 제가 만드는 것들이 귀신 같다고 하는 것이 여기에서 비롯하는 것입니다.'" 재경은 귀신 같은 솜씨를 가진 이로 이름이 널리 알려진 사람이다. 그는 거라는 악기를 걸어두는 가구를 만드는 사람이었는데, 노나라 임금이 무슨 특별한 기술이 있는가 라고 묻자 '없다' 라고 대답한다. 재경은 특별한 기술은 없지만 '하나' 가 있다고 말한다. 그 하나는 만들기 전에 금식을 하고 마음을 비운다는 것이다. 마음을 하나에 모으고 일체의 것을 잊는다는 뜻이다. 가구가 손기술에 나오지 않고 마음에 품은 뜻, 즉 초의식의 도에서 나온다는 얘기다. 목수 재경은 그런 마음으로 만든 것을 "하늘과 하늘이 합하는 것"이라고 말한다. 재경은 사람이지만 그 솜씨가 가히 하늘의 솜씨와 닮았으니, 그렇게 말한 것이다. 사람들이 그가 만든 것을 일컬어 귀신의 솜씨 같다고 한 것도 같은 뜻이다. 마음을 비우고 비운 마음으로 하늘을 품으면 하늘이 나오고, 비운 마음으로 땅을 품으면 땅이 나오고, 비운 마음으로 삼라만상을 품으면 삼라만상이 나오는 것이다.

「전자방」의 화공 이야기는 또 다른 우화를 생각나게 한다. 옛날 중국에 추앙추라는 유명한 화가가 있었다. 어느 날 황제가 그에게 게 그림 하나를 그려달라고 했다. 추앙추는 열두 명의 시종과 집 한 채, 그리고 5년의 말미를 달라고 했다. 황제가 추앙추의 요구를 들어주었다. 그러나 5년이 지나도록 추앙추는 아무것도 그리지 않고 빈둥거렸다. 추앙추는 황제에게 나아가 다시 5년을 더 달라고 했고, 황제는 이를 받아들였다. 10년이 거의 지날 무렵 추앙추는 먹을 갈기 시작했다. 그리고 붓을 들어 먹물에 찍더니 한순간에, 단 하나의 선으로 지금까지 보았던 가장 완벽한 게를 그렸다. 그림 속에서 게는 마치 살아 움직이는 듯했다. 황제는 크게 만족하고 추앙추에게 큰 상을 내려 그의 노고를 위로했다. 추앙추는 게를 그릴 만한 재주나 기술이 없어서 5년을 허송세월하고, 또다시 5년을 달라고 했던 게 아니다. 그는 10년 동안 마음속에서 수천, 수만 장의 그림을 그리고 찢었다. 사람들은 추앙추가 마음으로 그리는 그림을 보지 못했기에 그가 밥이나 축내며 빈둥거린다고 수군거렸다. 사람들은 대개는 눈에 보이는 것만 믿는 까닭이다. 그러나 장자는 이렇게 말한다. "정말 깨끗한 사람은 더러워 보이고, 진정 덕을 갖춘 사람은 모자란 듯이 보이는 법이다."(「장자」, 「우언寓言」) 추앙추는 천하에 게으른 사람으로 보였지만 실은 누구보다도 부지런한 사람이다. 그는 하루도 쉬지 않고 마음속에서 그림을 그리고 있었다. 그림이 마음에 흡족하지 않았기 때문에 5년을 흘려보낸 뒤 다시 5년의 세월이 더 필요했던 것이다. 마침내 마음속에서 그린 그림이 흡족하자 붓에 먹물을 찍어 한순간에 생동하는 게를 그려냈다.

「달생」 편에 임금이 제 싸움닭을 기성자에게 맡겨 훈련시키는 이야기가 나온다.

열흘이 지나자 임금이 물었다.

"내 닭이 싸울 만한가?"

기성자가 대답했다.

"아직 안 됩니다. 지금은 공연히 허세만 부리고 제 기운만 믿고 날뜁니다."

다시 열흘이 지나자 임금이 기성자에게 똑같이 물었다.

"아직 안 됩니다. 다른 닭의 소리가 들리거나 모습만 보아도 당장 덤벼들려고 합니다."

다시 열흘이 지났다. 임금이 기성자에게 똑같이 물었다.

"아직도 안 됩니다. 상대를 노려보며 불같이 성을 냅니다."

다시 열흘이 지났다. 임금이 기성자에게 똑같이 물었다.

"이젠 됐습니다. 상대가 나타나도 태도에 아무런 변화가 없습니다. 멀리서 바라보면 마치 나무로 만든 닭 같습니다. 그의 정신이 완전해진 겁니다. 다른 닭들은 이 닭을 쳐다보지도 못하고 도망칩니다."

사납게 갈기를 세우고 설치는 닭은 아직은 제대로 된 싸움닭이 아니다. 제 힘과 기술만 믿고 날뛰다가는 더 힘세고 기술이 뛰어난 닭을 만나면 크게 낭패를 볼 것이다. 제 힘과 기술을 벗어나 도의 경지에 이르면 닭은 고요해진다. 닭은 마치 나무로 된 닭같이 자신을 흔드는 욕망과 집착에서 벗어났다. 마음을 비우고 싸운다는 의식에서조차 자유로워졌다. 닭이 마음을 비우고 그 빈 마음에 천지를 싣고 고요해지자 다른 닭들은 싸우기도 전에 도망쳤다. 텅 비어 무위에 들어가면 자연의 도와 하나가 되어 이루지 못함이 없게 된다. 진짜 그림을 그리는 사람은 그림을 그린다는 의식에서조차 자유로워야 한다. 무엇을 의식함은 대상에의 집착에서 벗어나지 못했다는 뜻이다. "발이 신을 잊는 것은 신이 발에 꼭 맞기 때문이고, 허리가 허리띠를 잊는 것은 허리띠가 허리에 꼭 맞기 때문이다."(『달생』) 고요해지는 것은 발이 신발을 의식하지 않기 때문이다. 발이 신발을 의식하는 것은 신발이 맞지 않아 불편하기 때문이다. 개가 크게 짖는 것은 두려움 때문이고, 싸움닭이 사납게 날뛰는 것은 서툴기 때문이다. 무릇 도에 이른 것들은 그 높은 경지에서 이윽고 들뜨지 않고 고요해진다.

4. 비워라, 비워야 채운다

빈 배

배로 강을 건너는데, 빈 배가 떠내려오다가 그 배에 부딪쳤다. 사공은 성질이 급한 사람이지만 그 배가 빈 것을 알고 화를 내지 않았다. 그런데 떠내려온 배에 사람이 타고 있으면 당장 소리치며 비켜 가지 못하겠느냐고 했을 것이다. 한 번 소리쳐서 듣지 못하면, 다시 소리치고, 그래도 듣지 못하면 세번째 소리치는데, 그때는 반드시 욕설이 따르게 마련이다. 처음에는 화를 내지 않다가 지금 와서 화를 내는 것은 처음에는 배가 비어 있었고, 지금은 배가 채워져 있는 까닭이다. 사람들이 모두 자기를 비우고 인생의 강을 흘러간다면 누가 능히 그를 해롭게 하겠는가?

「장자」, 「산목」

『장자』의 「산목」 편을 읽는다. '빈 배虛舟 이야기'는 인구에 회자되는 이야기 중의 하나다. 시남자市南子라는 사람이 노나라 임금에게 지혜의 말을 건넨 것이다. 배는 인생이라는 강을 타고 흘러내려 간다. 너무 많이 실으면 배는 무겁고, 무거우면 흐름이 더디고 둔탁해진다. 배는 비우면 가볍게 흘러간다. 무겁게 채우는 것은 탐욕이다. 반면에 비움은 무심^{無心}이다. 채운 것은 채움으로 시끄럽고, 비운 것은 비움으로 고요하다. 채우면 채울수록 비움이 견디기 어렵고, 비우면 비울수록 채우는 일의 하찮음을 깨닫게 된다. 채우는 자는 그 채움에 매이게 되고, 비우는 자는 비움으로 인해 자유로워진다. 비우라! 더 많이 비우라! 그게 장자가 우리에게 주는 교훈이다.

하루 종일 시골 빈 집을 지키고 있었다. 한가로움을 찾아 기어코 쥐고 있던 일을 놓아버렸으니 한가로움의 속살을 오래 가만히 들여다보는 것도 보람이 없지 않다. 집 둘레의 숲에서 새들이 소란스럽더니 이윽고 가을비가 내렸다. 그 빗소리 들으며 손에 든 책을 읽다 말다 했다. 반쯤 뜬 눈으로 어슴푸레 책을 읽고 그 반쯤 뜬 눈마저 감고 졸았다. 종일 아무도 찾아오지 않았다. 거실 바닥에는 노모가 텃밭에서 수확한 누런 콩들이 펼쳐진 채 마르고 있었다. "앞산에 가을비/ 뒷산에 가을비/ 낯이 설은 마을에/ 가을 빗소리/ 이렇다 할 일 없고/ 기인긴 밤/ 모과차를 마시면/ 가을 빗소리."(박용래, 「모과차」) 그렇게 하루가 저물었다. 노모가 돌아오지 않았으니 저물어도 저녁 쌀 씻는 소리가 나지 않는다. 커다란 적막이 집 안을 그득하게 채우고 앉아 있는 듯하다.

벽오동나무 밑동 적시는 이 가을비 그치면 옷소매 스치는 바람은 더 차가워지겠다. 물이 차지자 연못 속의 연잎이 시들고, 처마에 매단 풍경은 바람이 일 때마다 제 몸을 쇠로 치는데 그 소리마저 차고 시리다.

온 천지가 단풍든 나무들로 그득하니 가을이 온 것을 실감했다. 산 빛은 휘황하고 물빛은 푸름이 시리도록 깊어졌다. 활엽수들의 붉고 노란 잎들이 바람이 불 때마다 우수수 떨어진다. 광합성 작용을 하며 부지런히 나무를 부양하던 잎들은 그 쓸모를 다하고 떨어진다. 땅에 떨어진 잎들은 썩어 부엽토가 되어 나무뿌리에 자양분을 줄 것이다. 잎을 다 떨어뜨리고 빈 가지로 서있는 나무들을 바라보며 비움에 대해 생각한다. 유실수들은 잎은 떨구고 제 가지에 달린 열매들은 사람과 새에게 준다. 이렇듯 가을은 나눔으로써 비움에 드는 계절이다.

비움이란 생물학적 필요 이상의 소유를 갖지 않는 것이다. 달리 말하면 자발적 가난에 드는 것이다. 그냥 버려서 얻는 경지가 아니라 제 것을 기꺼이 남과 나눔으로써 비움에 드는 것이다. 노자는 말한다. "남을 위하기 때문에 자기는 더욱 여유로우며, 남에게 주기 때문에 자기는 더욱 많아진다."(「도덕경」, 제81장) 그러므로 비운 사람은 행복하다. 비움으로 재물에 대한 집착에서 자유로워질 수 있다. 재물 따위의 집착에서 자유로워지니 비로소 온갖 살아 있는 것들의 생령生靈과 갸륵하고 어여쁜 것들 속에서 조촐할 수 있다. "지족자부知足者富"(「도덕경」, 제33장). 만족할 줄 아는 자가 부자다, 라는 뜻을 가진 이 구절을 비우는 자가 부자다, 라고 읽는다. 탐욕과 집착은 온갖 악과 불행의 근원이다. 많이 가질수록 더 갖고 싶어하는 게 사람이다. 탐욕은 남의 것을 부당하게 욕심내게 하고 이는 틀림없이 남과 자신을 함께 불행하게 만든다. 너무 많이 가지지 마라. 소유가 족쇄되면 괴로움만 커진다.

    소유보다 중요한 것은 자유로움이다. 이 자유는 가진 것을 자족하며 누리고 즐기는 자유다. 북명의 물속에 살던 곤이 변하여 대붕이 되었다. 대붕은 그 등이 몇 천 리나 되고, 날개를 펼치면 구름이 드리운 듯했다. 이 대붕은 9만 리 하늘을 여섯 달 동안 쉬지 않고 난다. 이 대붕을 보며 매미와 메추라기가 비웃었다. 땅에서 느릅나무까지 날아가는 것도 힘든데, 도대체 무엇 하러 그 멀리까지 날아간단 말인가! 매미와 메추라기는 작은 앎에 매이고, 대붕은 큰 앎에서 매임없이 자유로웠다. "작은 앎은 큰 앎에 미치지 못하고, 소년은 대년에 미치지 못한다. 무엇으로 그러함을 아는가. 하루살이는 그믐과 초하루를 알지 못하고, 매미는 봄과 가을을 알지 못한다."(「소요유」) 나 역시 오랫동안 하루살이로, 매미로 살아왔다. 갖고 있는 것들을 누릴 새도 없이 눈앞의 것들을 닥치는 대로 거둬 쌓고 채우는 일에만 열중했다. 재물과 명예와 지위를 아무리 쌓고 채워도 불행은 줄지 않는다는 사실을 깨닫지 못했다. 시골로 거처를 옮기고 노자의 『도덕경』과 『장자』를 날마다 읽으며 비로소 비움의 미학에 실눈을 떴다. "만족할 줄 알면 모욕을 당하지 않고, 그칠 줄 알면 위태롭지 않아 오래 갈 수 있다."(「도덕경」 제44장) 고요히 앉아 책을 읽고 마음을 비우고 산길을 걸었다. 고량진미가 아니라 소박하고 담백한 밥상에 감사했다. 두루 한가하고 무던해졌다. 비우니 편안해지고 안 보이던 살 길이 보였다. 작은 것에 만족할 줄 아니 불행은 줄고 풍요로워졌다. 이를테면 백색은 모든 색의 비움이다. 백색은 공空이고 무無다. 그것이 공이고 무인 까닭에 그 자리를 일만萬 가지 색으로 채울 수 있다.

비우고 산 사람으로 도연명陶淵明, 365~427을 따를 사람이 없다. 스물아홉에 고향인 강주에서 말단 관리 생활을 시작하나 얼마 후에 스스로 그만두고, 마흔 살에 평택현령을 사직한 뒤로는 벼슬길에 나서지 않았다. 부임한 지 겨우 석 달 만에 군에서 파견한 감독관이 오만한 태도를 보이자 "겨우 쌀 닷 말 때문에 하찮은 시골 관리한테 굽실거릴 수 없다"고 말하고는 뒤도 돌아보지 않고 나왔다. 이 뒤로 "세상이 나와 서로 어긋나 맞지 않거늘 다시 수레를 몰아 무엇을 구할 것인가?"라며, 부귀빈천에 마음을 두지 않고 평생을 전원에서 한가롭게 지내며 국화와 술과 시에 기대 살았다. 책 읽기와 음주로 일관하는 스스로를 가리켜 오류선생五柳先生이라 부르며 그 전기를 지었으니, 이 글에 도연명의 사람됨이 잘 드러난다. "선생은 어느 지방 사람인지 알 수 없고 그의 성姓과 자字도 자세하지 않다. 집 가에 다섯 그루의 버드나무가 있어 그를 호로 삼았다. 조용하고 말이 적으며 영화와 이익을 부러워하지 않았다. 책 읽기를 좋아하나 지나치게 따지려고 하지 않았으며, 매번 깨닫는 바가 있으면 기뻐하며 밥 먹는 것도 잊었다. 성품이 술을 즐기나 집이 가난하여 항상 먹을 수는 없었다. 친구들이 그의 이같은 사정을 알고 간혹 술을 차려놓고 부르면, 가서 언제나 흥겹게 마시며 반드시 취하고자 하였다. 이미 취하여 물러갈 때는 언제나 가거나 머무르거나 하는 데에 미련을 두지 않았다. 좁은 집은 텅 비고 바람과 햇볕을 가리지 못하였다. 짧은 베옷은 해진 데를 기웠고, 밥그릇과 표주박이 종종 비었지만 태연하였다. 항상 문장을 지어 스스로 즐기며 자못 자기의 뜻을 나타내고 이해득실은 잊은 채 이런 태도로 스스로의 일생을 마쳤다.

찬贊에 말한다. 검루黔婁가 말하기를, '빈천을 걱정하지 않고 부귀에 급급하지 않는다' 하였다. 이 말은 바로 이 오류선생 같은 사람을 말하는 것이 아니겠는가? 흥겹게 술을 마시고 시를 지어 자기의 뜻을 즐기니, 옛날 태평성대의 임금 무회씨無懷氏의 백성인가, 갈천씨葛天氏의 백성인가?"(도연명, 「오류선생전」)

오류선생은 낡고 구멍 난 베옷을 입고, 집안은 끼니를 거를 정도로 가난했다. 그러나 다른 사람이 누리는 영화와 이익을 부러워하지 않고, 가난에 크게 구애되지도 않았다. 세상 사람들이 갖고자 하는 것에 마음이 급급하지 않고, 마음에 스스로 즐김이 있는 까닭이다. 오류선생은 빈 배와 같이 세월이라는 강을 흘러간 사람이다. 빈 배와 같이 흘러가는 사람을 두고 누가 시비를 하겠는가? 마음을 비우니 삶은 평안하였다. 삶이 평안한 것은 비우면 내면에서 나오는 윤리적 명령을 쉽게 따를 수 있기 때문에 갈등이 적어지는 탓이다. "해 저물어 푸른 산 내려오니/ 산 위의 달도 나를 따라 돌아온다/ 오던 길 돌아보니/ 푸르고 푸른 숲이 아득히 비껴 있네/ 주인 손잡고 농가에 들르자/ 어린아이 사립문 연다/ 푸른 대숲의 조용한 길을 들어가니/ 댕댕이 넝쿨이 옷자락을 당긴다/ 편히 쉬며 즐거운 이야기를 하고/ 함께 잘 익은 술을 따라 마신다/ 높은 소리로 송풍곡을 읊으니/ 가락 끝나고 별들도 희미하다/ 나 취하고 그대 또한 즐거우니/ 모두 다 몽롱하여 속세를 잊었다."(도연명, 「종남산 내려오는 길에 은자 곡사의 집에 묵으며 술을 마시다」) 산림의 풍경이 청신하게 그려진 도연명의 시다. 곡사는 은자다. 세속과 단절한 채 파묻혀 사는 은자와 더불어 잘 익은 술을 나눠 마시고 도연명은 취해서 속세를 잊었다. 이만하면 비움의 충만을 살았다고 말할 수 있지 않을까?

자상호와 맹자반과 자금장 세 사람은 우정이 자별한 친구 사이다. "누가 사귐이 없는 데서 사귈 수 있고, 서로에게 하지 않는 데서 함을 실행할 수 있겠는가? 누가 하늘에 올라 안개 속을 노닐고, 무극無極에서 자유롭게 다니며, 서로 삶을 잊어버리고 끝없이 살아갈 수 있을까?孰能相與於無相與, 相爲於無相爲? 孰能登天遊霧, 撓挑無極, 相忘以生, 無所終窮?"(「대종사」) 세 사람은 예禮에 매임이 없었다. 해가 이미 중천에 떠있다면 횃불은 쓸 데가 없는 법이다. 횃불은 어둠 속에서나 쓸모가 있는 것이다. 자상호와 맹자반과 자금장 세 사람은 자유로웠기 때문에 사귐이 없는 데서 사귀고, 서로에게 하지 않음으로 함을 실행할 수 있었다. 하늘에서 노닐고, 무극에서 자유롭게 다니며, 서로 삶을 잊고 끝없이 살아가는 이들은 비운 사람들이다. 빈 배는 강물 위를 유유자적 떠간다. 세 벗 중 하나가 죽자 남은 친구들은 거문고를 뜯으며 노래를 했다. 공자는 제자 중 하나를 보내 문상을 하게 했다. 제자는 문상 갔다가 보고 들은 바를 공자에게 일렀다. 공자는 이들을 세상 바깥에서 노니는 사람들이라고 했다. 이들에 비하면 자기는 아직 세속의 한가운데 있는 자라고 말했다. 빈 배가 내려와 부딪쳤을 때 사공은 화를 내지 않았다. 그러나 사람이 탄 배가 와서 부딪친다면 사공은 크게 화를 낼 것이다. 마찬가지로 사람이 자기를 온전히 비우면 누가 와서 그를 해칠 것인가?

열자 이야기

정나라에 계함[季咸]이라는 신령스러운 무당이 있었는데 사람의 죽고 사는 것, 존망과 재앙이나 행운, 오래 살 것인지 일찍 죽을 것인지 등을 귀신처럼 연월일까지 꼭 집어 알아맞혔다. 정나라 사람들은 그를 보면 귀신을 보듯 모두 버리고 달아났다. 열자[列子]는 그를 보고 심취하여 돌아가 스승 호자에게 그 사실을 말했다. "이전에는 선생님의 도만이 지극한 줄 알았는데 그런 경지에 오른 자가 또 있었습니다." 호자가 말했다. "나는 너에게 껍데기만 주었지 알맹이는 주지 않았거늘 너는 굳이 도를 얻었다고 하느냐? 암컷은 많고 수컷이 없으면 어찌 알을 얻겠느냐? 너는 도로써 세상과 겨루려고 하면서 분명히 네 속마음을 내보였을 것이다. 그 때문에 남들이 네 관상을 쉽게 보는 것이다. 시험 삼아 그를 데려다가 나를 보여주어라." 이튿날 열자는 무당과 함께 호자를 만났다. 나와서 열자에게 말했다. "아이고, 자네의 선생은 죽을 거야. 살 수 없어. 열흘을 못 넘길 거야. 나는 괴이한 것을 보았네. 젖은 재를 보았어." 열자가 옷깃이 젖도록 울면서 그 말을 호자에게 전했다. 호자가 말했다. "아까 나는 땅의 무늬를 보여주었다. 움직임도 고요함도 감정도 없는 바위 같은 모습이었지. 이 때문에 아마 내가 생기를 막아버린 것을 보았을 거야. 어디 다시 데려와 보아라." 그 이튿날 무당과 함께 호자를 만났다. 나와서 열자에게 말했다. "다행이네. 자네의 선생은 나를 만나 병이 나았네. 완전히 생기를 되찾았어. 그의 기가 막혔던 것이 열리는 것을 보았어." 열자가 들어가 점쟁이의 말을 호자에게 전했다. 호자가 말했다. "아까 나는 천지의 변화를 보여 주었네. 명리에 대한 생각이 마음속에 들어오지 못하고 생기는 발뒤꿈치에서 피어나오지. 이 때문에 아마 내 생명이 돋아나는 기운을 보았을 거야. 어디 다시 데려와 보아라." 그 이튿날 무당과 함께 호자를 만났다. 나와서 열자에게 말했다. "자네의 선생은 한결같이 않네. 나는 관상을 볼 수가 없네. 한결같아지면 그때 다시 한번 관상을 보세나." 열자가 들어가 점쟁이의 말을 호자에게 전했다. 호자가 말했다. "아까 나는 음양이 조화되어 막상막하의 형국을 이루는 상을 보여주었어. 이 때문에 나의 균형을 이룬 생기를 보았을 것이야. 고래처럼 큰 물고기가 몸을 돌려 물이 깊어진 곳이 연못이 되기도 하고, 멈추어 있는 물이 깊어져 연못이 되기도 하고, 흐르는 물이 깊어져 연못이 되기도 한다. 연못에는 아홉 가지 이름이 있는데, 이것들은 세 가지에 해당한다. 다시 데려와 보아라." 이튿날 열자는 무당과 함께 호자 선생을 만났다. 무당은 서서 자리를 잡지도 못하고 얼이 빠져 도망쳐버렸다. 호자가 말했다. "쫓아가라." 열자가 무당의 뒤를 쫓았지만 미치지 못했다. 돌아와서 호자에게 보고했다. "이미 사라졌습니다. 이미 놓쳐 따라갈 수 없었습니다." 호자가 말했다. "아까 나는 내 근본이 전혀 나타나지 않은 상태를 보여주었다. 나는 그와 함께 하면서 나 자신을 텅 비우고 따르기만 했다. 그는 내가 누구인지 무엇을 하는지 알지 못했을 것이다. 따라서 그는 나를 바람에 나부끼는 풀이라고 생각하고 또 바람에 출렁이는 물결이라고 생각했을 것이다. 그래서 도망간 것이다." 그런 일이 있은 후 열자는 스스로 학문의 시초도 없음을 알고 집으로 돌아갔다. 3년을 두문불출하며 아내를 위해 밥을 짓고 돼지를 사람처럼 먹었다. 일을 함에 친척과 더불어 하지도 않고 인위의 허식도 없어진 소박한 자연으로 돌아갔다. 흙덩어리처럼 홀로 그 형체만으로 서서, 여러 가지 엉킴이 있어도 그는 봉한 것 같은 상태였다. 이처럼 한결같이 살다가 생을 마쳤다.

『장자』,「응제왕應帝王」

『장자』의 「응제왕」 편을 읽는다. 신통력을 가졌다는 계함보다 호자가 한 수 위다. 계함이 길흉을 예측하는 것은 겉으로 드러난 관상을 통한 것이다. 얼굴의 골격, 주름, 근육 따위의 형태소들은 그 주체의 과거를 증거한다. 얼굴은 타고난 바 인종적 특성들, 주체의 식습관, 사회의 풍속, 살아온 체험들, 즉 과거의 총체적 집적이 만들어 낸다. 무당들은 형상으로서의 얼굴에 새겨진 과거를 뒤집어서 길흉화

4. 비워라, 비워야 채운다

복을 점친다. 열자는 연월일까지 맞추는 무당 계함의 신통함에 놀란다. 스승인 호자에게 달려와 그 사실을 말한다. 그때 호자는 열자에게 "분명히 네 속마음을 내보였을 것이다. 그 때문에 남들이 네 관상을 쉽게 보는 것이다"라고 말한다. 계함의 앎은 얕다. 호자는 열자에게 계함을 제 앞에 데리고 오라고 말한다. 호자는 계함에게 먼저 죽음을 보여주고, 다음에 삶을 보여주었다. 그 다음에 죽은 것도 아니고 산 것도 아닌 것을 보여주고, 나중에는 제 근본이 나타나기 이전을 보여준다. 호자가 죽음을 보여주었을 때 계함은 죽음만을 보았다. 그 이면을 보지 못했다. 호자가 삶을 보여주었을 때 계함은 이제 삶만을 보았다. 그 이면을 보지 못했다. 나중에 호자는 태어나기 이전의 카오스를 보여주었다. 그러자 계함은 얼이 빠져 달아났다. 계함은 전체가 아니라 일면만을 보았다. 그러니까 계함의 앎은 반가통半可通이고, 호자의 앎은 전가통全可通이다. 어렴풋하게 아는 게 반가통이라면 만물을 두루 꿰뚫어 환히 앎이 전가통이다.

열자는 정나라에 살았던 당대에 이름이 널리 알려진 철인이다. 「소요유」에 따르면 "열자는 바람을 부리고 다녔는데, 경쾌하게 즐기다가 보름쯤 지난 뒤에나 돌아왔다. 그는 복을 바라는 일 따위에는 별로 관심을 두지 않았다.夫列子御風而行, 泠然善也. 旬有五日而後反. 彼於致福者, 未數數然也. 此雖免乎行, 猶有所待者也"
바람을 부리고 다닌다는 표현은 탈속의 경지를 보여준다. 그런 열자도 젊은 날에 스스로의 경솔함으로 무당 계함의 미혹에 넘어가 스승이 이른 지극한 경지를 의심하였다. 계함과 더불어 스승을 시험한 뒤 비로소 저의 어리석음을 깨달았다. "그런 일이 있은 후 열자는 스스로 학문의 시초도 없음을 알고 집으로 돌아갔다. 3년을 집 밖으로 들고 낢을 끊고 아내를 위해 밥을 짓고 돼지를 사람처럼 먹였다. 일을 함에 친척과 더불어 하지도 않고 인위의 허식도 없어진 소박한 자연으로 돌아갔다." 열자는 큰 실수를 저질렀지만 그 실수를 통해 저의 한계를 깨닫고 정진하였다. 열자가 3년을 두문불출하며 아내를 위해 밥을 짓고 돼지를 먹이는 일에만 힘썼다는 것에서 그의 사람 됨됨이를 미루어 짐작할 만하다. 열자는 일체의 인위를 버리고 무위에 들었다. 무위에 든다는 것은 어떤 뜻일까? 무위란 팔짱을 끼고 아무것도 하지 않음이 아니다. 소박한 자연으로 돌아가는 것, 즉 타고난 본성에 따라 스스로 그러함에 맡기는 것이다. 열자는 스스로 그러함에 돌아감으로써 아내를 위해 밥을 짓고 사람에게 하듯 돼지에게 성심으로 밥을 먹였다. 밥을 짓고 돼지를 치는 데 따로 앎이나 욕망이 필요하지는 않다. 오히려 마음을 비움, 무엇을 하겠다 함을 없애는 게 필요하다. 무지, 무욕, 무위에 들어야 그 일에 편하게 처할 수 있다. 버려서 채움이 비움이고 하지 않음으로 함이 무다다. 열자는 앎을 버리고 더 나아가 무엇을 하겠다 함을 버림으로써 저를 완벽히 비운 것이다.

세상이 벚꽃으로 뒤덮이는가 했더니, 그 벚꽃들도 다 졌다. 벚나무 아래에는 꽃잎들이 낭자하다. 그걸 아쉬워할 겨를 없이 배나무 가지마다 꽃망울들이 일제히 터진다. 내 거처가 있는 고장은 유난히 배밭이 많아 배꽃이 지천이다. 산에는 돌배나무 흰 꽃이 드문드문하고, 배밭에는 봄볕에 녹지 않는 흰 눈이 쌓인다. 뜬세상 사는 일에 더러 보람과 기쁨도 없지 않았지만 이 백화제방의 시절에 어찌 실의와 곤궁에만 빠지랴! 내일은 배밭과 배밭이 이어지는 곳을 실의와 곤궁을 벗 삼아 발목이 시도록 걸어야겠다. 배꽃을 응시하면 눈에 백태라도 낀 듯 세상이 다 부옇게 보이겠다. 이백은 「산중문답山中問答」에서 썼다. "어찌하여 푸른 산에 사냐 묻길래/ 웃고 대답 아니해도 마음 절로 한가롭네./ 복사꽃 흐르는 물 아득히 떠가거니/ 또 다른 세상일래, 인간이 아니로세." 어제는 벚꽃 천지, 오늘은 배꽃 흐드러진 세상. 어제는 온종일 가랑비에 젖고, 오늘은 햇빛 화창이니 기분도 덩달아 화창하다. 그게 인생이다. 천지의 봄꽃과 새순이 올라와 날로 푸르러지는 앞산을 완상하며 묻혀 사는 이는 누가 왜 사느냐 물으면 그냥 웃는다. 낮에는 흰 꽃을 보고 밤에는 두견새 울음에 귀를 기울인다. 그걸 벗 삼고 마음을 옥죄는 자잘한 시름과 번뇌, 가난한 살림 사정도 잠시 내려놓는 게 지혜다.

오는 것은 가고, 맺힌 것은 풀어지며, 숨은 것들은 드러나는 게 세상 이치다. 보따리에 싸여 있던 것들이 풀어헤쳐지면 그 안에 있던 것들은 절로 드러난다. 마침내 보따리에 싸여 있던 삼성특검이 풀어헤쳐졌다. 삼성그룹의 경영권이 이건희 회장에게서 아들 이재용 씨에게로 넘어가는 과정에서 삼성에버랜드와 삼성에스디에스 사채 발행에 일정

부분 개입한 것으로 드러났다. 또 이 회장은 임직원 명의로 4조5천억 원 안팎의 비자금을 차명으로 관리해온 사실도 밝혀져 그 죄값을 피할 수는 없게 되었다. 그럼에도 한편에서는 삼성특검이 미진하다며, 특검 수사가 삼성에 면죄부를 주기 위한 수사에 불과하다고 반발한다.

골방에서 서책이나 뒤적이는 나도 귀를 쫑긋 세우고 삼성특검 결과 발표에 귀를 기울였다. 특검 결과를 보면서 재벌기업의 소유와 경영을 둘러싼 현실이 처한 사정과 제도적 장치 사이의 괴리가 엄연한 현실에서 삼성특검의 한계와 고뇌가 드러났다고 본다. 아쉽겠지만 특검 결과를 받아들이며 나라 안팎이 뒤집어지는 소동도 이만 그쳤으면 좋겠다. 이번 특검이 기업에겐 그동안 관행으로 묵인되어온 위법과 탈법이 통하지 않는다는 경종을 울려주었다고 본다. 삼성이 이번 일을 계기로 기업경영을 투명하게 일신하고, 글로벌 시장에서 우리나라를 대표하는 자랑스러운 기업일 뿐만 아니라 그 덩치에 맞는 의젓한 윤리경영에 앞서나가기 바란다.

조선 중기의 대상大商 임상옥은 '재상평여수財上平如水 인중직사형人中直似衡' 이라는 말을 남겼다. 재물은 평등하기가 물과 같고, 사람은 바르기가 저울과 같다는 뜻이다. 누구나 사람에겐 따르고 본받아야 할 법이 있다. 사람은 땅을 본받고 땅은 하늘을 본받고 하늘은 도를 본받고 도는 자연을 본받아야 한다. 그게 옛 현자가 이른 법이다. 상인에게는 상인

4. 비워라, 비워야 채운다

이 따르고 본받아야 할 법이 있다. 바른 상도商道는 재물의 성질을 거스르지 않고 저울과 같이 바르게 상도를 따르는 것이다. 재물이 많아지면 많아질수록 되새겨야 할 가르침이다. 기업과 그 경영자들이 다시는 피의자의 모습으로 나오는 걸 보고 싶지 않다. 기업하는 이들이 상도를 곧게 따른다면 그런 볼썽사나운 일은 결코 일어나지 않는다.

천지를 화사함으로 뒤덮는 꽃철도 한때다. 꽃들은 피어나며 벌써 질 때를 가늠한다. 백로가 나는 물가 벚나무 아래에서 꽃비를 맞으며 술잔을 나누던 벗들은 어느덧 흩어져 몇 해째 소식이 묘연하다. 조지훈은 「낙화」라는 시에서 "꽃이 지기로서니 바람을 탓하랴"고 노래한다. 꽃잎이 떨어지는 건 바람의 심술 때문이 아니다. 져야 할 때를 알고 지는 게 꽃의 숙명이니, 바람은 꽃이 혼자 떨어지는 수고를 덜어주었을 뿐이다. 피어날 때를 기다려 꽃망울을 터뜨리고 질 때를 가늠해 지는 꽃이니 어찌 그걸 바람 탓으로 돌리랴. 바람은 불어야 할 때 불고 잠잠해야 할 때 잠잠하다. 세상 만물은 천지의 시각과 그 본성으로 움직인다. 그게 자연의 순리다. 물과 같이 흐르는 순리는 어디 한 군데 빠뜨리는 법이 없다는 사실을 깨달으며, 꽃이 지는 아침은 울고 싶더라고 했던 시인의 마음에 공감한다.

천하를 다스릴 때에도 무위에 처해야 잘 다스려진다고 했다. 장자는 이렇게 말한다. "무명인이 말하기를, '너는 네 마음을 물처럼 담박한 데서 노닐게 하고, 너의 기를 고요하게 하여 사물의 자연스러운 본성에 따르되 사사로운 마음을 버려라. 그러면 천하는 잘 다스려질 것이다"라고 하였다. 無名氏 日: 汝遊心於淡, 合氣於漠, 順物自然而無容私焉, 而天下治矣."(「응제왕」) 무위함에 처하지 않는 자는 "몸은 수고롭고 마음은 이익에 끌리는 자들"이다. 그것은 원숭이의 날램이며, 너구리를 잡는 개의 능란한 솜씨와 같다. 그 둘은 제 남다른 재주로 말미암아 "줄에 묶임을 자초"한다.(「응제왕」) 왜냐하면 그것은 기교에 얽매임, 즉 인위함이기 때문이다. 열자의 인격은 청신하고 기는 고요했으며 밖으로 드러나는 행동거지는 소탈하였다. 열자가 뜻은 약하게 갖고 뼈는 굳게 하니 세속의 일에 연연하는 법이 없고, 남에게 가혹하게 군 적이 없고, 뭇 사람의 마음을 거스를 줄도 몰랐다. 열자는 세상이 아무리 혼란스러워도 제 본성을 흐린 적이 없다. 홀로 제 몸을 우뚝 세워 한결같음으로 지내다가 생을 마쳤다. 이것이 진짜 비움이 아닐까? 이것이 "몸은 마른 나무 같고, 마음은 정말 불 꺼진 재와 같다"(「제물론」)와 같은 경지가 아닐까?

수레바퀴 자국에 괸
물 속에서

장자가 가난하여 감하후에게 양식을 꾸러 갔더니 감하후가 말했다. "좋습니다. 이제 연말이면 봉토에서 세금을 걷을 터인데 그때 돈 3백을 꾸어드리겠습니다. 괜찮겠습니까?" 장자가 마땅치 않다는 얼굴로 대답했다. "내가 어제 이리로 오는데 길에 나를 부르는 자가 있었소. 돌아서 봤더니 수레바퀴 웅덩이에 붕어 한 마리가 있었소. '붕어야, 무슨 일이냐?'고 물었더니, 붕어가 '나는 동해의 파도를 담당하는 관리인데, 선생께서 물을 한 말이나 한 되만 길어다 주시면 살 수 있을 것 같습니다'라고 합디다. '좋다. 내가 지금 남쪽 오(吳)나라와 월(越)나라로 가는데, 가면 반드시 서강(西江)의 물을 막았다가 한꺼번에 흘려보내 너를 맞도록 하마. 그만하면 되겠느냐?' 그랬더니 붕어가 화난 얼굴로 '나는 상도를 잃고 의지할 곳이 없는 처지라오. 그저 물 한 말이나 한 되 있으면 살 수가 있겠는데, 선생께서 그런 말을 하시니, 차라리 건어물점에나 가서 나를 찾는 게 낫겠소.'"

『장자』, 「외물」

『장자』의 「외물」편을 읽는다. 장자는 옻나무 숲을 돌보는 말단 관리였다. 나라에서 받는 봉급이 하찮으니 집안은 늘 곤궁하였다. 가난하다고는 하나 그 가난에 매여 허덕이지는 않았다. 가난 속에서도 물 마시고 팔을 베고 누워 자는 안분지족의 자연스러운 삶을 살았다. 가난 중에서도 몹쓸 것은 마음이 가난에 빠지는 것이다. 1947년에 쓴 근원(近園) 김용준(金瑢俊)의 수필에 나오는 이야기다. 한 친구에게, 아무개 선생 댁에 매화가 피었다니 꽃구경이나 가자고 했더니, 친구가 "자네도 꽤 한가로운 사람일세" 하고 은근히 꾸짖었다. 그에 대해 김용준은 이렇게 쓴다. "어찌어찌 하다가 우리는 이다지도 바빠졌는가. 빙설을 누경(屢經)하여 지리하게 피어난 애련한 매화를 완상할 여유조차 없는, 이다지도 냉회(冷灰)같이 식어버린 우리네의 마음이리까?" 마음이 냉회같이 식어 애련한 매화나 화사한 모란을 들여다볼 여유조차 없는 이는 진정으로 마음이 가난한 자다.

도연명이 지긋지긋한 가난을 벗어날 요량으로 벼슬길에 올랐던 적이 있다. 농사를 짓고 책 읽기만 몰두하던 도연명은 29세 때인 태원(太元) 18년(393년)에 강주의 제주(祭酒)라는 벼슬자리에 올랐다. 제주는 지금으로 말하자면 지방의 교육행정관이다. 생계 때문에 벼슬자리에 앉았지만 살림은 나아지지 않았다. 도연명은 시에 이렇게 적었다. "전에는 줄곧 굶주림에 시달렸기에 / 쟁기를 내던지고 벼슬자리에 나섰다. / 그래도 가족을 부양하지 못했고 / 노상 추위와 굶주림에 얽매였다. / 그때 나이 서른을 바라보았고/ 뜻과 마음에 부끄러운 바가 많았다./ 마침내 나의 본분을 다하고자/ 옷 털고 시골로 돌아왔다."(「음주飮酒 20수-제19편」) 가난의 신고를 벗고자 벼슬길에 올랐지만 나라에서 받는 녹은 보잘것없고, 가난은 남루처럼 벗을 길이 없었다. 도연명은 관직을 버리고 시골로 돌아왔다. 장자 역시 은둔하며 청빈낙도의 삶을 살았지만 때로 밥 지을 쌀이 떨어지는 경우도 없지 않았다. 장자는 감하후를 찾아가 사정을 말하고 양식을 구할 돈을 빌릴 작정이었다. 당장 굶어 죽을 지경인데 연말에 세금을 거둬 도와주겠다는 감하후의 말은 한가로운 농담에 지나지 않는다. 장자는 화가 났다.

  내 스무 살 시절의 꽃들은 분명 지금보다 향기가 더 짙고, 꿀벌들은 더 많이 잉잉거리며 더 많은 꿀과 꽃가루를 채집할 수 있었다. 봄마다 제비들은 남쪽에서 날아와 처마 밑에 집을 짓고 알을 품고 새끼를 부화시켰다. 그 많던 제비들은 다 어디로 갔을까. 저 효자동의 한옥 담 아래를 지날 때 밤공기에 녹아 흐르던 라일락꽃의 방향芳香은 향기로웠다. 그 많던 한옥들과 라일락나무들은 다 어디로 갔을까. 아침의 날빛들은 눈부시고, 음악들은 침울하면서도 다정하고 깊었다. 사람들은 가난했지만 더 착하고 관대했다. 딸들은 지금보다 더 생기 있고 사랑스러웠으며, 부인들은 정숙하고 잘 닦인 등피 안의 불꽃처럼 아름다웠다. 그 부인들이 부탁한다면 내 하나밖에 없는 심장이라도 꺼내줄 뜻이 있었다. 그러나 정숙한 부인들이 내게 그런 예의 없는 부탁을 할 리는 없었다.

아버지는 사업에 실패하고 어머니는 짜증이 잦았다. 늘 끔찍한 불안과 곧 터질 듯한 위기감으로 숨이 막히는 듯했다. 나는 일없이 책이나 읽고 노트에 시 몇 줄씩을 끼적이는 청년이었다. 행복의 의무를 진 자로서 한없이 나태하던 시절의 얘기다. 경춘선을 타고 공연히 춘천을 다녀오고, 수유리 너머 누군가의 무덤에서 한나절을 지내다 오고, 단지 파가니니를 좋아한다는 이유로 낯선 여성 시인에게 장문의 편지를 쓰고, 음악감상실에서 만난 청년들과 한밤중에 낯선 동네의 골목길을 기웃거리며 이름만 아는 작가의 집을 찾아가기도 했다. 내가 불행에 대한 자의식을 지병(持病)으로 키울 때 당신은 몇 억 광년 저 너머에 있었다. 밤마다 당신은 깜빡거리며 내게 신호를 보냈지만 나는 거기서 아무 위안도 받지 못했다. 불행은 세속도시 도처에 페스트처럼 창궐하고, 나는 테베의 거리를 눈먼 채 떠도는 오이디푸스였다.

어느 깊은 밤에 비탈리의 「샤콘느」를 들었다. 아마 누군가 라디오를 틀어놨었나 보다. 불면으로 뒤척이다가 들은 천상에서 울려나오는 소리였다. 그 맑고 황홀한 음향에 귀가 먼저 놀라고 심장이 뛰기 시작했다. 아아, 그때 나는 알았다. 내가 시인이 되고 말 것임을. 내 운명은 이미 거역할 수 없는 어떤 힘에 의해 결정되어 있음을. 우화(羽化)를 기다리며 딱딱한 고치 안에서 몸을 웅크리고 있던 누에는 옆구리가 근질거리며 날개가 돋고 있음을 알았다. 바슐라르, 문학평론가 김현, 명륜동의 다락방, 정독도서관, 당인리 화력발전소 근처에서 바라보던 황혼,

군 입대 신체검사에서 불합격, 니체의 『차라투스트라는 이렇게 말했다』, 콜린 윌슨의 『아웃사이더』, 음악감상실 '르네상스'와 '필하모니', 그리고 종로서적과 함께 비쩍 마른 스무 살을 맞았다. 누가 청춘을 아름답다고 하는가. 청춘이 아름답다는 말은 새빨간 거짓말이다. 청춘은 빈곤과 무지와 불면과 실패와 오류들로 점철되어 있다. "참 한심했었지, 그땐 아무것도／ 이룬 것이 없고／ 하는 일마다 실패투성이였지／ 몸은 비쩍 말랐고／ 누구 한 사람 나를 거들떠보지 않았지／내 생은 불만으로 부풀어 오르고／ 조급함으로 헐떡이며 견뎌야만 했던 하루하루는／ 힘겨웠지, 그때／ 구멍가게 점원자리 하나 맡지 못했으니// 불안은 수시로 나를 찌르고／ 미래는 어둡기만 했지／ 그랬으니 내가 어떻게 알 수 있었을까, 내가／ 바닷속을 달리는 등푸른 고등어처럼／ 생의 가장 아름다운 시기를 통과하고 있다는 사실을／ 그랬으니, 산책의 기쁨도 알지 못했고／ 밤하늘의 별을 헤아릴 줄도 몰랐고／ 사랑하는 이에게 '사랑한다'는 따뜻한 말을 건넬 줄도 몰랐지// 인생의 가장 아름다운 시기는 무지로 흘려보내고／ 그 뒤의 인생에 대해서는 퉁퉁 부어 화만 냈지"(졸시, 「내 스무 살 때」)

누군가가 중학교 여학생을 가르치는 가정교사 자리를 소개해주었다. 여자애는 몹시 변덕스러웠다. 내게 온갖 친절을 베풀다가도 심술이 나면 함부로 말을 내뱉어 내 여린 자의식에 흠집을 내곤 했다. 여자애에게 수학과 영어를 가르치고, 한 달을 채우고 나면 나는 어두컴컴

한 2층으로 올라가 노인네가 한 손으로 건네주는 봉투를 받았다. 군대에서 예편한 장군같이 당당하고 체구가 큰 노인이 그 여자애의 아버지였다. 여자애는 노인이 밖에서 낳아 데려왔다고 했다. 자의식에 상처를 받고 몹시 졸렬해진 나는 그 여자애의 따귀를 때려주고 가정교사 자리를 그만두었다. 그때까지 월급봉투를 받으면 종로서적에 달려가 그동안 점찍어 놓았던 책들을 잔뜩 사들고 집으로 돌아오는 일은 되풀이 되었다.

그 당시 종로 2가의 전면에는 '종로서적' '삼일서적' '양우당' '동화서적' 들이 나란히 있었다. 나는 거의 날마다 이 서점들을 순례했다. 그것은 삭막한 이 도시에서 살아남기 위해 내가 드리는 신성한 의례였다. 내가 가장 좋아하는 서점은 종로서적이었다. 아직 교보문고가 생기기 전이라 종로서적은 나라 안에서 가장 큰 서점이었다. 종로서적은 발을 들여놓는 순간 달디단 초콜릿이 녹아 혈관 속으로 흘러들어온 듯 내 뇌수의 세로토닌 수치가 높아지곤 했다. 종로서적에 들어서면 "은혜로워라, 이 밝은 세상!" 하는 기분이 되곤 했다. 신간들이 가지런히 꽂힌 서가들은 잘 정리되어 있고, 날렵한 유니폼을 입은 스무 살을 갓 넘긴 여직원들은 재바르고 조용한 걸음으로 그 서가들 사이를 돌아다녔다. 그때 종로서적에서 일하던 여성들은 얼굴에서 빛이 났고, 내면에는 그토록 많은 책들 속에서 일한다는 자부심이 가득했다. 교만이나 사악이란 말조차 있는지 모르는 그 여성들은 언제나 방글방글 웃고, 내가 부탁을 하기만 하면 아주 빠르게 책을 찾아다주곤 했다. 할 수 있다면 나는 그들 중의 하나와 결혼하고 싶었다. 그 꿈은 아주 간절했지만 나는 지나치게 수줍어하고 용기가 없었다. 한마디로 아드레날린이 결핍된 까닭에 나는 사랑에 미쳐보지 못했다. 종로서적은 내 마음이 간직한 천국이다. 날마다 새로 나온 책들이 쏟아져 들어오고, 그 책들은 서가들에 꽂힌 뒤에는 수호천사들의 보호를 받았다.

바슐라르는 『몽상의 시학』 서문에서 이렇게 썼다. "그래서 아침부터 내 책상 위에 쌓인 책 앞에서 독서의 신에게 나는 게걸스런 독자로서 기도를 드린다. '오늘도 우리에게 일용할 굶주림을 주시옵고……'" 나 역시 날마다 '오늘도 제게 일용할 굶주림을 주시옵고……' 하고 기도하는 것은 마찬가지였다. 서가에 꽂히는 신간들을 가장 먼저 보기 위해 종로서적으로 달려가곤 했다. 돈이 없었기 때문에 나는 정말 갖고 싶은 책만을 "피를 흘리고 수명을 깎아내는 마음으로" 사고, 그 책을 읽고 또 읽곤 했다. 나는 왜 그토록 책에 탐닉했을까. 민음사에서 나온 이제하의 『초식草食』 초간본을 처음 본 것도 '종로서적'이었다. 화가이기도 한 이제하가 직접 표지 그림을 그리고 양장으로 제작된 그 책은 지금도 내 기억 속에 물성物性으로 구현된 가장 아름다운 책의 한 표본으로 남아 있다. 그 책은 내 서가의 어딘가에 꽂혀 있을 것이다.

나는 종로서적으로 향하던 발걸음을 끊었다. 시립도서관에 처박혀

꾸역꾸역 책을 읽고 글을 써가기 시작했다. 종로서적의 수호천사들은 내 안부를 궁금해했다. 왜 안 그랬겠는가. 날마다 말없이 몇 시간씩 서가를 둘러보고 책을 한 권 고른 뒤에 그걸 다 읽고 나가는 젊은 남자가 있었다면 왜 눈길이 가지 않고, 그런 사람이 어느 날부터 갑자기 자취를 감추고 나타나지 않는다면 왜 궁금하지 않겠는가. 당연한 일이다. 나는 시립도서관에 숨어 책을 읽고 글을 썼고, 이태 뒤에 중앙지 신춘문예를 통과하며 등단을 했다.

몇 년을 종로서적 주변에서 서성거리며 흘려보내는 동안, 정식으로 등단을 하고, 출판사에 취직을 했다. 내가 한가롭게 쓸 수 있는 시간이 없어진 탓에 종로서적에 나가는 일은 전보다 뜸해졌다. 다시 몇 해 뒤에는 독립해서 출판사를 차렸다. 너무 바빠진 탓에 종로서적에 들르는 발길은 더욱 뜸해졌다. 세월이 흘러 나는 출판사 사장이 되고, 자주 외국을 돌아다니게 되었는데 그때마다 빠지지 않는 것은 서점 순례였다. 뉴욕의 '반스앤노블', 파리의 '푸낙', 도쿄의 '기노쿠니야'와 같은 서점들, 프랑크푸르트의 골목에 숨어 있던 작은 서점 등을 두루 돌아보았다. 그러나 내 마음을 가장 끄는 곳은 여전히 종로서적이었다. 내 영혼이 숙성된 곳, 숨쉬는 것 말고는 미래에 대한 아무 계획도 없던 청년에게 정신적 부표가 된 장소, 미친 세상에서 내 유일한 은신처이자 망명지가 되었던 그곳이 바로 종로서적이기 때문이다. 내 첫사랑 종로서적은 늘 사람들로 넘치고 언제까지나 번성할 것처럼 보였다. 종로서적도 못 이기는 게 있었는데, 그건 세월과 시대 흐름의 변화였다. 종로서적에 '노조'가 생기고, 노조와 사측의 대립이 심각하다는 소문이 돌았다. 결국 종로서적은 부도를 내고 문을 닫았다. 종로서적이 문을 닫았다는 소식을 들었을 때, 이제는 기억조차 희미해진 옛 애인의 소식을 들은 것처럼 마음 한편이 쓸쓸해져서 혼자 독주를 몇 잔 마셨다.

모든 것은 시간과 함께 사라지고, 사라지면 잊혀져간다는 건 대외비對外秘가 아니다. 종로서적은 역사의 뒤안길로 사라졌다. 요즘 젊은 세대들은 종로서적을 알지 못한다. 종로서적을 드나들던 청년들은 작가가 되고, 법조인이 되고, 교수가 되고, 번역가가 되고, 방송인이 되었다. 종로서적은 사라진 게 아니다. 종로서적을 드나들며 꿈을 키우던 이들의 마음에 종로서적은 살아 있다. 엘비스 프레슬리가 이 다중우주 어딘가에 살아 있고 지금도 노래를 부르는 게 사실이라면, 스무 살 시절 내 마음의 천국이었던 종로서적 역시 우주 어딘가에 존재할 것이다. 여전히 많은 신간들이 쏟아져 들어와 서가들을 가득 채우겠지. 그 안으로 들어가면 에스트로겐 분비가 활발하고 X염색체를 두 개씩이나 가진 그 시절의 상냥하고 젊은 여자들이 내게 "안녕!" 하고 인사를 하겠지.

수레바퀴 자국에 괸 웅덩이의 물은 염천炎天으로 뜨거워져 곧 증발한다. 그 안의 물고기들은 막다른 삶의 처지에서 다급해질 수밖에 없다.

물고기들은 침으로 서로의 몸을 적시며 산다. 흐르는 물과 넓은 호수에서는 서로의 몸을 침으로 적실 일이 없다. 절체절명의 위기 속에서는 그렇게 하지 않으면 말라 죽을 테니까 그렇게 할 수밖에 없다. 장자와 노자는 그걸 상도(常道)라고 했고, 공자는 인(仁)이라고 했다. 물이 증발하는 작은 웅덩이와 같은 처지에 있으면서도 사람들은 서로의 처지를 외면하며 죽어간다. 장자는 이렇게 말한다. "샘이 말라 물고기가 모두 땅 위에 드러났다. 서로 물기를 뿜어주고, 서로 거품을 내어 적셔 주지만, 강이나 호수에서 서로를 잊어버리고 사는 것이 훨씬 더 좋다. 요 임금을 칭송하고 걸 왕을 비난하지만, 둘을 다 잊고 도(道)에서 변화하며 사는 것이 훨씬 더 좋다."(「대종사」) 장자는 수레바퀴 웅덩이에 물이 말라 파닥거리는 물고기를 보았다. 상도를 잃고 의지할 곳이 없는 처지에 빠진 물고기는 장자에게 물 한 말이나 한 되를 구했다. 장자는 나중에 서강 물을 막았다가 한꺼번에 흘려보내겠다고 말했다. 물고기는 궁지에서 벗어날 수 있는 당장의 필요를 구했으나 장자는 거창하게 돕겠다고 말했다. 그 도움의 손길이 미치기 전에 물고기는 마른 물고기가 되어 건어물점에나 놓일 처지다. 감히 감하후를 꾸짖을 처지는 아니니 장자는 수레바퀴 웅덩이에서 퍼덕거리는 붕어를 빌어 그 어리석음을 드러내 보인다. 한 되나 한 말의 물이 없으면 곧 생명을 잃을 물고기에게 서강의 큰 물길을 흘려보내 주겠다는 약속이 무슨 소용이란 말인가! 물고기에게 당장 필요한 것은 한 되나 한 말의 물이다. 감하후가 장자의 그 우화를 듣고 돈을 빌려주었는지 아닌지는 모른다.

마른 웅덩이에서 헐떡이며 죽어가는 물고기를 살리는 것은 본성에서 나오는 윤리적 명령이다. 궁지에 빠진 이를 구할 위치에 있다면 구하는 게 사람이 해야 할 마땅한 상도다. 상도란 생성과 변화 속에 있는 천지 만물이 한결같음으로 자기 모습을 드러냄이고, 타고난 바에 따르는 것이다. 장자는 「천도」에서 말한다. "천지에는 본래 상도가 있고, 해와 달은 본래 빛이 있으며, 별들에는 배열이 있고, 들짐승과 날짐승에는 본래 무리지음이 있으며, 수목도 본래 서있게끔 되어 있다." 그것을 규범화한 것이 인이고 예이다. 천지 만물의 순환 법칙에 따르자면 얻은 것은 영원한 얻음이 아니요, 잠깐 내게 왔다가 곧 사라질 것이다. 만물은 때맞추어 생겨나고, 밝으면 반드시 어두워지고, 파도는 왔다가 반드시 돌아가며, 달은 찼다가 이윽고 야위고, 한번 크게 번성하면 나중에 쇠하게 됨이 필연이다. 그런 재물이 영원할 것처럼 움켜쥐고 베풀지 않음은 어리석은 노릇이다. 감하후가 당장에 쌀 한 되가 필요한 장자의 처지를 굽어 살피지 못했다면 그것은 대상 세계에 대한 둔감함이요, 알면서도 짐짓 모른 체 했다면 인색한 것이다. 장자는 우화로써 감하후의 둔감과 인색함을 비꼬았다. 도울 만한 처지에 있는 자가 돕지 않는 것은 만물에 대한 측은지심과 외경심이 부족한 탓이다. 사람은 수레바퀴 자국에 괸 물 속에서 서로의 도움을 필요로 하는 존재가 아닌가? 공자가 인의예지를 부르짖고, 장자가 상도를 외치는 것도 그런 세계에 대한 깊은 통찰에서 비롯한 것이다.

장자의 죽음

장자의 임종에 즈음하여 제자들이 그의 장례식을 성대히 치르려고 의논하고 있었다. 이를 들은 장자는 "내게는 하늘과 땅이 안팎의 널이요, 해와 달이 한 쌍 옥이요, 별과 별자리가 둥근 구슬과 이지러진 구슬이요, 온갖 것들이 다 장례 선물이다. 내 장례를 위해 이처럼 모든 것이 갖추어서 모자람이 없거늘 이에 무엇을 더한다는 말인가?"라고 그 의논을 중단시켰다. 이에 제자들은 깜짝 놀라 "매장을 소홀히 하면 까마귀와 솔개가 선생님의 시신을 상하게 할까 두렵습니다"라고 말했다. 이에 장자는 "땅 위에 있으면 까마귀와 솔개의 밥이 되고, 땅속에 있으면 벌레와 개미의 밥이 된다. 한쪽 것을 빼앗아 다른 쪽에게 준다는 것은 공평하지 않다"라고 대답했다.

『장자』, 「열어구列禦寇」

『장자』의 「열어구」 편을 읽는다. 장자는 송나라 벽공辟公 기원전 380~340 재위 12년 기원전 369 에 몽성蒙城이란 곳에서 태어났다. 장자 나이 서른에 이르렀을 때 송나라 벽공이 세상을 뜨고, 아들 척성이 왕위를 이었다. 척성의 동생이 왕을 내쫓고 왕위를 찬탈하는데, 이때 척성은 제

나라로 도망쳐 겨우 목숨을 건졌다. 이 왕이 언(偃)으로 52년 동안을 군주로 군림하였다. 장자는 서른둘에서 여든넷의 나이에 이르도록 철권통치를 했던 임금의 시대를 살았다. 장자는 칠원리(漆園吏)라는 말단 관직에 있던 사람이다. 낡은 옷을 입고 삼끈으로 덜렁거리는 신을 묶고 천하를 유람하였다. 늘 살림이 쪼들려서 급할 때는 돈을 꾸러 다니기도 하고, 차림은 남루하기 짝이 없었으나 마음이 담백하여 구차스럽지 않았다. 그럼에도 많은 제자들이 장자를 따랐다. 장자는 이른바 재야 철학자라고 할 수 있다. 장자가 위나라 임금을 만날 때에도 평소의 그 차림이었다. "장자가 군데군데 기워진 거칠고 헐렁한 옷을 입고, 삼끈으로 떨어진 신을 묶고서 초나라의 위혜왕을 뵈었다. 위왕이 말하기를 '선생은 어째서 이처럼 지쳐버렸소?' 라고 하였다. 장자가 말하길 '나는 가난한 것이지 지친 것이 아닙니다. 선비가 도와 덕을 가지고서도 실행하지 못하는 것을 지친다고 합니다. 낡은 옷을 입고 해진 신을 신는 것은 가난일 뿐이지 지친 것은 아니지요. 이것은 이른바 때를 만나지 못했다는 것입니다. 오늘날 임금은 혼매하고 신하는 어지러운 일을 벌이는 시대에 처하여, 지치지 않고자 한들 어찌 그렇게 될 수 있겠습니까?' 라고 하였다."(「산목」)

밥은 사람이 생명을 이어가기 위한 생물학적 필요의 전체를 아우르는 표상이다. 사람은 밥을 먹어야 살고, 밥을 오래 굶으면 죽는다. 이건 아주 단순한 진리다. 삶의 뜻이 엷고 두터움은 밥을 구하는 수단의 정당성에서 비롯한다. 실존의 핵심적인 문제들이 대개는 밥을 구하는 방법과 맞닿아 있는 까닭에 어떻게 살 것인가 라는 물음은 곧 어떻게 밥을 구할 것인가 라는 물음에 이어진다. 호구지책糊口之策의 문제는 실존이 떠안는 고뇌의 중요한 부분이다. 입에 들어가는 밥을 놓고 진지하게 성찰해본 적이 없다면 제 삶의 윤리적 경영에 대해 진지하게 따져 물어본 적이 없는 사람이다. 필경 제 삶을 방기하거나 무책임하게 살 가능성이 큰 사람일 터다. 누구나 결혼을 하고 애를 낳으면 식구食口가 생긴다. 식구란 말 그대로 밥 들어가는 입이다. 제 입 말고 또 다른 입에 들어갈 밥을 구해야 하는 상황이 생기는 것이다. 그럴 때 밥을 구하는 의무는 좀더 무거워진다. 결혼하고 이듬해에 첫애를 낳고 두 해 뒤에 둘째 애를 낳았다. 아무 대책도 없던 삶이 불쑥 내 앞에 내민 것은 바로 그 호구지책에 대한 실감이다. 그 실감이 괴물처럼 다가오자 더럭 겁이 났다. 나는 감당해야 할 책임과 의무에서 도망가고 싶었다. 실로 막중한 무게로 호구지책에 대한 실감이 스물여섯 난 젊은 사내의 삶을 짓눌렀다.

어느 날 아침, 나는 회사를 무단결근한 뒤 경기도 양주의 한 절을 찾았다. 춘원 이광수가 해방 뒤에 몇 해 묵은 절이다. 사무를 맡은 생면부지의 스님에게 며칠 동안의 밥과 잠자리를 부탁했다. 스님은 절의 사정을 들어 완곡하게 거절하면서 대신에 마석의 천마산 자락에 있는 작은 암자를 소개했다. 그 암자에는 젊은 스님과 밥하는 아주머니가 있었다. 절 옆 계곡 가에 방이 서너 개 딸린 집이 한 채가 있는데, 그 중의 한 방에 들었다. 선임자들이 있었다. 대학입시를 준비하는 재수생과 공무원 시험을 준비하는 젊은 사람이었다. 나는 물소리를 들으며 잠을 자고, 끼니때가 되면 아주머니가 차려주는 절밥을 꾸역꾸역 먹었다. 하는 일이라곤 종일 빈둥거리며 나와 내게 딸린 식구의 입에 들어가는 밥의 윤리성에 대해 궁구해보는 일이었다. 그때 쓴 시가 「밥」이다. "귀 떨어진 개다리소반 위에/ 밥 한 그릇 받아놓고 생각한다./ 사람은 왜 밥을 먹는가./ 살려고 먹는다면 왜 사는가./ 한 그릇의 더운 밥을 먹기 위하여/ 나는 몇 번이나 죄를 짓고/ 몇 번이나 자신을 속였는가./ 밥 한 그릇의 사슬에 매달려 있는 목숨/ 나는 굽히고 싶지 않은 머리를 조아리고/ 마음에 없는 말을 지껄이고/ 가고 싶지 않은 곳에 발을 들여놓고/ 잡고 싶지 않은 손을 잡고/ 정작 해야 할 말을 숨겼으며/ 가고 싶은 곳을 가지 못했으며/ 잡고 싶은 손을 잡지 못했다./ 나는 왜 밥을 먹는가, 오늘/ 다시 생각하며 내가 마땅히/ 했어야 할 양심의 말들을/ 파기하고 또는 목구멍 속에 가두고/ 그 대가로 받았던 몇 번의 끼니에 대하여/ 부끄러워한다. 밥 한 그릇 앞에 놓고, 아아/ 나는 가롯 유다가 되지 않기 위하여/ 기도한다. 밥 한 그릇에/ 나를 팔지 않기 위하여." (졸시, 「밥」)

절밥은 맛있었던가? 오랜 세월이 지난 뒤라 기억이 가물가물하다. 기억에 남는 것은 아주머니가 퍼주는 밥이 늘 푸짐한 고봉밥이었다는 것. 그 밥을 군말 없이 먹고 물소리 들리는 계곡의 방으로 건너와서 또다시 먹고 사는 문제에 대한 생각에 빠져들었다. 물소리는 낮밤 없이 하염없었다. 그 물소리에 낮밤 없이 귀를 기울이는 나 역시 하염없었다. 미동도 없이 수행하는 스님처럼 가부좌를 틀고 앉아 있으면 눌린 발과 복사뼈, 그리고 무릎에 서서히 마비가 왔다. 나중에는 심장조차 딱딱해지는 느낌이다. 미망迷妄은 헤어날 길 없이 깊고, 나약함은 뼈에 사무쳤다. 혼자 앉아 조금 울었다. 절 안채에서 밥 먹으러 오라는 아주머니의 목소리가 들렸다. 절집 지붕 위로 귀신고래 같은 먹구름 떼가 흘러가고, 벚꽃들이 지는데 마치 꽃비가 오는 듯했다. 나는 처연한 심정이 되어 절밥을 먹으러 건너갔다. 삶의 아득함은 저쪽에 있고, 내 앞에 놓인 밥의 도덕적 정당성은 흐릿하거나 모호했다. 식탁 모서리에 앉아 나는 고봉밥을 꾸역꾸역 입으로 떠 넣었다. 밥은 달았다. 빈 그릇을 내려다보며 식욕의 염치없음이 부끄러웠다. 그 절에서 봄을 나고 여름을 났다, 고 쓰고 싶지만 그건 거짓말이다. 나는 겨우 나흘쯤 지나 짐을 싸서 절에서 내려왔으니까. 서른 해 저쪽 너머에 있는 절밥 몇 그릇에 대한 기억은 이제 아득하다. 분명한 것은 그 절밥 몇 그릇 뒤에 나는 삶에 대해 조금 더 당당하고 씩씩해졌다는 점이다.

위나라에는 혜시라는 사람이 있었는데, 장자보다 열 살이나 위였다. 장자와 견줄 만한 식견과 언변을 가진 당대 이론철학의 대가다. 혜시는 위나라의 재상이라는 높은 관직에 있었다. 장자가 송나라의 말단 관직을 버리고 위나라를 방문했을 때 항간에는 장자가 위나라의 재상 자리를 노린다는 소문이 파다했다. 혜시가 그 소문을 듣고 심히 불쾌하여 언젠가 혼을 내리라고 벼르고 있었다. 얼마 뒤에 장자와 혜시가 만났다. 이때 장자가 혜시에게 말했다. "먼 남쪽에 기이한 새 한 마리가 있는데, 이 새는 남쪽 바다에서 북쪽 바다로 날아가면서 오동나무가 아니면 앉지를 않고, 대나무 열매가 아니면 먹지를 않으며, 달콤한 샘물이 아니면 마시지도 않았네. 이 새는 마침 썩은 쥐를 먹고 있던 부엉이 머리 위를 날아가고 있었는데, 부엉이가 이 새를 보더니 고개를 들어 '너 역시 위나라 재상이라는 지위를 빌려 나를 놀라게 하려 하느냐?' 고 외쳤네." 장자는 벼슬과 권력을 썩은 쥐에 견주고, 혜시를 그걸 물고 있다고 비꼬았다. 장자는 위나라의 재상 자리에 관심이 없었다. 이 뒤로 혜시는 장자의 호방함을 알아보고 교유관계를 맺고 친하게 지냈다.

죽음이란 "신체의 모든 기능이 돌이킬 수 없이 회복 불능 상태에 빠지는 것"이다. 심장이 멈추고, 혈관에 피가 돌지 않는다. 산소를 공급받지 못한 뇌는 괴사가 진행된다. 시체는 부패하며 나중에는 백골만 남는다. 부패는 몸이 자연의 원소로 분해되는 과정이다. 분해가 끝나면 몸은 완전히 자연으로 돌아간다. 수목장樹木葬은 자연스럽게 몸을 자연으로 되돌리는 장례 방법이다. "나 죽으면/ 꼭 그믐밤에 죽고 싶어./ 숨을 거두는 그 밤이/ 모란꽃 피는 그믐밤이라면/ 더욱 좋겠어.// 죽은 뒤 화장해서 골분(骨粉)은 / 숲속 소나무 아래에 뿌려주면 좋겠어. / 해와 저녁 푸른 공기와 흐르는 물이 있는 / 세상은 살 만하고, 이끼와 달팽이같이 / 여린 생명들은 가여워. / 고요와 구월 숲을 사랑해 / 그맘때는 자주 숲속에서 종일을 지내곤 했지. / 그 사람 말없이 누워 있다고 / 누군가 말해주면 좋겠어. // 나는 더 바랄 게 없네.(졸시, 「수목장」) 삶에서 죽음으로 가는 것은 상실을 겪는 과정이다. 몸과 마음을 잃고 마침내 모든 것을 잃는다. 생명은 본디 형체도 기(氣)도 없었다. 이 모든 것은 없음에서 나와 삶이 되었다가 다시 왔던 자리로 돌아간다. 삶에서 죽음으로 변했으니, 이는 우주에 충만한 순환의 질서 속으로 돌아갔다는 뜻이다. 장자는 제 죽음을 우주적 순환의 질서로 받아들인다. 그래서 제자들이 성대하게 장례식을 준비하려는 것을 말렸다.

다시 『장자』로 돌아가자. 자사(子祀), 자여(子輿), 자리(子犁), 자래(子來) 네 사람은 친구다. 자래가 병이 났다는 소문을 듣고 자여가 병문안을 왔다. 누가 보더라도 자래는 병이 깊어 죽음이 머지않았고, 그의 아내와 자식들은 병상 앞에서 울고 있었다. 자여는 자래의 식구들을 물리친 뒤 자래에게 아주 진지하게 물었다. "조물주가 자네를 쥐의 간으로 만들까, 아니면 작은 벌레의 팔뚝으로 만들까?" 자래가 아픈 가운데서도 자여의 농담을 듣고 웃었다. 자래가 말했다. "우리가 삶을 기쁜 일이라 여겼다면, '죽음' 역시 기쁜 일이긴 마찬가지 아닌가?"

온 것은 기필코 돌아간다. 생명을 받아 왔다면 죽음으로 돌아가는 것은 자연스러운 이치다. 장자는 죽음을 타향을 떠돌다가 고향으로 돌아가는 것으로 여겼다. "내가 어떻게 삶을 즐거워하는 것이 미혹이 아니라는 것을 알겠는가? 내가 어떻게 죽음을 싫어하는 것이 어려서부터 타향을 떠돌아다니면서 고향에 돌아갈 줄 모르는 사람과 같지 않다는 것을 알겠는가?予惡乎知說生之非惑邪? 予惡乎知惡死之非弱喪而不知歸者邪?"(「제물론」) 죽음은 세속을 벗어나 생명 이전으로 돌아가는 것이다. 세속의 삶이란 달팽이 뿔 위에서 서로 영지를 다투며 싸우는 꼴이다. 죽음 앞에서 그 모든 것들은 헛되고 헛되다. 일체의 욕망을 비우고 나면 삶도 죽음도 하나의 흐름일 따름이다. 흐름에 편안히 머물고 자연의 섭리를 따른다면 슬픔이나 기쁨도 둘이 아니다. 슬픔이 기쁨이고 기쁨이 슬픔이다. 자래가 말하듯 삶을 기뻐한다면 죽음도 기뻐해야 마땅하다.

어부가 배를
골짜기에 감추다

배를 골짜기에 감추고, 그물을 늪에 숨겨두고서 이를 안전하다고 말한다. 그러나 한밤중에 힘센 사람이 와서 이것을 들고 가 버린다. 어리석은 사람들은 이를 알지 못한다. 작은 것을 큰 것 속에 감추면 그만인 줄 알지만 거기에는 아직 새어나갈 자리가 있다. 천하를 천하에 감추면 새어나갈 자리가 있을 수 없다. 이것이 바로 변함없는 사물의 참된 모습이다.

『장자』, 「대종사」

살기 위해서 많은 것들이 필요하다. 아파트, 자동차, 가구, 가전기기들은 분명 삶의 안정성에 기여한다. 삶의 안정성에 기여하기는 해도 그것들이 삶의 목적이 될 수는 없다. 그런데 세속에 발을 두고 사는 사람들은 부를 쌓고 명예를 구하는 일을 삶의 으뜸으로 두기도 한다. 사람의 본분을 잊어버리는 것이다. "무심히 왔다가 무심히 갈 뿐"인 이 삶에서 재물이나 명예란 일시적 소유에 불과할 뿐이다. 땅에 재물을 쌓는 일은 "하늘을 본받는" 삶이 아니다. 삶은 "생명을 받아 태어나서는 즐겁게 살다가 때가 되면 잊고 원래의 상태로 되돌아"가는 것이다. 죽는 순간에도 이 재산들을 한 보자기에 다 싸서 움직일 수는 없다. 재산이 많다고 행복한 것은 아니다. 재산이 많을수록 이것을 어떻게 잘 보존할 수 있을까 걱정과 근심이 자연스레 많아진다.

　배와 그물을 소중하게 여기는 사람은 배를 골짜기에 감추고 그물을 늪에 감춘다. 배와 그물에 의지해 생계를 꾸리니 그의 직업은 어부임에 틀림없다. 어부는 그것을 사람 눈에 띄지 않는 깊은 곳에 감추었다. 무언가를 감추는 것은 그것을 잃어버릴까 두렵기 때문이다. 제 재물을 감추는 일이 자신의 경계 안에 두는 것이라면, 잃어버린다는 것은 그 재물이 경계 밖으로 나갔다는 것을 뜻한다. 제 소유가 경계의 안에 있거나 밖에 있거나 그것은 아무 뜻도 없다. 경계의 안에 있다고 영원히 내 것이 아니요, 경계의 밖에 있다고 영원히 내 것이 아닌 것도 아니다. 왜 그럴까? "잠잠하고 형체도 없는 것이 변화하여 가만있지 않는다. 죽음과 삶은 천지와 나란히 함께하고, 신명과 함께 변해간다. 어디로 가는지 까마득하고, 어디서 왔는지 쏜살같은데, 만물은 모두 그 속에 품고 있어도 되돌아갈 만한 곳이 없다."(「천지」) 천지 만물은 한 자리에 있지 않으며 그 모습 그대로 있지도 않는다. 모든 것은 변화한다. 달은 야위었다가 부풀고 파도는 왔다가 돌아간다. 꽃은 시들고 오래된 우물은 마른다. 바위는 부스러지고 물길은 움직인다. 어린아이는 세월과 함께 늙어 백발노인이 되고, 내 손에 들어왔던 재물은 필경 다시 누군가의 손으로 넘어간다. 한번 음이었던 것은 양으로 되고, 한번 양이었던 것은 음으로 변한다. 오로지 변화하지 않는 것은 천지 만물의 변화함이다.

젊은 벗들이 10월부터 모여 힘을 써서 마침내 11월에 이르러 내 집 텃밭에 연못을 만들었다. 나는 돌 몇 개 나르는 시늉만 하고 몸을 고되게 부리는 일은 전적으로 젊은 벗들의 몫이었다. 이 일은 내 젊은 벗 조경선이 발의하고 안성에 사는 시의 도반(道伴)들인 이상훈과 황윤희, 그리고 장명주와 황윤희의 바깥식구까지 나서서 힘쓰는 일을 거들었다. 전생에 무슨 착한 일을 했기에 헐겁고 메마른 내 삶에 젊은 벗들의 공력을 촉촉하게 받는가 의아했다. 젊은 벗들은 자발적으로 주말마다 모여 지름이 4~5미터쯤 되는 원형으로 돌을 쌓고 바닥에는 조경선네 연못에 있던 수련 뿌리 여섯 그루와 부들 두 뿌리를 옮겨다 심었다. 빗낱이 후두두 머리 위로 떨어지는 초겨울 오후에 조경선과 그의 아내 이은주가 내려와 매조지를 지었다. 연못에 물을 채워 넣으니 그 물이 맑았다. 내년 여름 새벽엔 수련이 꽃피어나는 것을 기어코 볼 수 있겠다. 연못가의 무성한 잡목을 걷어내고 나니 그 뒤에 서있던 단풍나무들이 고운 자태를 드러냈다. 지금 나는 그 단풍나무들 앞에 서서 연못의 물을 바라보고 서있다. 서서, 오면 가고 간 것은 되돌아온다는 늑골 아래가 서늘해지는 생각에 골몰하고 있다. 물들도 사람도 흘러간다. 간 뒤에 반드시 새로 온다. 간 것은 망각 속에서 그리움으로 싹트고 온 것은 생짜의 마주침으로 기쁨을 준다. 오면 가고 가면 새로 오는 것들이 날줄과

씨줄로 운명이라는 피륙을 짜는 것이다. 오면 가고 간 뒤 새로 오는 것은 종(種)과 속(屬)을 떠나 사람과 풍경에 다 적용되는 불변의 진리다.

나는 오탁악세(汚濁惡世) 속에서 무슨 보람을 보고자 땅을 파고 물을 끌어들여 연못을 만들려고 했던가? 연못을 파서 보양(保養)과 장생(長生)의 꿈을 이루고자 함은 아니었다. 그것은 가당치 않다. 땅과 집과 물이 조화를 이루고 다툼이 없이 화응해야만 비로소 거처할 만한 곳이 되고 좋은 풍수가 되는 법이다. 서유구(1764~1845)가 지은 『증보산림경제』를 읽을 때, 패옥 소리가 울리듯이 물소리가 나면 길하고, 처절하게 졸졸 흐르면 불길하다. 지붕의 낙숫물이 서로 엇갈려 떨어지면 불길하다, 물은 재물과 녹봉을 관장하기 때문에 큰 물의 연안에 큰 부잣집과 이름난 마을, 은성한 촌락이 많다는 구절들을 마음에 새긴 적이 있다. 집을 지을 때 반드시 물길을 잡아주고 우물을 뚫어야 한다. 물은 사나운 성질이 있으니 물을 가까이 하되 그 들고 낢의 방향이 순조로운지를 살펴야 하는 것이다. 연못을 파면 연, 마름, 순채, 부들 따위의 물풀을 심고, 물가에는 농염하지 않고 조촐한 정자를 지으면 좋다.

시골집을 짓고자 할 때부터 품은 세 가지 소망 중의 하나가 연못이었다. 나머지 둘은 대숲과 새벽 닭 울음소리를 듣는 것이었다. 물론 "주택의 가장자리 네 곳에는 대나무와 수목이 푸르러야 재물이 모여든다"는 『고가필용(居家必用)』이란 옛 책의 가르침을 따르기 위함은 아니다.

변방에 스스로를 내친 뒤 살고자 지은 가옥은 허술하고 먼 바깥에서 집 안쪽으로 들어오는 길의 질척거림 때문에 마음이 쓰라렸다. 늙은 산들이 병풍처럼 둘러치고, 밤나무숲과 척박한 밭들이 흩어져 있는 땅 아래 금광호수는 어린 물을 거느리고 있었다. 옛사람은 오래된 길, 신령의 제단, 신상 앞, 불상 뒤, 무논, 부엌 등이 있던 장소에는 거처를 마련하지 말라고 했다. 이런 땅들은 대개는 지맥의 기운이 너무 왕성하거나 신령의 음기가 강해 사람을 쏘기 때문이다. 명리에 밝지 못해 몽매한 내 눈에도 집이 앉을 자리는 바람과 햇빛의 드나듦에 막힘이 없고, 땅의 양감은 순조로웠으며 천지 기운이 들고 낢에 평탄했다. 아울러 집의 면배_{面背}인 산이 험준하지 않고 안온하여 살 만한 풍수였다. 그 윗마을 김해 김씨들이 모여들어 이룬 취락 언저리에 몸을 비비고 들어와 집을 지어 스스로를 감추었으니 이는 소은_{小隱}이다. 기근이나 흉사가 없고 세끼의 끼니를 거르지 않아도 소은의 삶은 그 가장 말랑말랑한 안쪽에 소금을 뿌린 듯 쓰라렸다. 이 소은의 삶 안쪽을 저미며 오는 쓰라림을 달래기 위해 나는 자신에게 연못 하나를 선물하기로 단심_{丹心}을 품었던 것이다. 그 꿈이 10년 세월 동안 시들지 않아 기어코 이루어졌다. 내 마음이 양명_{陽明}해졌다. 내년 이른 봄에 연못 주변으로 잔디를 심고, 매화나무와 살구나무와 앵두나무 몇 그루를 구해다 심을 작정이다. 연못은 해와 달과 더불어 나이를 먹고, 나이를 먹으면 온갖 소리를 낳고 기를 것이다. 시인 이문재는 연못이 내는 소리를 이렇게 노래한다. "달빛이 뒤돌아서는 소리, 이슬이 연꽃 속으로 스며드는 소리,

이슬이 연잎에서 둥글게 말리는 소리, 연잎이 이슬방울을 버리는 소리, 연근이 물을 빨아올리는 소리, 잉어가 부레를 크게 하는 소리, 진흙이 부리를 받아들이는 소리, 조금 더워진 물이 수면 쪽으로 올라가는 소리, 뱀장어 꼬리가 연의 뿌리들을 건드리는 소리, 연꽃이 제 머리를 동쪽으로 내미는 소리, 소금쟁이가 물 위를 걷는 소리, 물잠자리가 제 날개가 있는지 알아보려 한 번 날개를 접어보는 소리……"(이문재, 「물의 결가부좌」) 몇 해 뒤 매화가 피면 벗들을 조용히 불러 매화나무 아래에서 매화음을 융융하게 즐길 수 있으려나. 그 낱낱의 꽃들이 화사하게 흐드러지는 시절에 이 연못가에서 "조카딸년들이나 그 조카딸년들의 친구들의 웃음판"(서정주, 「상리과원上里果園」) 같은 화사한 백화제방 시절의 기쁨을 오랜 벗들과 나눌 수는 있으려나.

내년 여름이면 이 연못에 수련이 피고 물풀이 자라고 녹색의 개구리밥이 물 위를 부유하고 물속엔 소금쟁이, 물달팽이, 미꾸라지, 붕어, 버들치, 물방개, 잉어들이 뛰어놀 것이다. 못물 위로는 흰 배꽃 잎들이 바람에 날려 흐를 것인가. 그러면 나는 저녁 종소리에 귀를 기울이게 하고, 북두칠성을 가리켜 보일 미운 일곱 살배기 어린 것은 없어도 혼자서 이 연못가를 서성이며 때로는 울먹이고 때로는 미친 사람처럼 벙싯거릴 것인가. "우리가 이것들을 사랑하려면 어떻게 했으면 좋겠는가. 묻혀서 누워 있는 못물과 같이 저 아래 저것들을 비춰고 누워서, 때로 가냘프게도 떨어져 내리는 저 어린것들의 꽃잎사귀들을 우리 몸 위에 받아라도 볼 것인가. 아니면 머언 산들과 나란히 마주 서서, 이것들의 아침의 유두분면(乳頭粉面)과, 한낮의 춤과, 황혼(黃昏)의 어둠 속에 이것들이 잦아들어 돌아오는─아스라한 침잠(沈潛)이나 지킬 것인가."(서정주, 위의 시) 유배지 강진에서 정약용이 유배의 막막함을 잊으려 첫번째로 한 일이 못을 파고 꽃나무를 열지어 심은 일이다. 다산은 그가 기거하던 초당 앞마당에 자미나무, 참식나무, 동백나무, 복숭아나무를 심었다. 연못은 초당 동쪽에 있었다. 계곡에서 흘러온 물이 그 연못을 채웠다. 연못을 파는 일은 "송아지가 스물넉 달쯤을 자라서 이제 막 밭을 서먹서먹 갈 만큼 되었을 때, 그때가 바로 진달래꽃 때쯤이어서, 그새 뿌사리의 두 새로 자란 뿔 아이에 진달래꽃 몇 송이를 매달아두는 일"(서정주, 「꽃」)에 견줄 만하다. 집의 논밭을 갈아엎는 노동을 감당하는 스물넉 달쯤 자란 이 생구(牲口)의 새로 자란 두 뿔 사이에 진달래꽃 몇 송이를 매다는 일은 먹고사는 것과 무관한 농경생활의 멋과 여유다. 연못을 판다고 쌀이 나오는 것도 아니고 콩이 매달리는 것도 아니다. 이는 순전히 "날 센 쟁깃날로도 갈고 갈 수 없는 새파란 새파란 바윗속"(서정주, 「무제」) 같은 세상에서 생령의 충일한 기쁨을 구하는 일일 따름이다. 오탁악세의 세상 속에서 삶의 슬픔과 쓰라림은 명증하고 이 명증한 것들을 무찌르는 기쁨은 저 무수한 원림과 정자들이 그렇듯이 더불어 청복(淸福)을 나눔으로써 더 커지는 기쁨일 터다.

사람이 가진 것 중에서 가장 중요한 것은 무엇일까? 생명이다! 사람이라면 누구나 소중한 것을 잃을까 염려하는데, 그 염려함은 현실로 나타난다. 누군가 한밤중에 그것들을 갖고 가버린다. 얻고 잃는 것은 다 때가 맞기 때문에 일어나는 일이다. "생명을 얻는 것은 우연히 때를 만난 것이고, 그것을 잃는 것은 자연의 변화에 따르는 것이다. 때를 편안하게 받아들이고 변화에 따르면 슬픔도 즐거움도 마음속에 들어올 수 없다."(『대종사』) 이 변화함의 세계 속에서 얻는 것이나 잃는 것이 다 변화의 때에 따르는 것이다. 얻었다고 기뻐할 것도 아니요, 잃었다고 슬퍼할 것도 아니다. 사람은 이 천지 만물의 변화함을 이길 수는 없는 노릇이다. 그러므로 변화를 두려워하지 마라. 삶과 죽음조차도 이 변화의 한 과정일 따름이다. "가령 대장장이가 쇠붙이를 녹여 뭔가를 만들려고 할 때 쇠붙이가 길길이 날뛰면서, '나는 꼭 명검이 될 거야'라고 한다면, 대장장이가 분명히 그것을 불길한 쇠붙이라고 생각할 것이다. 지금 한 번 우연히 사람의 모습으로 만들어진 것인데, '사람으로 남을 거야, 사람으로 남을 거야'라고 한다면 조물주는 분명히 그를 불길한 사람이라고 생각할 것이다. 지금 천지는 커다란 용광로이고, 변화는 대장장이인데 어떻게 변한들 좋지 않은 것이 있겠느냐? 편안하게 잠들었다가 홀연히 깨어날 것이다."(『대종사』) 사람은 대장장이가 아니라 커다란 용광로 속에 든 쇠붙이다. 쇠붙이가 대장장이의 마음은 헤아리지 않고 용광로 속에서 명검이 되겠다고 길길이 날뛴다. 얼마나 우스운 꼴인가? 어느 순간에는 삶마저 방외에 내쳐두어야 한다. 방외에 내쳐둠, 그것을 삶을 도외시한다고 말한다. 도외시하지 않는다면 조철(調撤)할 수 없고, 견독(見獨)할 수 없다. 하물며 없다가도 있고 있다가는 사라지는 재물은 말해 무엇하랴! 세속 바깥에서 노니는 사람들은 이 변화와 한 몸이 되어 음양의 조화를 타고 놀 뿐이다. 장자는 처음부터 북쪽 바다의 큰 물고기 곤이 대붕으로 변하여 훨훨 날아가는 우화를 펼쳐놓는다. 그게 화이위조(化而爲鳥)인데, 대붕이 그러하듯 변화와 초월의 흐름을 타고 날 때 매임 없이 자유롭게 노닐 수 있음을 말한 것이다.

　작은 것을 큰 것 속에 숨기는 일은 안전하지 않다. 천하를 천하에 감출 때 비로소 안전하다. 경계의 안과 밖이 없다면 잃어버림은 없다. 장자는 이를 천하에 천하를 감춤이라고 말한다. 하늘의 일과 사람의 일에 구별을 두지 않는 것, 마음으로써 도를 덜어내지 않고, 인위를 자연에 덧붙이지 않는 것, 바로 이것이 천하를 천하에 감춤이다. "하늘이 하는 것을 알고, 사람이 하는 것을 아는 사람은 최고다. 하늘이 하는 것을 아는 사람은 자연 그대로 살아간다. 사람이 하는 것을 아는 사람은 자기의 지력으로 알 수 있는 것을 가지고 자기의 지력으로는 알 수 없는 부분을 수양하여, 타고난 자연의 수명을 다하고 중도에 요절하지 않는데, 이것이 앎의 지극함이다."(「대종사」) 앎의 지극함에 이른 사람은 구태여 재물을 쌓아두고 감추지 않는다. 눈에 보이지 않는 명예와 이익이 요즘 사람들의 배와 그물이다. 붙잡을 수 없는 것을 붙잡으려 하지 말고, 감출 수 없는 것을 감추려고 하지 마라. 재물의 울타리 속에 갇히면 마음에 족쇄를 채운 꼴이다. 그것은 감춰지지 않는다. 다만 자연의 변화를 편안히 받아들이고 그 변화에 따라가는 것이 순리다. 그러면 마음에 흐트러짐이 없고 판단에 흔들림이 없을 것이다. 어떻게 하면 편안하겠는가? 물고기는 물속에서 편안하고 사람은 도를 찾고 무위함에 들 때 비로소 생명이 편안하다. 장자가 말하는 바가 바로 그것이다. 도를 찾고 그 안에서 편안함이 유유자적함이다. 노자는 도를 "어슴푸레하고 까마득한 그 속에 실체가 있다. 그 실체는 매우 참되고, 그 속에는 항상성이 있다"고 했고, 장자는 "도라는 것은 실질이 있고 미더움이 있지만 무위^{無爲}하고 무형^{無形}이다. 그것은 전해줄 수는 있지만 받을 수는 없고, 체득할 수는 있지만 볼 수는 없다"(「대종사」)고 했다. 도는 사람과 그 소유를 어떤 경계 안에 가두지 않는다. 그러므로 경계 없이 툭 터져 있는 까닭에 도와 하나가 되면 찾음과 잃음이 없어진다. 굳이 배를 골짜기에 숨기고 그물을 늪에 감출 필요가 없다. 그것이 누구의 손에 의해 어디로 움직이든 그것은 천하를 벗어날 수 없는 까닭이다.

5. 본성을 거스르지 말고 살아라

바닷새

옛날 바닷새가 노나라 교사(郊祀)에 날아들었다. 노나라 제후가 이 새를 친히 종묘 안으로 데리고 와 술을 권하고, 구소(九韶)의 음악을 연주해주고, 소와 돼지, 양을 잡아 성대히 대접했다. 그러나 새는 어리둥절해하고 슬퍼할 뿐, 고기 한 점 먹지 않고 술도 한 잔 마시지 않은 채 사흘 만에 죽어버리고 말았다. 이는 자기를 부양하는 방식으로 새를 부양했기 때문이다.

『장자』, 「지락至樂」

『장자』의 「지락」편을 읽는다. 서로 좋고 싫음이 분명한 것은 그 근본이 다르기 때문이다. 그 타고난 바 근본을 무시하고 우격다짐으로 베풂은 의롭지 않다. 이는 단연코 어리석은 짓이다! 바닷새의 타고난 성질을 알지 못하고, 제 식대로 부양하는 것은 바닷새를 죽음에 이르게 했다. 물고기를 물 밖에 놓아두고 그 앞에서 광대가 아무리 재주를 피워도 즐겁지 않다. 물고기에게 괴로울 따름이다. 미꾸라지나 피라미를 먹는 바닷새에게 소와 돼지, 양을 잡아 성대하게 베푼다 한들 바닷새에게 즐거운 일이 아니다. 바닷새에게 괴로운 일일 따름이다. 오늘날 이런 일들은 너무 흔하다. 어떻게 해야 옳은가? "무릇 새를 부양하는 방법으로 새를 부양하는 자는 의당 깊은 숲속에 깃을 들게 하고, 호숫가에 노닐게 하고, 강과 호수에 떠다니게 하고, 미꾸라지와 피라미를 먹이고, 무리를 따라 머물게 하고, 짝과 엉켜 살게 할 것이다. 새들은 사람의 말을 듣기 싫어하는데 어찌 그처럼 시끄럽게 했을까? 요 임금의 함지와 순 임금의 구소를 동정의 들에서 연주한다면 새들은 듣고 날아가버리고, 짐승은 듣고 달아나버리며, 물고기는 듣고 물속으로 숨어버릴 것이다."(「지락」) 물고기를 잡아먹고 무리와 어울려 사는 바닷새를 붙잡아 와 술을 권하고, 아름다운 음악을 연주해주고, 소와 돼지, 양을 잡아 성대히 대접하는 일은 어리석은 짓이다. 새는 사흘 만에 죽어버렸다. 이는 새의 방식대로 부양하지 않고 자기 방식대로 부양한 탓이다. 바닷새는 바다 위를 날게 하고, 들쥐는 들을 달리도록 두어야 옳다.

본성을 거스르는 일은 마음을 죽이는 일이나 다름없다. "슬프도다! 마음이 죽어버리는 것보다 더 큰 일은 없으니, 사람이 죽어버리는 것도 그보다 더 큰일은 아니다."(「인간세」) 장자는 마음이 죽는 것은 사람이 죽는 일보다 더 큰일이다 라고 말한다. "삶과 죽음은 천명이고, 아침과 밤이 있는 것은 하늘의 섭리다."(「대종사」) 본디 마음은 천명에 속하고, 하늘의 섭리에 따라 움직이도록 되어 있다. 이 마음에 윤리의 짐을 지우고, 도덕의 굴레를 씌운 것이 인위다. 마음에 인위가 작용하면서 마음의 숨결은 가늘어지고, 타고난 맥동은 희미해진다. 인위는 필경 꾸밈이고, 꾸밈은 본디 마음에서 멀어지는 것이다.

　바깥의 헛것에 마음을 휘둘리지 않고 마음에 머물되 고요해야 한다. 고요하면 마음이 밝아지고 텅 비게 된다. "마음을 바르게 하면 고요해지고, 고요해지면 밝아지며, 밝아지면 텅 비게 되고, 텅 비어 무위에 들어가면 자연의 도와 일치되어 하지 못하는 일이 없게 된다."(『경상초』) 텅 비운 마음은 무위에 처하게 되고 무위에 처하게 되면 마음은 있는 그대로의 자연으로 돌아간다. 자연으로 돌아간다는 것은 인위가 없음을 말한다. 인위는 자연의 도에서 벗어나는 것이다. 노자는 이렇게 말한다. "발뒤꿈치를 들면 오래 서있지 못한다. 보폭을 넓게 하면 오래 걷지 못한다."(『도덕경』 제24장) 발뒤꿈치를 들고 서있는 것은 자연스러운 것이 아니다. 보폭을 넓게 하는 것도 자연스러운 것이 아니다. 그것은 교묘함을 취하는 것이다. 자연의 순리에 거스르는 의도적인 것은 오래 가지 못한다. 땅에 오래 서있으려면 발꿈치를 땅에 대고 있어야 한다. 교묘함을 버리고 소박함을 취해야 한다. 의도함을 그치고 집착과 추구함을 그치고 어린아이로 돌아가라. 반드시 뿌리로 돌아가라. 마음에 인위가 없으면 사물을 바로 보게 된다. "저 빈 곳을 보아라. 아무것도 없는 빈 방이 저리 밝지 않느냐? 기쁨도 고요하고 빈 곳에 머무는 것이다."(『인간세』) 집착, 아집, 편견, 고집 들은 다 인위에 속한다. 이것들을 마음에 지니고 있으면 마음은 무겁다. 이것들을 내려놓고 비우면 마음엔 밝고 고요한 기쁨이 차오르게 된다.

새벽에 일어나 들판을 보면 서리가 하얗다. 저 노릇해진 햇볕이 쏟아지던 화단에 모란꽃 펴서 가슴 두근거리던 봄도 어느덧 아득하다. 멧돼지 몇 마리가 마구 짓밟고 지나간 듯 화단은 마른 꽃대궁들만 쓰러진 채 황량하다. 여름내 푸르렀던 잡풀들도 누렇게 시들고, 오동나무도 넓고 푸르던 잎들을 다 떨군 채 말없이 서있다. 밖에 홀리면 모양에 집착하고 안에 홀리면 공*에 집착한다고 했다. 천지를 환하게 물들이던 꽃시절 단풍시절 다 지나갔으니 겨울에는 밖으로 내닫던 마음이 안으로 밀려든다. 마음이 밀려드는 안은 비었으니, 비움이 없는 마음은 정처가 없어 쓸쓸해진다.

어느덧 천지는 겨울이다. 저 멀리 누구네 집 지붕 위로 우뚝 솟은 굴뚝으로 흰 연기가 오른다. 바람이 잠잠한 모양이다. 흰 연기가 저녁의 푸른 이내 가득한 하늘로 올라간다. 겨울은 춥다. 시골집은 더욱 춥다. 문과 창들을 꼭꼭 닫고 있어도 냉기가 스며 들어와 무릎이 시리다. 몸이 추우면 마음이 시리고, 마음이 추우면 어깨가 움츠러든다. 몸도 마음도 다 추우니 좋아라 몰입하던 일들도 시들해진다. 가까운 벗을 불러 바둑 몇 판 둔 뒤 멸치 국물 우려내어 끓인 뜨거운 칼국수를 호호 불며 먹는 일도, 서울에서 사갖고 내려온 재즈 음반이나 이생강의 대금 연주 음반에 종일 빠져드는 일도, 좋아하는 작가의 소설을 쌓아놓고 밤을 잊은 채 읽는 일도 다 시들해진다. 손에 쥔 일이 시들해지면 물낯바닥에 제 얼굴이나 비춰보는 아이가 되는 것이다. 다른 아이들은 다 물에 뛰어들어 물장구를 치고 헤엄을 치며 흥겨운데 헤엄칠 줄 모르는 아이는 저 혼자 심심하다. 물은 도무지 물을 무서워하는 아이의 마음을 애무할 줄 모른다. 일상범백사 아무것도 마음을 애무할 줄 모르니 마음은 좁고 몸은 심심하다.

 빨리 봄이 왔으면 싶다. 매화꽃이 피면 매화꽃이 좋다는 섬진강변 마을로, 동백꽃이 피면 동백꽃이 만발한 남녘으로 꽃구경을 가겠다. 지금은 매화도 모란꽃도 없으니 쓸쓸하다. 노인들만 남은 시골 고샅에서 웃고 뛰노는 아이들이 없다. 아이가 없어 문을 닫아버린 시골 초등학교 폐교처럼 쓸쓸하니 산길을 걷는다. 걷고 또 걷는다. 잎진 밤나무들이 연일 고된 훈련에 지친 신병들처럼 서있는 밤나무 숲에 들어가면 고라니의 똥들이 흩어져 있다. 고라니 똥들은 까맣고 산수유 열매는 붉다. 간혹 잘린 나무들의 나이테를 곰곰이 들여다본다. 나이테는 여름의 것과 겨울의 것에 차이가 있다. 여름에 생긴 것은 무르고 그 폭이 넓지만 겨울에 생긴 것은 단단하고 그 폭도 좁다. 겨울은 식물이나 동물 모두에게 시련의 시절이다. 불황이다, 경제 위기라고 한다. 회사들이 무너지고 무너진 회사에 다니던 사람들이 실직을 한다. 물이 차가워지면 곧 얼게 마련이고, 비구름이 잦으면 반드시 비가 내린다. 우물 속에서 먼지가 일고 산봉우리에서 파도가 칠 것이다. 이것이 문명사적 전환에 따른 위기라면 피할 수 없다. 피할 수 없다면 꿋꿋하게 견뎌야 한다. 견디려면 마음이 물러서는 안 된다.

행복은 물건이나 조건이 아니다. 돈을 주고 살 수 없다. 돈으로 살 수 없으니 한편으로 돈 없이도 쥘 수 있는 게 행복이다. 행복은 조건이나 상황의 산물이 아니다. 같은 조건에서 모든 사람이 같은 무게의 행복을 느끼지 않는 걸 보면 맞다. 행복은 느낌이고, 그 느낌을 잡고 향유할 줄 아는 능력이다. 그래서 아무나 행복할 수가 없다. "꽃 지고 잎 돋듯 웃어라/ 뺨은 웃어라/ 조약돌 비 맞듯 웃어라/ 유리창에 볕 돋듯 웃어라"(장석남, 「문 열고 나가는 꽃 보아라」) 많이 가져서 행복한 게 아니라 가진 것의 진정한 가치를 앎으로 행복하다. 적게 가져서 불행한 게 아니라 가진 것의 기쁨을 몰라서 불행하다. 행복해서 웃는 게 아니라 웃어야만 행복해진다. 마른 나무에 잎 돋듯 조약돌이 비 맞듯 유리창에 볕 들듯 웃어보라. 눈에 안 보이는 마음이 소리 없이 웃는다. 웃는 소리가 들린다. 욕망은 바닷물이다. 마실수록 갈증이 커진다. 아무리 마셔도 목마름은 해소되지 않는다. 행복은 돌 틈에서 나오는 약수다. 단 한모금만 마셔도 청량한 기쁨과 함께 갈증이 가신다. "오늘날 세속에서 행하는 쾌락에 대해 나는 그것이 과연 즐거움인지 또는 아닌지 알 수 없다. 내가 보기에 세속의 쾌락은 군중의 손짓을 따라 죽도록 달리며 그칠 수 없는 것 같다. 그러면서 모두들 즐거움이라고 말하지만 나는 그것이 즐거움인지 또는 즐거움이 아닌지 알지 못한다. 그렇다면 과연 즐거움은 없는 것인가? 나는 무위만이 즐거운 것이라고 생각한다. 속세는 크게 고통스런 곳이다. 그러므로 이르기를 지극한 쾌락은 즐거움이 없고 지극한 영예는 기림이 없다고 하는 것이다. 천하에 시비는 정할 수 없다. 그렇지만 무위만은 시비를 정할 수 있다. 지극한 안락은 몸을 살리는 것이며 오직 무위에서만 있을 수 있다."(「지락」) 사람들은 안락함, 좋은 음식, 아름다운 의복, 예쁜 각시, 황홀한 음악을 탐한다. 그것들은 지극한 안락이며 즐거움을 주기 때문이다. 그러나 그것을 얻어 행복할까?

시인은 한겨울에 봄의 도래를, 한밤중에 새벽이 다가옴을 예언한다. 겨울이 깊으면 봄도 머지않으리. 온 것은 가고 간 것은 반드시 돌아온다. 경제공황이 닥칠지도 모른다고 한다. 산에는 길이 없고, 물에는 배와 다리가 없는 형국이다. 베를 짜서 입고, 밭을 갈아먹으며 살아야 한다. 사람들은 모두 유용한 것을 쓸 줄은 알지만 무용한 것을 쓸 줄은 모른다. 유용한 것이 없다면 무용한 것을 쓰는 법을 배워 써야 한다. 온 것이 어쩔 수 없다면 돌아갈 때까지 견뎌야 한다. 너무 두려워하지 말자. 평상심을 갖자. 그것이 지극한 도다. 어제 씩씩하게 살았듯 오늘도 씩씩하게 살자. 더 많이 웃자. 그리고 더 많이 행복을 느끼자. 그러나 해가 가고, 새해가 와도 바뀌지 않는 게 있다. 재춘이 엄마의 마음에서 떠나지 않는 재춘이 걱정이 바로 그것이다. 재춘이가 공부를 잘하면 재춘이 엄마는 웃는다. 조개구이집 장사가 예전만 못 해도 재춘이가 공부를 잘하면 재춘이 엄마는 웃는다. 재춘이가 공부를 안 하고 딴짓을 하면 조개구이집에 손님이 구름떼처럼 밀려와도 재춘이 엄마는 웃지 않는다. 재춘아, 네 엄마가 생각이 없어서 조개구이집 상호를

'재춘이네'라고 지은 게 아니란다. 재춘아, 공부 잘해라. 갑수야, 병섭아, 상규야, 병호야, 공부 잘해라. 그래야 너희 엄마들이 웃는다. 너희 엄마들이 웃어야 세상이 좀더 환해진단다. "재춘이 엄마가 이 바닷가에 조개구이집을 낼 때／ 생각이 모자라서, 그보다 더 멋진 이름이 없어서／ 그냥 '재춘이네'라는 간판을 단 것은 아니다./ 재춘이 엄마뿐이 아니다／ 보아라, 저／ 갑수네, 병섭이네, 상규네, 병호네.// 재춘이 엄마가 저 간월암看月庵 같은 절에 가서／ 기왓장에 이름을 쓸 때,／ 생각나는 이름이 재춘이밖에 없어서／ '김재춘'이라고만 써놓고 오는 것은 아니다./ 재춘이 엄마만 그러는 게 아니다/가서 보아라, 갑수 엄마가 쓴 최갑수, 병섭이 엄마가 쓴 서병섭,／ 상규 엄마가 쓴 김상규, 병호 엄마가 쓴 엄병호.// 재춘아, 공부 잘해라!"(윤제림, 「재춘이 엄마」)

「지락」편을 읽다가 저물 무렵 밖으로 나와 걷는다. 겨울 해는 노루꼬리만큼 짧다. 해 떨어지면 금세 어두워진다. 굴뚝에서 나온 연기가 그친 지도 오래다. 시골집들은 일찍 불이 꺼진다. 사위는 이미 캄캄하다. 때로 이 어둠을 고스란히 감당해야 하는 겨울밤이 두렵다. 길을 잘못 든 것은 아닐까? 봉황은 오동나무가 아니면 쉬지를 않고 대나무 열매가 아니면 먹지를 않는다고 했다. 봉황은 태어난 것이 아니라 만들어진 것이라면 나는 결코 봉황이 아니다. 나는 차라리 바닷새다. 바다에서 살아야 할 바닷새가 노나라 교사에 날아든 것은 길을 잘못 든 탓이다. 노나라 제후는 이 새를 궁궐에 들게 해서 술을 권하고, 구소九韶의 음악을 연주해주고, 소와 돼지, 양을 잡아 대접했는데, 이는 잘못된 일이다. 새로써는 환난을 만난 격이고 봉변을 당한 꼴이다. "까마득히 작구나, 사람에 속하는 것이여. 위대하고 크구나, 타고난 것을 홀로 이룸이여."(「덕충부」) 노나라 제후는 바닷새를 타고난 바대로 대하지 않고 사람의 방식으로 대했다. 제후는 작은 것으로 큰 것을 다스리려는 잘못을 저질렀다. 그 결과는 바닷새의 죽음이다. 노나라 제후가 지혜로웠다면 그 바닷새를 다시 제 살던 곳으로 돌려보냈어야 옳다.

오리 다리가 짧다고
늘여줄까

오리의 다리가 짧다고 길게 늘여주어도 괴로움이 따르고, 학의 다리가 길다고 잘라주어도 아픔이 따른다. 그런 까닭에 본래 긴 것은 자를 것이 아니며, 본래 짧은 것은 늘일 것이 아니다. 두려워하거나 괴로워할 까닭이 없다. 인의仁義는 사람이 타고난 바 본마음이 아니다. 저 인을 예로써 따르는 사람들에게 얼마나 괴로움이 많겠는가? 혹시 붙은 발가락을 떼어놓는다고 찢는다면 울 것이다. 혹시 육손이의 넘치는 손가락을 잘라내려고 깨물면 울 것이다.

「장자」, 「변무駢拇」

『장자』의 「변무」 편을 읽는다. 물 안에 있을 때 물고기들은 굳이 물의 중요성을 새삼스럽게 논할 바가 없다. 그저 본성에 따라 살면 족하다. 물 밖에 나온 물고기는 파닥거리며 서로의 몸에 물을 뿌려주어야 산다. 인의란 물 밖에 나온 물고기들이 파닥거리며 서로의 몸에 뿌려주는 물과 같다. 물고기들에게 물이 없다면 숨쉬기가 괴롭고 마침내는 죽을 것이다. 물고기에게는 물 안이 본성대로 살도록 만들어진 자연이라면, 물 밖은 인위의 세상이다. 물 안의 물고기에게 물을 강요하는 것은 괴로움이다. 물 안에서 인의는 잉여에 지나는 예인 까닭이다. 장자는 "저 인을 예로써 따르는 사람들에게 얼마나 괴로움이 많겠는가?"라고 했다. 인의는 삼라만상에 작용하는 본질이 아니다. 삼라만상에 작용하는 본질의 세계에서 검은 것은 희고, 흰 것은 검다. 마찬가지로 밝은 것은 어둡고, 어두운 것은 밝다. 인의는 본질 중에서 오로지 흰 것과 밝은 것만을 취한다.

오리는 짧은 다리를 타고나고, 학은 긴 다리를 타고난다. 이게 자연이다. "하늘이 하는 일을 알고 사람이 하는 일을 알면 지극하다. 하늘이 하는 일을 아는 것은 자연으로 살아가는 것이며, 사람이 하는 일을 아는 것은 그 지혜로써 아는 것이고, 그 지혜가 미치지 못하는 것은 수양으로 채워 천수를 다할 수 있는 까닭에 요절하지 않는다. 이것이 지혜의 지극함이다.知天之所爲, 知人之所爲者, 至矣. 知天之所爲者, 天而生也, 知人之所爲者, 以其知之所知, 以養其知之所不知, 終其天年而不中道夭者, 是知之盛也"(「대종사」) 오리의 다리가 짧다고 늘여주어도 괴롭고, 학의 다리가 길다고 잘라주어도 괴롭다. 이는 자연 그대로 사는 삶이 아니기 때문이다. 자연에서 벗어나는 일은 생명에 해를 끼치는 일의 빌미가 될 수 있다. 자연에 따르는 사람은 흠이 없기 때문에 생명에 해를 끼치는 일도 없다. 그러므로 오리는 짧은 다리로 움직이게 하고, 학은 긴 다리로 움직이게 해야 한다.

벼들이 제법 자란 걸 보니 세월은 아무 보람 없이 흘러가는 게 아닌 모양이다. 벼들이 키를 나란히 하고 자라는 무논은 초록 융단이다. 그 무논에 백로 몇 마리가 외다리로 서있다. 백로들은 멈춘 듯 고요하게 서있는데, 그 풍경은 한가롭다. 바라보고 있는 것만으로도 마음 한쪽에 여백이 생긴다. 백로의 다리는 길고, 오리의 다리는 짧다. 백로에게 다리가 왜 긴가, 하고 물어서는 안 되고, 오리에게 왜 다리가 짧은가, 하고 책임을 추궁해서도 안 된다. 짧은 다리를 늘여주어도 괴롭고 긴 다리를 잘라주어도 괴롭기는 매한가지다. 집 앞 뽕나무의 가지마다 까맣게 달려 있던 오디들이 떨어졌다. 뽕나무가 서있는 그 일대는 오디들이 마치 벌레처럼 떨어져 더러는 으깨진 채 흩어져 있다. 며칠 전에 내린 비들은 들판의 웅덩이를 채우고 있다. 그 탁한 웅덩이의 수면에 푸른 하늘이 들어와 앉아 있다. 들판에 나와 한나절을 보낼 때 그 웅덩이에 괸 물의 수면에 거꾸로 들어와 박힌 청산과 푸른 하늘, 그리고 떠가는 흰 구름을 눈여겨본다. 말뚝에 매인 검은 염소는 풀을 뜯다가 무슨 생각이 났는지 가끔 공중을 보며 매해해해 하고 운다.

모란 작약 꽃들은 다 졌다. 모란 작약 꽃 진 뒤 보람 없는 나날들을 견디기가 힘들었다. 날은 청명하고 기후는 춥지도 덥지도 않았다. 더 자주 산림욕장으로 산책을 나가고, 오리나무 그늘에서 오래 쉬다 돌아온다. 가장 가까운 것은 실은 가장 멀리 있는 것들이다. 새벽에 깨어나면 천지 만물은 떠오르는 해의 첫 빛을 받아 이마가 금빛으로 번쩍였다. 종달새가 우는 6월의 아침들은 저 무릎 관절 속으로 숨어버린 어린 시절의 즐거움들을 일깨운다. 공중에서 종달새가 울 때 이 세상 너머에 또 다른 세상이 있다는 걸 불현듯 깨닫는다. 절경(絶景) 속에서 마음은 저 스스로 드넓어져 가이없다. 태초에 나는 없다가 어떻게 생겨났는가? 몸을 갖고 태어나 세상의 천지 만물에 생명을 의탁한 바 건뎌야 할 고독은 벗을 길 없는 천형(天刑)이다. 나는 사는 게 때로는 너무 사소해서 즐겁고 사는 게 때로는 너무 사소해서 고독하다. 저녁밥을 먹은 뒤 허릿살이 두꺼워지는 걸 경계해서 줄넘기를 3백 번씩 할 때 그 사소함은 극명해진다.

지난 11월 하순에는 유성우가 한반도의 상공을 가로질러 흘러갔다. 심야전기 보일러로 실내 온도를 높인 거실에서 당신에게 봄이 오면 흑산도에 다녀오자고 속삭였다. 내가 흑산도에 다녀오자는 약속을 지키기도 전에 당신이 먼저 떠났으므로 흑산도에 가자는 약속은 깨졌다. 수첩에 적힌 죽은 친구의 전화번호를 지우듯 내 기억에서 당신을 지울 일만 남았다. 5분 전에 애인과 헤어진 여자가 동숭동 샘터 사옥 앞의 횡단보도를 건너고 있다. 그때 샘터 사옥에서 서울대학병원 방향으로 건너오는 사람은 열일곱 명이고, 여자는 그 열일곱 명 중의 한 사람이었다. 저쪽에서 그 여자를 마주보며 걸어와 그 여자의 어깨를 스치며 길을 건넌 사람은 일곱 명이었다. 당신은 사랑을 잃은 뒤에 더 명랑해질 의무가 있는 사람이다. 야산을 헤매며 산삼을 캐러 다닐 때 당신은 더 씩씩하게 밥을 먹고, 비듬이 떨어지는 머리를 더 자주 감는다. 돌아온 탕자같이 내가 정오까지 잠에 빠져 있을 때 당신은 화투패로 일진을 점쳐보거나 어디론가 전화 통화를 하고 있을 것이다.

6월의 저녁들은 순하다. 사람들이 저 살자고 순한 오리 수만 마리를 도살해서 땅에 묻었다. 그 사태를 지켜보며 사람이 얼마나 음란해질 수 있는가를 깨달았다. 몇 만의 산 것들을 땅에 묻은 뒤에도 밤이면 쏟아지는 잠을 참을 수 없고, 자고 난 뒤에는 허기가 져서 열무김치에 밥을 허겁지겁 먹었다. 이렇게 살아도 되는 것일까. 이렇게 살아서는 안 되는 일이 아닐까. 혼돈으로 돌아가자. 나는 이미 너무 질서를 좋아하게 되어버렸지 않은가? 태초에 나는 혼돈에서 나왔고, 그 혼돈을 있는 그대로 견딜 줄 알았다. 어느 사이에 나는 혼돈을 견디지 못하는 자로서 살아간다. 우주는 혼돈이 아닌가. 산다는 것은 혼돈의 표지를 이마에 붙이고 사는 게 아닌가. 빈곤을 견디듯 혼돈을 견딜 줄 알아야 한다. 내 마음에 기쁨이 지극했다. 그 지극함으로 이 세상에 내가 살아 있어서 마음이 더러는 맑은 슬픔에 젖기도 했다. 이 살아 있음의 슬픈 기쁨이라니! 나는 저 루마니아의 염세주의 철학자 에밀 시오랑을 이해할 만하다고 생각한다. "내가 존재한다는 사실은 이 세상이 의미 없다는 것을 증명한다." 젊어서 죽은 자들은 세상의 의미 없음과 제가 상관없다는 알리바이를 증명하려고 한 자들이다. 얼굴에 검버섯이 필 때까지 오래 사는 자는 요절한 자들의 조급함을 멸시할 충분한 자격이 있다.

6월의 푸른 저녁들이 무릎 아래로 흘러간다. 책을 펴도 눈에 들어오지 않고, 밥을 먹어도 살이 되지 않는다. 마음이 번잡하니 몸이 편안하지 않은 탓이다. 마음은 몸에 갇혀 있고 형체 없는 것은 형체 있는 것에 부림을 당한다. 나는 담백한 밥을 구하느라 애썼는가? 나는 시정의 소란스러움에 묻혀 있었는가? 나는 능히 꺾이는 시련을 견뎌냈는가? "능히 담백한 밥을 먹을 수 있는 자라야 바야흐로 특별한 음식을 맛볼 수가 있다. 능히 시정의 소란스러움에 묻혀 있는 자라야 바야흐로 명산에 노님을 허락할 수가 있다. 능히 꺾이어 시련을 겪은 자라야 바야흐로 공명을 이룰 수가 있다."(주석수, 「유몽속영幽夢續影」) 6월은 명산을 주유하기에 알맞은 청산녹수의 달이다. 월악산의 발정난 산양같이 산을 헤매 다니는 자들이 많을 터다. 6월의 뜰에서 보리수 열매는 익어 마치 홍보석처럼 빛난다. 어젯밤에는 공중에 뿌린 듯 많은 반딧불이가 나타나 군무를 추었다.

안회顔回가 공자에게 물었다. "맹손재孟孫才는 그 어머니가 돌아가셨는데, 곡은 했지만 눈물은 없었습니다. 마음에 근심이 큰 것 같지도 않았지요. 상을 치르며 슬퍼하지도 않았습니다. 이 세 가지가 없는데도 상을 잘 치렀다는 소문이 노나라에 퍼졌습니다. 어찌 그럴 수 있습니까? 납득할 수가 없습니다." 이에 공자가 대답했다. "맹손씨는 사람으로 할 일을 다 했다. 보통 사람들이 아는 것보다 앞선 사람이다. 사는 게 무엇이고, 죽는 게 무엇인지, 또 앞서가야 할 까닭이 무엇이고, 뒤따라야 할 까닭이 무엇인지 모두 잊어버린 사람이다. 모든 것을 잊은 채 사물과 더불어 변화를 타고 놀 뿐 근심하지 않는 사람이다. 그러니 맹손씨는 혼자 깨친 사람이다. 나와 너는 지금 꿈을 꾸고 있고, 이 꿈에서 아직 깨어나지 못한 것은 아닐까? 다른 사람을 비난하고 돌아다니는 것보다는 웃는 것이 낫고, 웃음을 즐기는 것보다는 사물과 어울리는 것이 더 나으니, 사물과 편안히 어울려 타고 놀다가 하늘로 들어가도록 하라." 「대종사」에 나오는 얘기다. 안회는 맹손재를 두고 인의가 모자라다고 비난했다. 맹손재는 스스로 의롭다 한 바가 없으나 자기를 비운 상태에서 나아갔으니 흠집이 없다. 마음에 근심이 많은 것은 스스로 흠집이 많은 까닭이다. 그런 사람은 제 참된 마음의 바탕에서 나온 바대로가 아니라 남이 요구하는 예와 격에 따른다. 그게 인의다. 공자는 맹손재가 인의에 매임 없이 참된 마음의 바탕에서 우러나오는 대로 행동했으니, 스스로 깨친 사람이라고 칭찬했다.

　인의는 참된 마음이 아니다. 참된 마음이 그러할 것이라고 예단하고 형식화한 것이 인의다. 인의를 따르고 형식을 지나치게 따지며 사는 것은 낮은 단계의 삶이다. 더 높은 단계의 삶은 본래 타고난 바대로 사는 것이다. 무위자연에 처하면 선악, 미추, 우열, 귀천의 분별은 의미 없다. 오동나무는 오동나무로, 버드나무는 버드나무로, 오소리는 오소리로, 종달새는 종달새로, 호랑이는 호랑이로 오로지 삶을 즐거워할 따름이다. 삶을 즐거워하는 자는 강제적으로 잘 있음이 아니라 자발적으로 잘 있음에 있는 사람이다. 공자 시대의 인의는 오늘날의 국가 권력에서 만든 법 따위로 대체되었다. 그걸 따르지 않고 거스르면 처벌을 받는다. 오늘날의 인의는 사람이 따라야 할 강제적 규율이고, 타율적 규제의 양상을 띤다. 그러나 참된 마음이라는 내면 기율이 삶에 두루 작용하는 사람이라면 굳이 법이 필요 없다. 이른바 법 없이도 살 사람이란 참된 마음의 법, 즉 무위자연에 따라 사는 사람을 가리킨다. 비유컨대 황하와 한수가 얼어붙어도 추운 줄을 모르고, 사나운 벼락이 산을 쪼개고 바람이 불어 바다를 뒤흔들어도 놀라지 않는다. 이런 사람은 구름을 타고 해와 달에 올라 사해 밖에 노니는 까닭이다. 오리는 다리가 짧은 것을 탓하지 않고, 학은 제 다리가 길다고 탓하지 않는다. 그런데 사람은 오리의 다리가 짧다고 비난하면 굳이 길게 늘이려 하고, 학의 다리가 길다고 비난하면 잘라주려고 한다. 이것은 누가 봐도 어리석은 짓이다.

오리의 다리가 짧으면 짧은 대로, 학의 다리가 길면 긴 대로 놓아두는 것이 잘 있음이다. 자기의 본성에 머무는 것이다. 혜능도 본성에 머묾의 중요성을 밝힌 바 있다. "우리는 원래 부처의 본성을 지녔으되 그 본성에서 멀어지면 부처도 없다. 本性是佛離性無別佛" 여기서 부처는 깨달은 사람을 뜻한다. 본성은 하늘에서 준 것이니 하늘의 소리가 가득 차 있다. 본성에 비춰보건대 어긋나지 않는 것은 참되다. 본성은 스스로 맑고 참된 것이니, 그것에서 멀어지는 것은 인위가 많아짐이며 거짓이다.

장자가 "저 인을 예로써 따르는 사람들에게 얼마나 괴로움이 많겠는가?"라고 한 말도 그런 뜻이다. 인의와 예악을 섬기고 따르는 것은 이미 마음이 본성에서 떠난 까닭이다. 그것을 따름은 오리의 다리를 늘이는 일이나 학의 다리를 자르려는 일과 같다.

진흙탕에서
꼬리를 끌지언정

장자가 복수에서 낚시질을 하고 있었다. 초나라 임금이 신하 두 사람을 보내 자신의 뜻을 전했다. "원컨대 나랏일을 맡아주시기 바랍니다." 장자는 낚싯대를 쥔 채 돌아보지도 않고 대답했다. "내가 듣자 하니 초나라에는 죽은 지 3천 년이나 된 신령한 거북이 있는데, 왕께서 그것을 비단으로 싸서 상자에 넣고 사당 위에 잘 모셔두었다 하더군요. 이 거북이 죽어서 뼈를 남겨 귀히 여겨지기를 바랐을까요, 살아서 진흙탕에 꼬리를 끌고 다니고 싶었을까요?" 두 신하가 말했다. "물론 살아서 진흙에 꼬리를 끌고 다니고 싶었겠지요." 장자가 말했다. "돌아가시지요. 가서 왕에게 이르시오. 장자는 진흙탕에 꼬리를 끌고 다니겠다고 하더라고."

『장자』, 「추수秋水」

『장자』의 「추수」 편을 읽는다. 요 임금이 시골에 숨어 사는 허유許由를 찾아가 임금 자리를 맡아달라고 부탁한다. 요 임금은 허유에게 "해나 달이 떴는데 켜놓은 관솔불 빛은 헛된 것이 아니겠습니

5. 본성을 거스르지 말고 살아라   147

까? 때가 되어 비가 오는데 밭에 물을 대고 있으면 그 노고도 헛된 것이 아니겠습니까?"라고 말했다. 허유를 해와 달에 견주고 자신을 하찮은 관솔불에 비유했다. 허유는 임금 자리를 거절했다. 허유는 "뱁새가 깊은 숲속에 둥지를 트는 데는 나뭇가지 하나만 있으면 되고, 두더지가 시내에서 물을 마시는 데는 그 작은 배를 채울 물만 있으면 됩니다"라고 했다. 살아갈 만큼의 생물학적 필요만 충족된다면 사는 데 아무 불편이 없는데, 굳이 임금 자리에 앉을 까닭이 없다고 거절한 것이다. 필요 이상의 부귀와 명예는 헛된 잉여다. 그것은 도리어 삶을 제약하고 자유로움을 물어뜯는다. 허유는 요 임금이 돌아간 뒤에 제 귀가 더러워졌다고 강에 나가 귀를 씻었다고 한다. 「추수」 편을 읽는데, 먼저 「소요유」에 나오는 일화가 떠올랐다.

거북은 신령스러운 존재로 높임을 받았으나 죽은 채로 비단 보자기에 감싸인 상자에 넣어져 사당 위에 모셔졌다. 높은 벼슬자리에 오르는 일은 한편으로 비단 보자기에 감싸인 상자 속에 갇히는 구속이다. 진흙탕에 꼬리를 끌고 다니는 거북은 더러워 보였을지는 모르지만 몸과 마음은 두루 자유로웠을 터. 장자는 안락의 대가로 얻는 구속보다는 진흙에 꼬리를 끌고 다니는 자유를 더 원했다. 헌 베옷을 입고, 가끔은 지인들에게 양식을 꾸기도 할 정도로 가난한 그에게 초나라 신하들이 와서 재상 자리를 제안했을 때 귀가 솔깃하지 않았을까? 재상 자리에 오른다면야 가난도 떨치고 호의호식할 수 있었을 텐데……. 천하를 한가로이 유람하고 낚시질이나 하고 있던 장자는 그 제안을 단칼에 잘라 거절한다. 매임 없이 사는 즐거움을 강조한 장자가 한 나라의 재상 자리를 물리친 것은 너무나 당연한 일이다.

  자유롭기를 바라는가? 남의 눈치 따위나 보며 사는 삶은 결코 자유롭지 않다. 제 마음이 이끄는 대로 자유롭게 사는 것이야말로 올바른 아름다움에 처하는 것이다. 장자나 허유가 그랬듯이. 장자는 올바른 아름다움에 관해 다음과 같이 말한다. "사람은 습한 데서 자면 허리 병이 걸려 죽을 수도 있으나 미꾸라지도 그런가? 사람은 나무 위에 오르면 무서워 벌벌 떨지만 원숭이도 그런가? 이 셋 중에서 누가 올바른 거처를 안다고 할 수 있는가? 사람은 쇠고기나 돼지고기를 먹지만 사슴은 풀을 먹고, 지네는 뱀을 잘 먹고, 올빼미는 쥐를 좋아한다. 이 넷 중에서 누가 올바른 맛을 안다고 할 수 있는가? 원숭이는 비슷한 원숭이와 짝을 맺고, 고라니는 사슴과 교배하고, 미꾸라지는 물고기와 노닌다. 남자들은 모장이나 여희를 아름답다고 하지만 물고기는 보자마자 물 속 깊이 숨어버리고, 새들은 보자마자 더 높이 날아가고, 고라니와 사슴은 보자마자 반드시 멀리 달아난다. 이 넷 중에서 누가 올바른 아름다움을 안다고 할 수 있겠는가? 내 관점으로는 인의와 단서와 시비의 갈림길이 어지럽게 얽혀 있으니 내 어찌 그 분별을 다 헤아려 알겠는가?"「제물론」 사람들은 모장이나 여희의 미색을 찬양하지만 물고기나 새들은 그 아름다움을 알지 못한다. 그래서 물고기는 물 속 깊이 숨고, 새들은 쉬이 날아가버린다. 선악, 미추, 귀천은 어떤 잣대로 재느냐에 따라서 얼마든지 달라질 수 있다. 이것들은 가치의 상대적 개념에 지나지 않기 때문이다. 가난이 불편하기는 하지만 반드시 나쁜 것만은 아니다. 물에서 물고기가 헤엄치듯 공중에서 새가 날듯 사람도 제 본성의 제약 없이 자유로워야 한다. 가난에 처하면 자유로울 수 있지만 재상 자리는 삶을 구속한다. 장자는 재상 자리에 앉는 것이 "죽은 지 3천 년이나 된 신령한 거북이 있는데, 왕께서 그것을 비단으로 싸서 상자에 넣고 사당 위에 잘 모셔둔 것"과 같다고 말한다. 반면에 물 마시고 나물 먹고 베옷을 입고 한가로이 노니며 사는 것은 산 거북이 진흙탕에 꼬리를 끌며 사는 것과 같다고 말한다.

청명과 한식이 지나고 그 사이에 봄비가 몇 차례 지나간다. 산앵두나무가 흰 꽃을 매달고, 돌배나무도 자잘한 꽃망울을 매달았다. 집 옆 둔덕에 서있는 벽오동나무에는 잎이 돋지 않았다. 물가에 나란히 늘어선 버드나무들에는 새잎이 돋아 초록이 나날이 짙어가고, 개화한 벚꽃은 봄비를 맞아 덧없이 떨어졌다. 벚나무 아래 떨어진 흰 잎들이 낭자하다. 겨울의 신고**를 견디고 피운 꽃인데, 매정한 봄비에 며칠을 못 견디고 낙화한다. 꽃비 내리는 벚나무 아래 잠시 서있는데, 가슴이 아릿하다. 사람이나 나무나 다르지 않다는 데 생각이 미친 것이다. 나무가 땅에 뿌리를 박고 서있듯 사람 역시 현실들 사이에 서있다. "건강이란 현실을 잃어버리지 않고 현실들 사이의 공간 속에 서있을 수 있는 능력"(필립 M. 브롬버그)이다. 사람이 자라서 인지가 넓어지면 자아에 잎이 돋고 꽃을 피운다. 나무들이 그러하듯 자아가 피운 잎과 꽃도 떨어진다. 나무들은 한 자리에 붙박여 사는 존재지만 발 달린 사람은 움직이는 녹색 불꽃이다.

텃밭 둔덕에 여덟 해 전에 심은 살구나무들이 꽃을 피운다. 살구꽃은 분홍색이다. 살구꽃은 소박하고 검손하나 그 피어나는 미색을 감출 길이 없는 시골 처녀. 벚꽃은 기분을 화창하게 하지만 나이가 들수록 살구꽃에 더 정감이 간다. 집 모퉁이를 돌아 만나는 꽃망울을 맺은 살구나무는 첫사랑인 듯 가슴을 설레게 한다. "봄바람 홀연 그쳐 청명 가까운데/ 가랑비 부슬부슬 늦도록 개질 않네./ 집 모퉁이 살구나무 활짝 피려는데/ 물방울 머금은 가지 몇 개 사람 향해 기울인다."(권근, 「봄날 성 남쪽에서」) 벚꽃과 살구꽃과 복사꽃이 진 뒤에 배꽃이 그 뒤를 잇는다. 어느덧 배나무 가지마다 꽃망울이 맺혔다. 그 꽃망울들마다 진주알처럼 영롱한 빗방울이 맺혀 있다. 한 닷새쯤 뒤면 배꽃이 피겠다. 명자나무 아래에 뾰족한 뿔 모양을 하고 비비추들이 땅거죽을 밀며 돋고, 모란 움은 한 뼘이 넘게 자랐다. 비비추들은 군집을 이루고 초록 뿔처럼 돋아나는 이때가 가장 보기가 좋다. 모란은 움이 막 돋을 때, 그리고 꽃이 필 때가 좋다. 젊은 이장네의 말뚝에 매인 검은 염소가 종일 애처롭게 운다. 그 소리를 듣고 점심을 먹고 다시 그 소리를 들으며 저녁을 먹는다. 모란꽃이 피려면 한 달은 더 기다려야 한다.

개구리는 웅덩이에 알을 낳고, 붕어들은 얕은 물에 나와 수초 무성한 곳에 산란을 하고, 유혈목이는 뜰에 두 번쯤 나타나 제 건재를 뽐내고, 산뽕나무에 오디가 달릴 무렵 모란은 꽃을 피운다. 배나무 가지에 맺힌 꽃망울을 들여다보다가 노랑어리연꽃을 심었던 돌확 청소를 한다. 작년의 노랑어리연꽃 줄기는 꺼멓게 썩었다. 그것들을 거둬내 돌확을 비우고 맑은 물을 채운다. 올해 다시 노랑어리연꽃을 구해다 심어야 한다. 노랑어리연꽃은 조름나물과의 다년생 수초로 여름에 엄지 손톱만 한 노란색의 꽃을 피운다. 꽃은 작으며 화려하지 않고 소박하다. 다년생 수초이니 겨울을 날 수 있도록 돌본다면 해마다 꽃을 볼 수가 있다. 정학유는 『시명다식詩名多識』에서 "뿌리는 물 밑에서 자라고 줄기는 비녀의 두 갈래 가지와 같으며, 위는 푸르고 아래는 희다. 잎은 자주색이고, 둘레는 지름이 한 치 남짓이며, 수면에 떠있다"라고 썼다. 무엇보다 노랑어리연꽃이 자라는 돌확은 우리집 뜰을 찾는 개구리들의 훌륭한 쉼터다. 개구리들은 돌확에 올라앉아 몸을 말리다가 사람 기척이 나면 얼른 물 속으로 뛰어들어 노랑어리연꽃 녹색 잎 아래로 몸을 숨긴다.

시골로 거처를 옮긴 뒤 봄마다 가례家禮를 치르듯 참 많은 나무들을 구해다 심었다. 식물원 사람들이 가르쳐준 대로 뿌리를 묻은 흙이 걸죽하도록 물을 주고 정성을 기울이지만 어떤 나무들은 해를 넘기지 못하고 죽는다. 이듬해에 더 많은 나무들을 구해다 심었다. 그 나무들이 자라 꽃나무는 꽃을 피우고 유실수는 열매를 맺는다. 올해는 모란과 매화나무를 몇 주 구해다 심을 작정이다. 옛 어른 장자는 "하루의 계획으로 파초를 심고, 한 해의 계획으로 대나무를 심으며, 10년의 계획으로 버들을 심고, 1백 년의 계획으로 소나무를 심는다"고 했다. 대나무는 성장이 빨라 올해 심으면 내년에 그 바람소리를 즐길 수 있고, 소나무는 성장이 더뎌 낙락장송이 되기까지는 한 세기를 기다려야 한다. 오늘 내가 소나무를 심는 까닭은 나를 위함이 아니고 아들이나 손자를 위한 것이다. 아니다. 소나무를 심는 것은 나를 위함이다. 더디게 성장하는 소나무는 사람에게 기다림과 조용함의 지혜를 가르친다.

종일 봄비가 가랑가랑 내린다. 마른 메주같이 갈라진 땅들이 가랑비에 촉촉하게 젖어간다. 땅들이 봄비를 모유처럼 수유하는 동안, 동고비가 아직 잎 피지 않은 감나무 가지에 앉아 한참을 울다 간다. 동고비가 날아간 뒤 집은 다시 깊은 적막에 잠긴다. 그 적막을 깨는 것은 느닷없이 고요를 깨는 경망스러운 장끼들이다. 마른 덤불에서 공중으로 솟은 장끼들이 호들갑스럽게 울음소리를 흩뿌리며 날아간다. 장끼들의 울음소리는 쇠붙이가 깨지는 소리를 닮았다. 장끼는 매를 들기도 전에 어이구어이구 비명을 지르는 아이처럼 시끄럽다. 딱히 천적이 없는 탓인지 해마다 장끼들은 그 개체수가 늘어난다. 장끼가 날아간 뒤 멧비둘기가 구구국대며 운다. 멧비둘기는 꼬리가 짧고 청흑색이고 한 번 울기 시작하면 하루 종일 운다. 멧비둘기 울음소리는 단조롭고 지루해서 귀 기울일 만한 매혹이 없다. 심야전기 보일러로 난방을 하는

데 보일러를 끈 지 오래되어 서재에는 냉기가 돈다. 오후 내내 서재에서 무릎 위에 담요를 덮고 책을 읽는다. 어린 봄비들이 맨발로 다녀가는 집 안팎은 고요하고, 당시(唐詩)의 삼매경에 들어 봄날 오후를 흘려보낸다. 유창한 언변을 가진 좌뇌가 입을 다문 동안, 강하고 조용한 우뇌의 스크린 위로 번쩍이는 영감들, 위대한 시 몇 구절, 무지개와 같이 피어나는 환상들이 스쳐간다.

   비_ 비는 민물이다. 혀를 내밀어 빗방울 몇 개를 맛보라. 빗방울은 피나 육고기보다 훨씬 싱겁고 밍밍하다. 비는 구름 위에 살다가 어느 날 갑자기 땅으로 추락하는 천사다. 기상청의 일기예보는 언제나 조금씩 어긋난다. 비는 늘 일기예보와는 어긋나기로 작정한 것처럼 보인다. 제가 내리고 싶을 때 내리고 그러고 싶지 않을 때는 꼼짝도 않는다. 비구름이 잔뜩 꼈는데, 비가 오지 않는다면 비들이 심술을 부리고 있는 것이다. 당신이 우산을 갖고 외출한 날에는 비가 내리지 않고, 우산을 놓고 나온 날에는 느닷없이 비가 내린다. 비는 망나니나 변덕이 심한 여자임에 틀림없다. 비가 당신에게 장난을 거는 것이다. 지표면 위를 떠도는 물들 대부분은 염분을 잔뜩 머금은 짠물이다. 그러나 비는 민물로써 제 운명을 시작한다. 비의 일부는 땅으로 스미고 나머지는 호수나 바다로 흘러간다. 많은 비들은 증발해서 다시 구름으로 돌아간다. 이것이 비의 일생이다. 내 몸, 더 콕 집어 말하자면 뱃속은 강과 물고기와 나무와 그 열매들의 무덤이다. 비는 늪과 강과 호수와 숲을 기른다. 비는 하늘의 젖이다. 하늘은 그 젖을 내서 모든 산 것들을 비옥하게 기른다. 내 몸의 70퍼센트가 물인 것도 우연이 아니다. 내 뼈와 혈관들, 그리고 꿈조차도 빗방울의 연대와 관련이 있다. 나는 비의 살을 뜯어먹고 비의 피를 마시며 살아간다.

　봄비_ 봄비는 겨우내 딱딱하게 얼어붙은 땅을 두드리며 온다. 비들은 오, 저 "시체들의 창고"(파블로 네루다)인 땅을 맹인이 지팡이로 두드리듯 두드린다. 그 소리를 들으며 얼어붙은 땅은 풀리고 땅 속에 숨은 씨앗들은 싹을 땅거죽 밖으로 밀어낸다. 봄비가 충분히 내리고 난 뒤에야 작약의 붉은 움이 돋고 모란의 묵은 가지들에도 꽃눈이 돋는다. 들창 너머로 혼자 내다보는 봄비는 쓸쓸하다. 곡식이 있으면 밥을 끓이고 곡식이 끊기면 굶는다. 하루도 거르지 않는 일은 책 읽는 것이다. 깊은 산속 쑥대 갈대 아래 숨어 사는 오류선생이나 다름없다. 이승의 인연들을 끊고 시골 구석에 들어와 빗소리나 키우며 사는 건 그윽하지도 슬프지도 않다. 다만 조금 적적할 뿐이다. 살을 맞대고 체온과 냄새를 킁킁거리며 잠들 이가 곁에 없으니 죽은 혼령이라도 불러내 함께 술 마시고 싶다. 술상을 본 뒤뜰의 소나무에게 작위(爵位)를 주고 대작을 한다. 나 한 잔 소나무 한 잔. 모란 꽃망울이 맺었으니, 이 아니 기쁜가, 하고 한 잔, 박새가 우편함 속에 둥지를 틀고 알을 낳았으니, 이 아니 신기한가, 하고 또 한 잔. 봄비 속에 날이 저물고 건너편 함석집 굴뚝에서 저녁밥 짓는 연기가 오른다.

여름비_ 여름비는 장대비다. 봄비가 소심하다면 여름비는 대범하다. 봄비가 내적 숙고가 깊다면 여름비는 의지가 굳고 뜻이 강직하다. 그래서 한번 내리는 비는 좀처럼 그치지 않는다. 마당 끝에 서있는 석류나무가 예비신자 교리반에 든 신실한 처녀같이 비를 맞는다. 석류나무는 그레고리안 성가^{聖歌}에 귀를 기울이듯 여름비 소리에 귀를 기울인다. 여름비는 닷새고 일주일이고 연이어 내린다. 금세 도랑물이 넘치고 밤새 물 내려가는 소리가 크고 거칠다. 하천이 범람하면 밤마다 그 하천을 길 삼아 돌아다니는 너구리 어미와 그 새끼들은 어쩌나, 하는 걱정이 앞선다. 도시에서 갑작스럽게 비를 만나면 연인들은 카페나 영화관으로 피신한다. 비오는 날엔 카페와 영화관이 젊은 연인들로 붐빈다. 나는 여름비에 꼼짝도 못하고 거실에 갇혀 지낸다. 어느 날 아침 나는 쇠똥구리로 변해 있었다. 몸통은 딱딱하고 머리에는 더듬이가 돋아 있었다. 여름비가 내릴 때는 이런 변신도 그다지 신기한 일이 못 된다. 나는 다른 날과 다름없이 일어나 책을 읽고 대나무 발 너머 벽오동 잎사귀에 후두둑 이는 빗소리를 들으며 낮잠을 잔다. 그리고 깨어나 메추리 알 두 개를 먹고 풀잎을 조금 뜯어먹은 뒤 바느질 하는 중국 소녀에 대해 5분간 생각했다.

가을비_ 들은 텅 비고 허수아비들은 갑자기 실직을 한다. 그 텅 빈 들을 적시며 비가 온다. 모든 곡식을 다 거둔 뒤 내리는 가을비는 쓸모없다. 그 잉여. 그 한가로움. 젊어서는 모든 일이 순조롭지 않았다. 가난, 중도 퇴학, 실연, 사업 실패들이 이어졌다. 가난 때문에 5남매는 한 이불을 덮고 자고, 소풍을 가본 적이 없었다. 학교를 중도에 그만두고 시립도서관을 다니며 책을 읽었다. 나는 드라큘라처럼 책들의 희디 흰 목에 이빨을 박고 그 정수를 빨아먹었다. 그 순조롭지 않음도 기회라고 여겼다. 번성했던 제국들도 멸망하는데, 나 하나쯤의 실패가 무슨 큰 대수일까. 그 기회들을 기꺼이 받아들여 나태하지 않고 부지런할 수 있었다. 젊은 날엔 부지런한 방앗간집 주인의 말처럼 뼈가 휘도록 일했으니 나이가 들어서는 역경과 대면하고 싶지 않다. 되도록이면 역경을 피해 한가로움에 처하고 싶다. 평생 순종하는 착한 아내와 같은 순조로운 노년을 맞고 싶다. 나는 보르헤스같이 실명한 뒤 국립도서관장이 되고 싶다. 그것은 불가능한 꿈이다. 내게는 아무래도 시각을 청각의 세계로 바꾸는 일이 불가능할 듯싶다. 나는 가을비가 추적추적 내릴 때 아무도 읽지 않을 자서전이나 열심히 쓰고 싶다.

겨울비 _ "비는 희생양이다. 사람들은 자신의 태만, 과오, 기만을 숨기기 위해 비를 이용한다."(마르탱 파주) 모든 게 비 때문이었어. 내가 늦은 건 비 때문이야. 내 연애가 깨진 건 비 때문이야. 내가 취업에 실패한 건 비 때문이야. 비는 모든 통계에서 부정확과 착오의 원인 제공자로 오해되었다. 비는 오랜 세월 동안 누명을 쓰고 본의 아니게 악명을 떨쳤다. 그것은 비의 잘못이 아니다. 비는 무죄다. 겨울날 이른 저녁 금광호수 일대를 적시며 오는 겨울비는 무죄다, 무죄다, 라고 중얼거리며 내린다. 겨울은 들과 대지를 유형지로 바꾼다. 떠날 것들은 남김없이 떠나고 난 뒤 아직 유배가 풀리지 않은 것들만 남아 비를 맞는다. 차가운 비는 창살들이다. 비는 창살들 속에 들과 대지를 가둔다. 겨울비 내리는 동안에 할 수 있는 일들은 그다지 많지 않다. 지나간 생과 그 생이 품고 있는 과오들에 대해 길게 후회하는 일만 남는다. "시간이여, 매순간 세상의 수많은 사물들을 보지 못하고 지나친 데 대해 뉘우치노라./ 지나간 옛사랑이여, 새로운 사랑을 첫사랑으로 착각한 점 뉘우치노라./ 먼 나라에서 일어난 전쟁이여, 태연하게 집으로 꽃을 사 들고 가는 나를 부디 용서하라."(쉼보르스카, 「작은 별 아래서」)

밤 들어 하늘이 말갛게 개고, 아기 잇몸에 앞니가 돋듯 봄밤 하늘에 별들이 돋는다. 안드로메다에서 수억 광년을 지나오는 별빛을 바라보며 저 하천 쪽에서 우는 개구리 울음소리에 망연히 귀를 기울인다. 페루에서 한 늙은이가 마른 기침을 하고, 쿠바의 아바나에서 결혼한 지 넉 달 된 젊은 여자가 집에서 방금 건강한 사내애를 출산하고, 중국의 난징에서 수를 놓던 열일곱 살의 소녀는 방금 잠자리에 들었다. 어디선가 멧비둘기가 낮고 탁한 소리를 내며 울고, 벚꽃들은 하염없이 떨어지고, 수명을 다한 별들은 블랙홀 속으로 사라지는 봄밤이다. 나는 술에도 취하지 않은 채 맑은 정신으로 검은 밤의 한가운데 뜰의 끝자락에 서있다. 낮에 잉잉거리던 벌떼들은 다 어디로 간 것일까. 복〔독사〕과 훼〔살모사〕는 어디에 웅크리고 있을까. 파랗게 빛나는 지구별이 우주라는 바다 위로 끝도 없이 흘러간다. 내가 홀로 연모하는 그 여자도 지금쯤은 잠이 들었겠다. 내 허벅지는 대리석처럼 차갑고, "번개로 가득 찬 항아리"(다이앤 애커먼) 같은 내 뇌는 조용하다. 살아서 몇 줄의 시와 몇 권의 책을 겨우 썼을 뿐, 나는 큰 보람이 없었다. 석류는 가을에 속을 채우며 붉게 익지만 나는 언제쯤 홍보석같이 빛나는 붉은 알갱이들로 꽉 찬 채 둥그렇게 익어갈 수 있을까.

본성이 시키는 바에 따라 사는 것이 바른 삶이다. 죽어서 박제가 된 몸으로 비단 보자기에 싸인 상자에 갇혀 사당에 놓여 있기보다는 살아서 진흙을 묻히며 살겠다는 것은 본성의 즐거움에서 삶을 구하겠다는 뜻이다. 장자는 권력의 자리에 앉는 것을 "올빼미가 썩은 쥐를 얻은 것"에 비유한다. 사람들은 그것을 얻으면 잃을까 두려워한다. 사슴이나 원숭이나 물고기는 다 제 본성에 따라 산다. 유독 사람만이 인위 속에서 삶을 구한다. 인위는 임의적인 규범일 따름인데도 그것에 목매단다. 훨훨 자유롭게 노님이 아닌 것은 전부 인위에 속한다. 9만 리 장천을 훨훨 나는 대붕은 변화와 초월을 자유롭게 넘나들며 사는 것의 표상이다. 올빼미는 권력이라는 썩은 쥐를 움켜쥐고 그것을 잃을까 두려워하지만, 봉황은 "오동나무가 아니면 앉지를 않고, 대나무 열매가 아니면 먹지를 않고, 단 샘물이 아니면 마시지를 않는다"(『추수』)고 했다. 올빼미로 살 것이냐, 봉황으로 살 것이냐. 죽어 사당에 모셔지는 거북으로 살 것이냐, 산 거북으로 진흙탕을 구르며 살 것이냐.

꿩은 열 걸음 걸어
모이를 쪼고

들에 사는 꿩은 열 걸음 걸어 모이를 한 번 쪼고, 1백 걸음 걸어 물을 한 모금 마시지만, 그래도 조롱 속에서 길러주기를 바라지 않는다. 먹고 살기야 편하겠지만 바람직한 것은 아니다.

『장자』, 「양생주養生主」

『장자』의 「양생주」 편을 읽는다. "들에 사는 꿩은 열 걸음 걸어 먹이를 한 번 쪼고, 1백 걸음 걸어 물을 한 모금 마시지만, 그래도 조롱 속에서 안락하기를 바라지 않는다. 먹고 살기야 편하겠지만 바람직한 것은 아니다." 꿩은 조롱이 아니라 들에 살기를 더 바란다. 그렇게 본성을 타고 났기 때문이다. 들이 꿩의 천성이라면 조롱은 꿩에게는 인위인 까닭이다. 불편한 것이 사는 길이고, 편한 것은 죽는 길이다. 탐식은 정신을 탁하게 하고, 안락은 뼈를 약하게 한다. "자연본성은 생명의 본질"이다. 들에서 찬바람을 맞고 거친 섭생을 하며 살도록 설계된 꿩을 조롱에 가두는 일은 그 생명의 본질을 거슬러 인위에 따르도록 강제하는 짓이다. 꿩은 들에서 고요하여 의도하는 바가 없는 삶을 살지만 조롱에서는 인위 때문에 마음이 늘 어지러운 상황에 처하게 된다. 갇힘으로 자유를 저당 잡혀 굴종의 삶을 구하는 격이다.

 들에 사는 새는 공중을 바람을 타고 난다. 그리고 감히 하늘을 자신의 것이라고 노래한다. "자유로운 새는/ 바람을 등지고 날아올라/ 바람의 흐름이 멈출 때까지/ 그 흐름을 따라 떠다닌다./ 그리고 그의 날개를/ 주황빛 속에 담그고/ 감히 하늘을 자신의 것이라고 주장한다.// 하지만 좁은 새장에서/ 뽐내며 걷는 새는/ 그의 분노의 창살 사이로/ 내다볼 수 없다./ 날개는 잘려지고/ 발은 묶여/ 그는 목을 열어 노래한다.// 새장에 갇힌 새는 노래한다./ 겁이 나 떨리는 소리로/ 잘 알지 못하지만 여전히/ 갈망하고 있는 것들에 관해./ 그의 노랫소리는/ 저 먼 언덕에서도 들린다./ 새장에 갇힌 새는/ 자유에 대해 노래하기 때문이다."(마야 안젤루, 1928~ , 「새장에 갇힌 새」) 새장에 갇힌 새는 날개가 잘리고 발이 묶인 새다. 이 세상의 모든 구속받는 자들만이 빼앗긴 자유를 갈망하며 자유를 노래한다. 들에서 태어난 것은 들에서 살도록 놓아두라. 우리를 가두는 것은 감옥의 창살만이 아니다. 조롱은 헛되이 얻는 이름이요, 재물이고, 욕망함 자체이고, 미혹(迷惑)의 표상이다. 그것들은 눈에 보이지 않게 사람들을 가둔다.

 오늘날의 사람들은 모두 거친 들보다는 안락한 조롱을 더 구하고 취하고자 한다. 사람들은 그게 죽는 길이라는 걸 모른다. 물에 있는 물고기는 물 안에서 평화롭고 공중에 나는 새는 공중에서 자유롭다. 오로지 새장에 갇힌 새만이 자유를 갈구하며 애타게 노래한다. 안락을 취하고 풍요에 탐닉하지 마라. 그러는 순간 영혼은 안락과 풍요의 창살에 갇힌다. 열 걸음 걸어 먹이를 한 번 쪼고, 1백 걸음 걸어 물을 한 모금 마시는 저 미물을 보라. 인위를 물리치고 무위에 처한 꿩은 "종일 울어도 목이 쉬지 않는" 어린아이와 같은 정기의 극치 안에 있다. 미물에게서도 배울 게 있다면 마땅히 배워야 하리. 꿩은 우리에게 조롱의 안락보다 들의 자유를 취하라고 가르친다. 들사람이 되어라. 자유로운 영혼이 되어라. 그리하면 뼈가 정기로 가득 차 굳세고, 영혼은 덕으로 가득 차 가벼우면서도 단단해지리라.

올여름도 끔찍하게 무더웠다. 내 이력履歷에 올여름의 무더위에도 죽지 않고 살아남았다, 라고 한 줄을 보태게 될 것이다. 태양 아래에 서면 햇볕은 마치 심벌즈를 울리는 것 같고, 하얗게 쏟아지는 그 일광 속에서 설산같이 거대한 머리를 가진 흰 고래 수천 마리가 날뛰는 것 같다. 나는 흰 고래와 싸우는 에이허브 선장이 아니다. 황금빛으로 부동하는 여름은 너무 강해서 '너는 내 호적수야!' 하고 그 여름에 대차게 달려들기엔 내 육신은 가냘프다. 날이 더우니 밥맛도 잃고, 열대야 때문에 잠을 설치기 일쑤였다. 매미는 한밤중에도 극성스럽게 울어댔다. 아무리 뜨거운 햇볕도 절기를 이길 수는 없다. 입추 지나자 땡볕은 한결 누그러지고, 새벽녘엔 찬 기운 때문에 여름내 열어놓던 덧창을 여며 닫아야 한다.

우리는 때때로 폭염도 유익하다는 사실을 잊는다. 광합성 작용으로 자연의 정기를 빨아들이는 식물들에게 여름철의 땡볕은 축복이다. 땡볕은 장애물이 아니다. 땡볕은 타오르고, 그 땡볕 아래서 나무들은 제 생명을 수직으로 곧게 세운다. 땡볕 아래서 나무들은 늠름하다. "나는 살아간다! 이것으로 충분하지 않은가!" 땡볕을 받은 숲과 나무들은 가지를 뻗고 잎을 무성하게 피워내 울울창창 번성한다. 땡볕에 영주 부석사 일대의 과수원 사과나무들에서는 사과들이 붉게 익고, 김제 너른 들의 벼들은 바람이 불 때마다 금빛 소매들을 흔들고 있다. 땡볕을 받아야 벼에는 알곡이 차고, 천지에 양의 기운이 충만할 때 비로소 대추도 익는다. "천둥이 울면/ 천둥을 받아먹고/ 번개가 치면/ 번개를 받아먹고/ 옳구나, 붉고 둥글게/ 잘 여물었다."(장시,「대추」) 인생도 마찬가지다. 시련과 고난이 없다면 큰 사람 되기는 애당초 글렀다. 시련을 이긴 뒤에야 비로소 도량이 두루 넓고 인격이 깊은 사람이 되는 법이다. 가난을 참아내지 못한다면 유복도 참아내지 못한다. 가난 때문에 영혼은 황폐해지고, 유복 때문에 영혼은 쉬이 방탕에 빠져 부패한다. 가난을 견뎌 지복으로 삼을 줄 알아야만 유복에도 영혼이 나약으로 휘지 않고 옳은 바에 굳셀 수가 있다.

가을은 불현듯 시작한다. 어느 날 아침 우표도 소인도 찍히지 않은 편지와 같이 가을이 배달되는 것이다. 지난 여름에 빗물에 젖었던 가죽 구두에는 곰팡이가 피었다. 신발장을 열 때마다 퀴퀴한 냄새를 피우며 제 존재를 과시하는 그 곰팡이만이 지난 여름을 증언할 것이다. 여름의 그 많던 자산을 삽시간에 털어먹은 탕자의 기분이 되어서 나는 가을을 맞는다. 사람들의 발 밑에서 그림자들이 길어질 때 지병을 가진 이들은 지병이 깊어져 유서를 새로 작성하고, 가출한 아이들은 집으로 돌아갈 때를 놓치고 더 먼 곳을 떠돌게 된다. 반쯤 베어 먹고 탁자에 둔 사과는 갈변하는 단면들을 우울하게 드러내고, 변심한 애인은 헤어진 애인이 제 몸에 새긴 문신들을 지우려고 병원을 찾는다. 당신은 더 자주 강가에 나가고 강변에 서있는 시간이 길어진다. 10월 하순께 어느 날에 마침내 서리가 내린다. 방충망에 달라붙어 있던 매미들이 창문 아래에 수북하게 쌓여 있다. 땅속에 수많은 매미 유충들이 성충이 되기를 기다리고 있는 동안 울음을 쏟아내던 매미들은 죽는 것이다. 첫서리가 내린 날 아침의 조간신문에는 우연히 붙잡힌 연쇄살인범의 마스크로 가린 얼굴 사진과, 청탁 대가로 거액을 받아 챙긴 혐의로 긴급 체포된 검찰 수뇌부의 사진이 공교롭게도 나란히 실려 있다. 서리 내린 아침에 황국의 노란 꽃잎들은 빛난다. 첫서리 내린 날 작년에 입었던 헐렁헐렁한 스웨터를 찾아 걸친다.

　추분이 지나면 낮의 길이가 급격하게 짧아지는 대신에 밤의 길이는 길어진다. 저녁들은 다정하게 왔다가 고요하게 사라진다. 마른 공기가 구워낸 노을은 이 세상을 마치 꽃의 내부인 양 휘황하게 물들이다가 천천히 물러갔다. 미혼인 자들은 결혼 준비에 바쁘고, 음모를 꾸미는 자들은 음모를 꾸미느라 바쁘고, 장사하는 사람들은 장사하느라 바빴다. 이 세상에 바쁘지 않은 것은 죽어가는 사람과 이미 죽은 사람들뿐이다. 나는 바쁜가 하면 한가롭고, 한가로운가 하면 바쁜 사람 축에 든다. 바람이 좋은 날에는 이빨을 닦고 밀린 빨래들을 했다. 구석구석에 숨어 있던 빨랫감들을 끄집어내 빨래들을 다 끝내고 빨랫줄에 넌 뒤에 감자조림을 만든다. 집 안에는 감자조림 만들 때 간장이 졸며 퍼지는 냄새로 가득 찼다. 오후에는 창문을 활짝 열고 꽃차를 끓인 뒤 한가롭게 『당시전집(唐詩全集)』을 펼쳤다. 『당시전집』은 슬픔이 없는 슬픔을 어루만져 줄 것이다. 붉은머리오목눈이가 창가 근처 나무에 날아와 운다. 늦은 오후에는 속옷을 갈아입고 낮은 허밍으로 익숙한 유행가를 흥얼대며 산림욕장을 다녀온다. 등에는 약간의 땀이 밴다.

한동안 단 한 점의 의혹도, 뼛속까지 저리게 하는 슬픔도 내게는 없었다. 의혹도 슬픔도 없다면 남는 것은 권태와 환멸뿐이다. "벼락과 해일만이 길일지라도" 슬픔과 함께 가는 삶은 숭고한 법이다. "노래가 낫기는 그중 나아도/ 구름까지 갔다간 되돌아오고,/ 네 발굽을 쳐 달려간 말은/ 바닷가에 가 멎어버렸다./ 활로 잡은 산돼지, 매로 잡은 산새들에도/ 이제는 벌써 입맛을 잃었다. (중략) 문 열어라 꽃아. 문 열어라/ 벼락과 해일(海溢)만이 길일지라도/ 문 열어라 꽃아. 문 열어라 꽃아." (서정주, 「꽃밭의 독백」) 한동안 의혹과 슬픔이 없는 사치를 누렸는데 이는 차라리 굴욕이다. 나는 그 사치를 누리며 내내 부끄럽고 송구했다. 너는 사람도 아니었어. 너는 짐승이었어. 아아, 누군가 내게 저주를 퍼붓는다. 낮의 길이가 덧없이 짧아진 것은 계절의 책임이라고 해도, 황국의 노란 꽃잎이 떨어진 것과 당신이 지하철역 계단에서 발을 삐끗한 것은 내 책임이다. 잡범들이 묵는 감방에 두 달 있는 동안 사기 전과 14범인 노인네는 새벽마다 천수경을 외웠다. 그 노인네가 낮게 웅얼대며 외는 천수경 소리를 잠결에 들었는데, 그때마다 새벽잠이 달콤했다. 그 노인네가 마음을 돌이켜 다시는 감옥을 들랑거리지 않았으면 좋겠다. 그러나 염불도 갓난아기의 염불이 좋고, 꽃도 아침에 피어나는 꽃이 좋다. 내 슬픔을 위하여, 내 한 점 의혹을 위하여 "문 열어라 꽃아. 문 열어라 꽃아". 내가 기어코 너를 열고 네 몸 속으로 들어가보리라.

들에 사는 꿩은 열 걸음 걸어 모이를 한 번 쪼고, 1백 걸음 걸어 물을 한 모금 마셨다. 조롱의 안락보다는 들의 거친 삶이 더 자유롭다. 제 본성대로 살 수 있기 때문이다. 까마귀도 그렇고, 늑대도 그렇고, 사람도 자연 본성에 따라 살아야 잘 살 수 있다. 만물은 잘 살리면 인위가 아니라 천성에 맞는 자연의 도를 배우고 익혀야 한다. 허나 사람은 작은 이익에 집착해 큰 도를 놓친다. 조삼모사^{朝三暮四}의 우화에 나오는 원숭이들을 살펴보자. 이 우화는 쓸모없는 집착의 어리석음에 대해서 말한다. 실질과 명목에서 아무 차이가 없는데도 아침에 세 개냐, 저녁에 세 개냐에 따라 원숭이는 불같이 화를 내거나 웃었다. 이 우스꽝스러운 행태를 보인 원숭이는 장삼이사를 가리킨다. "원숭이 기르는 사람이 원숭이들에게 도토리를 주면서 '아침에 셋, 저녁에 넷을 주겠다'고 말했다. 원숭이들은 모두 성을 냈다. 그러자 주인은 '그러면 아침에 넷, 저녁에 셋을 주겠다'고 말했다. 원숭이들은 모두 기뻐했다. 명목이나 실질에서 덜어낸 것이 없는데도 원숭이들은 성을 내다가 기뻐했다. 원숭이 기르는 사람은 옳다고 한 것을 따랐을 뿐이다. 그러므로 성인은 시비를 화합하여 하늘의 균형에 머물게 한다. 이를 일러 '양행兩行'이라고 한다."(「제물론」) 누가 이 원숭이들을 비웃을 수 있겠는가? 사물이 본래 하나임을 알지 못하고 죽도록 한쪽만을 집착한다면 이 우화 속의 원숭이와 다를 바가 없다. 성인은 삶과 죽음, 꿈과 현실, 있음과 없음, 아름다움과 추함을 분별없이 보지만, 덜 깨우친 사람은 둘 중의 하나에 매인 마음을 어쩌지 못한다. 그리하여 마음이 고요하지 못하고 분냄이 일어난다. 그러나 성인은 시비를 화합하여 하늘의 균형에 머물게 한다고 했다. 그것을 양행이라고 한다. 한 눈으로 두 길 보기, 즉 사물의 양면을 동시에 본다는 뜻이다.

장과 곡은 양을 잃어버렸네

장(臧)과 곡(穀) 두 사람이 양을 치다가 양을 잃어버렸다. 그 까닭을 묻자 장은 양을 칠 때 책을 읽고 있었다고 했으며, 곡은 양을 칠 때 놀음판에서 놀고 있었다고 했다. 이 두 사람이 한 짓은 달랐지만 양을 잃어버렸다는 점에서는 같다.

「장자」, 「변무」

장과 곡은 기어코 일을 냈다! 주인이 돌보라고 맡긴 양들을 잃어버렸으니 주인에게 야단을 맞게 생겼다. 양은 네 발을 가졌으니 제가 가고 싶은 곳으로 가버렸다. 양을 돌볼 책임을 지고 있는 장과 곡은 딴 짓을 하고 있었다. 장과 곡의 하는 짓은 달랐지만 양을 잃어버렸다는 점에서는 같다. 뒤늦게 울고불고 해봐야 소용 없는 짓이다. 멀리 가버린 양은 돌아오지 않는다. 양을 잃어버린 것은 흉사다. 그 흉사가 일어난 까닭은 미혹에 빠졌기 때문이다. 그렇다고 미혹이 다 같은 미혹은 아니다. "작은 미혹은 나라를 바꾸고, 큰 미혹은 천성을 바꾼다."(「변무」) 장과 곡은 다른 곡절로 양을 잃었지만, 그로 인해 주인의 신임을 잃었다는 점에서는 같다. 반대로 주인이 맡긴 가축을 잘 돌봐 주인의 신임을 얻은 경우도 있다. "백리해(百里奚)는 작위를 마음에 두지 않고 오로지 소를 잘 키우고 살찌우는 것에 전념하였다. 이로 인해 진나라 목공(穆公)은 그의 비천한 지위를 잊어버리고 나라의 정사를 그에게 맡겼다."(「전자방」) 본디 백리해는 우나라 사람이다. 나라가 망하자 재산과 지위를 잃고 진나라를 떠돌다가 노예가 되었다. 노예가 되었다는 사실이 백리해의 성심을 없앨 수는 없었다. 백리해는 주인이 맡긴 소를 잘 키운 덕분에 신임을 얻고 나라의 정사를 맡았다.

장과 곡이 잃어버린 양은 무엇일까? 그들이 태어날 때 하늘이 내린 본성이다. 그들은 본성을 잃고 허둥거렸다. 본성 대신에 인의를 들어앉혔다. 장자는 말한다. "(본성을) 새끼로 묶고 아교를 칠하여 고정시키는 것은 그 덕을 해치는 것이다. 몸을 굽히고 꺾는 예악과 말과 행동을 공손히 하는 인의는 천하의 마음을 막히게 하는 것이니 이는 상도인 자연을 잃게 하는 것이다."(「변무」) 소인은 사사로운 이익을 위해 몸을 죽이고, 선비는 이름을 더럽히지 않기 위해 몸을 죽이고, 대부는 가문을 지키려고 몸을 죽이고, 성인은 천하를 좇아 몸을 죽인다. 저마다 곡절은 다르지만 본성을 해쳐 몸을 죽게 한 점은 같다. 본성을 지켜라! 인의가 아니라 본성을 따라서 살리! 어떻게? "자기의 본성과 천명대로 방임하는 것"(「변무」), 그것이 본성을 따라 사는 방법이다. 시냇물은 본성에 따라 흐른다. 높은 곳에서 낮은 곳으로 흘러간다. 물길을 막는 큰 바위를 만나면 그 바위를 에돌아 낮은 곳으로 나아간다. 하염없이 낮은 곳으로 나아가 마침내 강에 이르고 바다에 닿는다. 그게 물의 본성이다. 본성을 버리고 인의를 따르는 사람은 자기의 귀로 듣지 않고 남들의 귀로 듣고, 자기의 눈으로 보지 않고 남들의 눈으로 본다. 스스로 보지 않고 남의 눈으로 보고, 스스로 만족하지 않고 남으로 만족하는 이들은 결국 남들이 가는 곳으로 갈 뿐 자기의 갈 길을 가지 못한다. 이를 테면 인의는 남들이 가는 길이고, 본성은 내가 갈 길이다. 장자는 이렇게 묻는다. "백이는 수양산 아래서 이름을 위해 죽었고, 도척은 태산 위에서 이익을 위해 죽었다. 두 사람은 죽은 것은 달라도 생명을 해치고 천성을 상하게 한 점은 같다. 그런데 왜 백이는 옳고 도척은 그르다고 하는가?"(「변무」) 사람들이 백이를 추켜세우고 도척을 멸시하는 것은 다 인의라는 자로 재기 때문이다. 이것은 옳지 않다. 그래서 장자는 "도척과 백이는 다 같으며 거짓되고 치우친 것이다"(「변무」)라고 말한다.

　백리해는 남의 길이 아니라 자기의 갈 길을 묵묵히 간다. 인의를 따르지 않고 자기 본성에 충실했던 것이다. 본성을 잃어버리고 인의를 따르는 자는 비유하자면 다음과 같은 사람이다. 자기 그림자가 두렵고 발자국이 싫어서 그것을 떨쳐내려고 한사코 달리는 자가 있다. 많이 달리면 그만큼 발자국이 많아지고, 아무리 빨리 달려도 그림자는 몸에서 떨어지지 않는다. 그늘에 들어앉으면 그림자가 없어지고, 멈추고 달리지 않으면 발자국이 생기지 않는다는 평범한 진리를 모르는 자다. 그늘에 들어앉는 것, 멈추고 달리지 않는 것은 제 본성에 머무는 것이다. 본성에 따라 사는 사람의 마음은 어떤가? 장자는 말한다. "마음속

기품이 태연하고 조용하게 된 사람은 자연 그대로의 빛을 발한다. 빛을 발하는 사람은 사람 본래의 참된 자아로 산다. 남과 하나가 되는 지혜를 갖춘 사람은 마음이 고요하며 남들도 그 마음에 들어와 함께한다. 그리고 하늘도 그를 돕는다. 이처럼 남과 하나가 된 사람을 하늘의 사람이라고 하며 하늘이 돕는 사람을 하늘의 자식이라고 한다."(「장자」, 「경상초庚桑楚」) 장자는 공자를 본성을 버리고 인의에 매인 사람으로 여겼다. 그래서 장자는 여러 대목에서 인의와 예법에 묶인 공자의 어리석음을 비꼬고 비판했다. 장자는 공자의 입을 빌어 "무엇을 참된 본성이라고 합니까? 부디 알고 싶습니다"라고 한다. 그리고 어부의 입을 빌어 다음과 같이 대답한다. "참된 본성이란 가장 진실한 '마음속 마음'이오. 진정 깊은 마음이 없으면 남을 감동시킬 수가 없소. 남의 죽음에 억지로 소리 내어 우는 자는 슬픈 체하여도 슬프게 보이지 않소. 억지로 친한 체하는 자는 웃어도 기쁜 마음이 생기지 않고. 참된 슬픔은 소리도 내지 않지만 정말 슬픈 법이오. 참된 노여움은 겉에 나타나지 않아도 위압을 느끼고, 참된 친근함은 아직 웃기도 전에 기쁜 마음이 생기는 거요. 참된 본성에 따르는 자란 그 본래의 정신이 겉으로 나와 활동한다는 뜻이오. 그래서 참된 본성을 귀중하게 여기오."(「어부」) 인의는 본질에서 관념과 생각에서 나오는 것이다. 관념과 생각은 개념을 낳고 통념을 세운다. 그러나 본성은 관념과 생각 이전에 생명에서 비롯하는 '마음속 마음'의 활동이다.

인의로 사는 것은 분수와 같이 흐름을 역행하는 것이고 본성에 따라 사는 것은 시냇물과 같이 흐름에 순응하는 것이다. 그러므로 분수로 살지 말고, 시냇물로 살라. 깨끗하게 살려고 하지 마라. 더럽게도 살려고 하지 마라. 본성대로 살라. 본디 본성은 깨끗하지도 않고, 더럽지도 않거늘! 자연의 섭리에는 옳고 그름이 따로 있지 않다. 잡아먹히는 개구리가 옳고 잡아먹는 뱀이 그릇된 것은 아니다. 개구리와 뱀은 본디 그러한 것이다. 뱀이 개구리를 삼키는 것은 하늘이 본디 뱀에게 준 본성이고, 자연스러운 생명의 발현이다. 옳다 혹은 그르다, 깨끗하다 혹은 더럽다고 분별짓는 것은 생각이고, 생각이 지어내는 게 인의다. 옳고 그름을 따지지 말라. 선과 악을 구분짓는 일을 멈추고 마음속 마음에 충실하라.

"생각하고 자시고 하기 시작하면 이미 놓친 것"이라고 제자에게 일갈한 선사 도오道悟가 떠오른다. 도오의 제자 용담龍潭은 본디 호떡 장사를 하던 천한 신분이었다. 도오가 일찍이 그의 총기를 알아보고, 움막을 주어 그의 가족들이 살게 했다. 용담은 스승 도오에게 날마다 호떡 열 개를 바쳤다. 그런데 도오는 열 개를 받은 뒤에는 반드시 하나를 다시 용담에게 돌려주었다.

"이것은 네 자손들이 번성하기를 바라는 뜻에서 네게 주는 선물이니 받거라."

용담은 그것을 의아하게 생각했다. 제가 준 호떡 열 개에서 하나를 떼어 내주는 도오의 태도를 도무지 이해할 수가 없었던 것이다. 그래서 용기를 내어 스승에게 물었다.

"원래 네 것이었던 것을 네게 돌려주는데, 그게 뭐가 잘못됐다는 말이냐?"

그때 용담은 그 뜻을 깨닫고 도오 밑에서 사미승이 되기로 결심했다.

몇 년이 흘렀다. 그런데 스승 도오는 용담에게 아무런 가르침도 베풀지 않았다.

"여기에 온 지 몇 해나 흘렀는데, 스님께 배운 바가 없습니다."

용담의 볼멘소리에 도오가 대답했다.

"네가 온 뒤로 나는 한순간도 너를 가르치는 일을 쉰 바가 없다."

"스님께서 제게 어떤 가르침을 주셨는지요?"

"네가 차를 가져오면 그 차를 받아 마셨고, 네가 밥을 내오면 나는 그 밥을 받아먹었다. 네가 절할 때는 그 절을 받아 나도 고개를 숙였는데, 네가 내게서 배운 바가 없다니, 그게 무슨 망발인가?"

이 말을 듣고 용담은 크게 당황하여 아무 말도 못하고 서있었다. 다시 도오가 말했다.

"옳게 깨닫는 자는 바로 그 자리에서 본다. 생각하고 자시고 하기 시작하면 이미 놓친 것이다."

도오의 말을 듣고 용담은 제 어리석음을 깨달았다. 다시 도오가 말했다.

"네가 태어난 바 본성대로 경계 없이 노닐도록 하여라. 완전한 자유속에서 무엇에도 구애받지 말고 그때그때 상황에 따라 움직여라. 네 평상심이 시키는 바대로 나아가라. 이를 떠나서 고귀한 가르침은 결코 없다."

도오의 말을 듣고 용담은 마침내 큰 깨우침을 얻었다.

6. 운명에 맞서지 마라

달려오는 수레를 막는 사마귀

당신은 사마귀를 아시지요? 사마귀가 화를 내고 팔을 휘두르며 달려오는 수레에 맞섭니다. 제 힘으로 감당할 수 없음을 모르는 것이지요. 이런 짓은 제 능력을 과신하는 것입니다. 조심하고 신중하십시오. 스스로의 훌륭함을 자랑하여 거스르면 오래가지 못합니다.

『장자』, 「인간세」

『장자』의 「인간세」 편을 읽는다. 장자가 살던 시대는 도가 없는 세상이었다. 세상이 어지러웠으니 그 세상에 나가 제 뜻을 펴려는 자의 목숨은 늘 위태로웠다. "여기 한 사람이 있네. 그의 성품은 태어나면서부터 각박하다네. 그가 제멋대로 하게 내버려두면 우리나라를 위태롭게 할 것이고, 그에게 규범을 익히도록 하자면 내 몸이 위험해질 것일세. 그의 지력은 남의 잘못은 충분히 알아보지만, 자기의 잘못은 알지 못한다네."(「인간세」) 태어나면서부터 마음이 난폭하고 각박한 태자는 그대로 두면 나라를 위태롭게 하는 군주가 될 것이고, 그를 가르쳐 규범을 익히도록 하자면 가르치는 자의 목숨이 위험해질 수도 있다. 이것도 저것도 쉽게 선택할 수가 없다. 이 어지러운 세상에서 어떻게 처신하는 것이 옳은가? 장자는 세상으로 나가는 대신에 은둔을 선택했다. 그러니까 장자는 그 시대의 재야 인사였다. 한사코 자신을 방외에 둠으로써 목숨을 평안하게 보존하고 자유로울 수 있었다. 안회는 세상 속으로 깊이 뛰어든 사람이다. 군주에게 바른 길을 제시하고 난세를 바르게 세우는 일에 신명을 다했다. 안회는 잘 다스려진 나라는 떠나고, 혼란에 빠진 나라는 구제해야 한다는 신념에 따라 나아가고 물러섰다. 이른바 세상에 뛰어들어 정의를 실현하려는 적극적인 현실 참여형이다. 접여는 미친 사람처럼 방외에서 세상을 방관하고 떠돌았다. 이른바 세상을 외면하고 떠도는 현실 방관형이다. 공자가 세상에 뛰어들어 난세를 수습하려고 했다면, 장자는 난세 속에서 재앙을 피해 생명을 보존하고 자유롭고자 했다. 안회가 공자에 가깝다면 접여는 장자에 가까운 유형이다. "자네는 주의하고 조심하면서 몸을 단정하게 해야 하네. 태도는 순종적인 것보다 좋은 것이 없고, 마음은 온화한 것보다 좋은 것이 없네. 그렇지만 이 두 가지에도 역시 문제는 있어. 순종적이되 그쪽에 말려들지 않도록 해야 하고, 온화하되 한도를 벗어나지 않도록 해야 하네. 순종적 태도를 취하다가 그쪽에 말려들어 버리면, 자기를 파괴하고 괴멸시키며, 손상을 입고 무너지게 된다네. 온화한 마음을 갖다가 한도를 벗어나면, 명성을 추구하게 되고, 결국 재앙을 초래하게 된다네."(「인간세」) 장자는 순종적인 태도와 온화한 마음가짐을 권한다. 그러나 지혜로워야 한다. 순종적이되 말려들지 말아야 하고, 역시 온화하되 한도를 벗어나서 말려들지 말아야 한다. 어느 쪽이든 상황에 말려들면 재앙을 피하기 어렵다.

 그렇다면 어떻게 하면 말려들지 않을 수 있는가? "그가 또 어린아이가 되면 그와 함께 어린아이가 돼라. 그가 또 스스럼없이 행동하면 그와 함께 스스럼없이 행동하라. 그렇게 통달하게 되면 아무 탈 없을 것이다."(「인간세」) 난세에 세상을 헤쳐나가는 일은 어렵다. 마음을 비우는 것이 중요하다. 그러면 외재적 현실의 변화에 따라 마음이 온화하게 따르도록 할 수 있다. 제 마음을 뻣뻣하게 내세워 세상과 맞서면 그 결과는 어떨까? 바로 「인간세」에 달려오는 수레바퀴에 맞선 사마귀의 운명을 보여주는 당랑거철螳螂拒轍 고사가 나온다. 사마귀의 형상은 마치 도끼를 들고 무언가 싸우려는 태세를 갖추고 있는 듯 보인다. 그래서 이런 우화가 나왔을 터다. 수레에 맞서는 사마귀는 분명 만용에 빠진 인사의 어리석음을 비꼬는 은유일 텐데, 나는 어쩐지 그 사마귀가 밉지 않다. 한 선승의 게偈가 떠오른다. "그는 바로 나인데, 나는 그가 아니로다!" 사마귀는 제 분수도 잊고 달려오는 수레를 막아섰다. 그 운명은 뻔하다. 어리석은 사마귀처럼 제 처지나 분수를 잊고 무모하게 대드는 행위에서 '당랑지부螳螂之斧'라는 말이 생겨났다. 나서야 할 때가 있으면 물러설 때가 있는 법이다. 때가 아니면 때가 오기를 기다려야 하고, 힘이 작으면 힘을 키워야 하고, 뜻이 약하면 뜻이 단단해지기를 기다려야 한다. 그 분별을 모르고 일삼아 억지로 나서면 화禍를 부른다. 군사를 일으켜 싸우는 것만이 능사가 아니다. 훌륭한 장수는 섣불리 나서서 싸우지 않고 이기는 법을 궁구한다. 그리하여 한 치 앞으로 나아가지 않고 한 자 뒤로 물러난다고 노자는 말한다. "훌륭한 장수가 되는 사람은 무용을 앞세우지 않고, 싸움을 잘하는 사람은 노하지 않는다. 적을 잘 이기는 사람은 남과 다투지 않고, 남을 잘 부리는 사람은 아래로 처한다."(『도덕경』 제68장)

입춘과 우수가 지나고 저 남녘의 섬에는 동백꽃이 피었다지만 아직 바람 끝은 차고, 모란 움을 보려면 더 기다려야 한다. 정월 보름날엔 노모가 지은 오곡밥과 나물들을 먹고, 낮엔 산림욕장까지 산책하고 돌아왔다. 이마에 닿는 바람은 차나 봄은 성큼성큼 오고 있다. 마른 풀들 사이로 벌써 파릇하게 풀들이 돋았는데, 눈과 얼음을 견디고 살아남은 그 풀들이 기특하고 대견해서 한참을 들여다본다. 나무들도 땅속 깊이 박은 뿌리로 물과 자양분을 빨아들이고 잎눈을 틔우려고 수런거린다. 밤에는 산에서 내려온 고라니들이 묵정밭 마른 풀숲을 헤집고 돌아다니고, 낮엔 장끼들이 부쩍 자주 요란한 울음소리를 내며 공중을 난다. 봄이 가까울수록 산 것들의 몸놀림이 바지런해지는 것이다. 매운바람 속에서 피어나는 꽃이 매화다. 매화는 봄을 알리는 전령이요, 오는 봄의 맨 앞줄에 서는 기수다. 강희맹은 매화를 두고 "너의 그 맑은 향기로 해서/ 천지의 봄임을 깨달았나니"라고 노래했다. 아아, 저 먼 데서부터 봄이 오고 있다. 잎 지고 찬바람 불면 곧 겨울이 오리라는 걸 알

앉듯 매화가 피고 나면 곧 천지에 새 봄빛이 가득하리라는 걸 안다.

　이른 저녁을 먹은 뒤 서재에 들어와 어제 읽던 책을 다시 읽는다. 프리모 레비의 『이것이 인간인가』라는 책이다. 눈가에 눈물이 그렁그렁 맺혀 책 읽기를 그친 것은 오랜만이다. 프리모 레비의 이름을 안 건 재일조선인 서경식이 쓴 책을 통해서다. 유대계 이탈리아 사람인 프리모 레비는 파시즘에 저항하는 지하운동을 하다가 붙잡혀 아우슈비츠와 제3수용소를 거치며 살아남았다. 이 책은 그의 생생한 경험을 바탕으로 씌어졌다. 한 열차로 이송된 포로들은 분리작업을 거치는데, 쓸모 있는 일꾼으로 분류된 1백 명 남짓만 살아남고, 다른 쪽으로 분류된 5백여 명이 훨씬 넘은 사람들은 이틀 이내에 다 죽는다. 나치가 만든 수용소는 절멸의 수용소요, 살아 있는 사람이 떨어질 수 있는 가장 낮은 바닥, 즉 연옥煉獄이다. 수백만의 유대인을 그 연옥에 가두고 죽인 히틀러와 그의 수하들은 저희들이 쓰는 용어를 교묘하게 바꿈으로써 저들이 하는 짓의 비열함을 가리고 숨긴다. 학살은 최종 해결책으로, 강제이송은 이동으로, 가스실 살해는 특별처리로. 말 바꾸기는 그 행위의 더러움과 죄악을 가리려는 상징 조작이다. "사실 민간인에게 우리는 불가촉천민이다. 민간인들은 대체로 노골적으로, 경멸과 동정이 뒤섞인 뉘앙스로, 이와 같은 삶을 선고받고, 이런 상황으로 떨어진 걸 보면, 우리가 알 수 없는 매우 심각한 죄를 지은 게 틀림없다고 생각한다. 그들은 알아들을 수 없고 그저 동물의 소리처럼 그로테스크하게 들리는 우리의 다양한 언어를 듣는다. 머리카락도 없이, 이름도 없이, 체면도 없이 노예처럼 비천하게 일하고, 매일 얻어맞고, 매일 굴욕을 당하는 우리를 본다. 그러나 결코 우리의 눈에 담긴 반항이나 평온 혹은 믿음의 빛을 읽어내지 못한다. 그들은 우리를 진흙투성이의 누더기를 입은 굶주린 도둑으로, 사기꾼으로 간주한다." 가족, 집, 자신의 오래된 습관, 옷, 신발, 이름, 심지어는 머리카락까지 다 빼앗긴 채 누더기를 걸치고 유령처럼 서있는 사람. 가혹한 노동과 굶주림과 질병과 피로에 찌든 사람들, 학대와 수모에 지친 그들은 더이상 사람이 아니다. 그들은 존엄성이나 이성적인 판단력도 잃고 오로지 고통과 앙상한 생물학적 욕구만 남은 짐승이고 벌레들이다.

 이 죽음의 수용소에서 온 힘을 다해 얼굴과 목과 어깨를 씻고, 더러운 옷을 빨아 널고, 신발을 닦아 신는 한 남자가 있다. 내일 살아남을 기약이 없기에 '내일 아침' 이라는 말이 금기어가 된 이 연옥에서 청결에의 욕구는 덜 떨어진 사치요 철없는 호사가 아닐까. 프리모 레비는 "수용소는 우리를 동물로 격하시키는 거대한 장치이기 때문에, 바로 그렇기 때문에 우리는 동물이 되어서는 안 된다"고 말한다. 몸 씻기는 사치가 아니라 사람다움을 말살하려는 자들의 음모에 맞서는 숭고한 저항이며, 제 존엄을 끝내 지키려는 자존이 내리는 절대 명령이다. "우리는 겨울을 맞지 않으려고 온 힘을 다해 싸웠다. 우리는 따뜻한 시간에 매달렸다. 해질녘이면 아직 하늘에 남아 있는 해를 조금이라도 더 잡아보려고 애썼지만 다 부질없는 짓이었다. 어제 저녁, 해는 복잡하게 뒤섞인 공장 굴뚝과 전선들, 지저분하게 안개 속으로 어쩔 도리 없이 가라앉아버렸다. 그리고 오늘 아침은 한겨울이었다." 걸을 때 척추를 세워 똑바로 걷는 것, 지저분한 몸을 부지런히 씻는 일은 자신에 대한 존중과 가장 낮은 단계의 도덕과 문명의 골격을 유지하기 위해서, 끝까지 쓰러지지 않고 살아남기 위해서다. 과연 씻기를 포기하고 자포자기에 빠지는 자들은 얼마 지나지 않아 죽고, 제 몸의 청결을 유지하려던 자들은 끝까지 살아남는다. "삶의 의미에 대한 믿음은 인간의 모든 힘줄 속에 뿌리박혀 있다. 이것이 인간 본질이 지닌 속성이다." 그 속성을 잃는 순간부터 사람은 사람이 아닌 그 무엇으로 전락한다.

생물학자 리처드 도킨스는 생명체란 유전자의 최대 증식을 위해 고안된 유전자의 운반 도구일 따름이라고 주장한다. 사람은 아무것도 아니며, 사람의 유전자가 모든 것이라는 말이다. 나는 사람을 한낱 동물성 단백질의 덩어리고, 유전자의 운반 도구일 따름이라고 하는 도킨스의 견해를 지지하지 않는다. 사람은 그 이상이다. 사람은 숭고하다. 사람만이 시와 노래와 동화를 짓고, 선과 악을 분별하며, 사물의 성질에 대해 궁구하고, 운명의 호의에 감사한다. 사람만이 무용, 책, 건축물을 창조하고, 유머, 웃음, 사랑의 즐거움을 누린다. 사람만이 최악의 상황에서조차 자기존중과 타자에 대한 배려, 산 것은 물론이거니와 무생물까지 사랑하는 측은지심으로 그 숭고함을 증명해낸다. 프리모 레비는 무한 폭력에 속수무책으로 마주친 사람이 어떻게 그것을 견디며 살아 남았는지를, 그리고 사람다움, 그 존엄성과 숭고함을 어떻게 지켜냈는지를 담담하게 증언한다.

매사에 물러섬만이 능사는 아니다. 모두가 물러설 때 홀로 나서서 싸워야 할 때도 있는 법이다. 무실^{無失}이면 무득^{無得}이다. 잃는 것을 두려워하면 얻는 것도 없다. 잃음을 불사하고 달려들면 비로소 얻음이 있다. 불의 앞에서 마냥 침묵하는 것이 의로움은 아닐 터다. 권력이 불의하면 그 권력의 포악함에 맞서야 한다. 제나라 장공^{莊公}이 수레를 타고 가는데, 작은 벌레 한 마리가 앞발을 도끼처럼 휘두르며 수레바퀴를 칠 듯이 덤벼들었다. "허, 맹랑한 놈일세. 저게 무슨 벌레인고?" 신하가 대답했다. "사마귀라는 벌레지요. 앞으로 나아갈 줄만 알지 물러설 줄은 모르는 놈입니다." 장공은 고개를 끄덕였다. "저 벌레가 사람이라면 틀림없이 용맹스런 용사가 되었을 것이다. 비록 미물이지만 그 용기가 가상하니, 벌레가 상하지 않도록 수레를 돌려가도록 하라." 장공은 미물이 앞뒤 가리지 않고 제 존재를 드러내는 모습에서 용맹성을 본 것이다. 제가 가진 모두를 버려 뜻을 세우고 구하는 일은 아무리 하찮은 미물의 일이라 해도 기릴 만하다.

아내의 주검 앞에서
노래하다

장자의 아내가 죽었다는 기별을 받고 혜자가 문상을 갔다. 그때 장자는 두 다리를 뻗고 앉아 질그릇을 두드리며 노래를 부르고 있었다. 혜자가 말했다. "자네는 아내와 살면서 아이들을 기르고 이제 늙은 처지일세. 아내가 죽었는데 곡을 하지 않는 것도 너무한 일인데, 거기다 질그릇을 두드리며 노래까지 하다니 너무 심하지 않은가?"

장자가 대답했다. "그렇지 않네. 아내가 죽었을 때 나라고 어찌 슬픔이 없었겠나? 그러나 그 시작을 곰곰이 생각해보았지. 본래 삶이란 게 없었네. 본래 없었을 뿐만 아니라 형체도 없었던 것이지. 본래 형체만 없었던 것이 아니라 기도 없었던 것이지. 그저 흐릿한 어둠 속에 섞여 있다가 변하여 기가 되고, 기가 변하여 형체가 되었고, 형체가 변하여 삶이 되었지. 이제 다시 변해 죽음이 된 것인데, 마치 봄 여름 가을 겨울 사계절의 흐름과 맞먹는 일이네. 아내는 지금 '큰 방'에 편안히 누워 있지. 내가 시끄럽게 따라가며 울고불고 한다는 것은 스스로 운명을 모르는 일이라. 그래서 울기를 그만둔 것이지."

「장자」, 「지락」

『장자』의 「지락」편을 읽는다. 아내가 죽었는데, 장자는 질그릇을 두드리며 노래를 부르고 있었다. 괴이쩍은 일이다. 문상을 갔던 혜자도 곡을 하기는커녕 노래나 부르고 있는 장자를 힐난했다. "너무 심하지 않은가?" 장자는 아내의 죽음을 맞고도 곡을 하지 않는 까닭을 담담하게 설명했다. "본래 삶이란 게 없었네. 본래 삶이 없었을 뿐만 아니라 형체도 없었던 것이지. 본래 형체만 없었던 것이 아니라 기도 없었던 것이지. 그저 흐릿한 어둠 속에 섞여 있다가 변하여 기가 되고, 기가 변하여 형체가 되었고, 형체가 변하여 삶이 되었지. 이제 다시 변해 죽음이 된 것인데, 마치 봄 여름 가을 겨울 사계절의 흐름과 맞먹는 일이네." 이 말 속에 삶과 죽음에 대한 장자의 생각이 또렷하게 드러나 있다. 삶은 무*에서 나와 무로 돌아간다. 생명을 얻자 기와 형체가 생겨났다. 이게 다시 죽음을 맞아 본디 왔던 자리로 돌아간다.

3월 하순 박완숙이 돌연 숨쉬기를 그쳤다. 그 소식을 듣고 허망하여 한동안 일손이 쥐어지지 않는다. 그 허망함은 우리가 아직 떠나보낼 마음의 준비를 채 하기도 전에 그이가 서둘러 떠난 탓이다. 이 잘못은 전적으로 박완숙의 책임이다. 거기에 얼마나 급한 일이 있어서 이쪽에 해야 할 일들을 쌓아놓고 매듭도 짓기 전에 나 몰라라 하고 서둘러 떠났던가. 옘병, 옘병! 뭘 그리 빨리 떠난단 말인가! 생각하니 분하고 서글프다. 그동안 안성시립도서관에서 금광초등학교로 이어지는 가로의 벚나무마다 벚꽃은 구름같이 피었다가 스러졌다. 벚꽃 꽃비가 흩뿌린 뒤 모란과 작약도 그 붉음으로 생명의 절정에서 타오르다가 꽃잎을 떨궜다. 오는 것은 한번 가게 마련이다. 그걸 모르는 바 아니나 아직은 살아야 할 날들이 많이 남았다고 믿은 젊은 벗이 서둘러 숨쉬기를 그친 뒤 먹는 일과 사는 것에서 찾던 보람과 즐거움의 부피는 크게 줄었다.

시립도서관에서 소설 창작 강좌를 시작했을 때 박완숙은 수강생으로 모습을 나타냈다. 처음 그이는 한 번도 해보지 않은 일을 하려는 자의 두려움 때문에 경직되어 있었다. 책을 열심히 읽은 적도 없고, 글이란 것도 써본 적이 없는 그이가 보여준 열정과 성취는 놀라운 데가 있었다. 읽고 써내는 일에 그만큼 몰입할 수 있는 건 놀라운 일이다. 아울러 작품을 쓰고 합평을 받고 뒤풀이로 이어진 자리에서 그이는 인격의 한결같음과 청신한 품성으로 그 존재감을 뚜렷하게 드러냈다. 우리가 그이를 미워할 수 있는 이유는 겨우 손가락 한두 개로 꼽을 정도지만 우리가 그이를 사랑하지 않을 수 없는 이유는 열 개의 손가락을 다 써도 모자란다.

지난해 여름 그이가 불쑥 병원을 다녀오더니 암 선고를 받았다고 했다. 마른 체질이긴 하지만 평소에 건강했던 사람이라 우리는 그이의 그 말이 농담인 줄만 알았다. 그이는 머지않아 자신괴 주변을 '투병 모드'로 바꾸고 씩씩하게 투병생활을 시작함으로써 그 말이 농담이 아닌 걸 입증했다. 그이가 종종 모임에 나타날 때에도 평소와 다르지 않았다. 생식을 하며 섭생을 조심하고 규칙적인 운동을 해서인지 그이의 혈색은 평시보다 더 좋아 보였다. 착시 현상이었던가. 박완숙은 "너무 멀쩡하게 보여 나이롱 환자같지요?" 하고 쾌활하게 웃었다. 우리는 그이가 기어코 그 병을 이겨내리라 믿었다. 해가 바뀌면서 그이의 병세가 좋지 않다는 소식이 드문드문 들려왔다. 기대를 저버리고 이별의 순간은 빨리 왔다. 3월 중순경 안성성모병원에 작은 화분을 사들고 들렀을 때 그이에게 죽음이 가까워졌다는 걸 알았다. 음습한 죽음이 어느덧 그이의 폐와 심장을 움켜쥐고 있는 게 환히 보였다. 그이는 숨쉬기를 버거워하고, 통증 때문에 잠을 이룰 수 없다고 하소연했다. 내가 잡은 그이의 손은 마른 나뭇가지같이 온기가 없었다. 내 터무니없는 농담에 그이는 희미한 웃음으로 예의를 차렸다. 그이를 병실에 두고 돌아서는데 나도 모르게 속눈썹이 촉촉하게 젖었다.

믿기지 않지만 이제 그이는 우리 곁에 없다. 그 현실을 우리는 받아들여야 한다. 가까운 가족이나 벗의 죽음은 누구에게나 일종의 한계상황에 대한 체험이다. 때로 그 죽음은 우리를 과도한 슬픔에 가두고 삶과 의식을 변화시키기도 한다. 어쨌든 그 죽음을 통해 우리 자신의 죽음을 선취하고 겪는다. 박완숙이 먼저 간 저 슬프고 어지러운 길을 내다본다. 그 길은 언젠가 우리가 가야 할 길이다. 나는 그 길을 내다 볼 때마다 마음이 어둡고 아득하다. 뭘 그렇게 서둘러 떠난단 말인가! 박완숙 씨, 아무리 생각해도 당신은 내 제자 중에서 가장 못난 사람이다.

나를 보더라도 이제 당신은 아는 척도 하지 마라. 나는 화가 나있으니까. 그렇게 매정한 말을 내뱉어도 이제 당신과 함께했던 시간들을 되돌릴 수는 없다. 그 기쁨들은 희미해지고 슬픔은 더욱 생생해진다. 박완숙 씨, 잘 있는가? 거기에도 바람이 불고 황사가 몰려오고 물결은 출렁이는가? 가끔은 도서관 강의가 끝나면 자주 가던 영동식당과 하루 날 잡아 우루루 몰려가 밤을 세워 문학 얘기를 하던 신두리 바닷가의 펜션이 떠오르지 않는가. 그때의 벗들 얼굴이 하나씩 떠오르면 다시 금생의 어느 날로 달려나와 환생하고 싶지 않으신가. 악의 없이 물고 뜯던 그 지랄과 오살들도 때로는 그립지 않은가. 아서라, 환생은 꿈도 꾸지 말아라!

뜨거운 밥과 차가운 술을 나누고, 서툰 소설에 대한 얘기로 밤을 함께 새던 그 벗들이 모여 흩어진 박완숙의 원고들을 수습하고 발간비를 갹출해서 책 한 권을 묶는다. 그이의 단명短命을 슬퍼하며 그 슬픔을 달래기 위해 할 수 있는 것은 이게 전부다. 사는 게 덧없고 고단하다는 걸 알지만 그 덧없음과 고단함을 회피하기 위해 세상을 서둘러 등진 박완숙보다 우리는 덜 영악하다. 우리는 미욱한 자들이므로 덧없음을 피하지 않고 부딪치며 더 뜨겁게 살아야 할 사람들이다. 이 책은 일찍 세상을 버린 우리의 벗을 위로하기 보다는 살아남아 꾸역꾸역 밥을 삼키고 남의 살을 씹으며 얼굴에 검버섯이 필 때까지 오래 살아갈 우리들의 쓸쓸함과 허망을 달래기 위함이다. 망자여, 받으소서, 일책一冊 봉

헌^{奉獻}. 책을 지은 것은 박완숙이고, 만든 이는 슬픔과 덧없음의 동맹체인 우리들 모두다.

죽음은 자연의 변화에 따른 것으로 피한다고 해서 피해질 수 있는 것이 아니다. 자연은 커다란 순환체계요 생명을 타고난 것들은 필연코 죽음으로 돌아가는데, 죽음은 그 순환의 일부다. 육신이 썩어 흙으로 돌아가는 것도 순환이다. 그게 사람이 받아야 할 순명인데, 그 앞에서 울고불고 야단법석을 떠는 것은 양생의 도리에 어긋난다. 노자가 죽었을 때 그를 문상한 진실^{秦失}은 곡을 세 번만 하고 물러나왔다. 절친한 벗의 죽음에 형식적으로 곡 세 번만 하고 물러선 진실을 제자들이 이상히 여겼다. 진실이 말했다. "내가 들어가서 조문하려 하자 늙은이들은 자기 자식을 곡하듯 했고, 젊은이들은 그 어미를 곡하듯 했네. 저들이 그처럼 모여든 이유가 반드시 있을 것이네. 말하고 싶어서 말한 것이 아니고 곡하고 싶어서 곡한 것이 아니니 이는 자연을 이탈하고 진정을 배반한 것이며 형체를 받은 시원을 잊은 것이야. 옛사람들은 그것을 일러 자연을 회피하는 죄라고 했네. 선생이 태어난 것은 때를 만난 것이요, 죽은 것은 자연에 순종한 것이네. 때를 편안히 여기고 천리에 순응하면 슬픔과 기쁨이 들어올 수 없지. 옛사람은 이를 일러 하늘의 매닮에서 풀려나는 것이라 했네."$^{(양생주)}$ 삶이 하늘에 거꾸로 매달려 있음이면 죽음은 그것에서 풀려나는 것이다. 때를 만나 태어나고 자연에 순응하여 죽은 것일 뿐인데, 그 앞에서 지나치게 울고불고 하는 것은 하늘의 순리에 어긋나는 일이라는 것이다.

　혜강 최한기는 기를 본디 "활동운화活動運化하는 것"이라고 했다. 살아 있는 몸은 이 기를 받아내는 유기적 조직이다. 사람은 이 기로써 우주와 통한다. 산다는 것은 세계를 향하여 이 기를 쓰는 것이다. 기진氣盡, 즉 이 기가 몸 밖으로 빠져나가 흩어지면 몸을 지탱할 수가 없다. "이것이 우주 안에 가득 차서 터럭 끝만큼의 빈틈도 없는 것이다. 이러한 기가 모든 천체天體를 운행하게 하여서 만물을 창조하는 무궁함을 드러내지만 그 맑고 투명한 형질을 보지 못하는 자는 공허하다고 하고, 오직 그 생성의 변함없는 법칙을 깨달은 자만이 도道라고 하고 성誠이라 한다."(최한기, 「기학氣學」) 기의 작용에 따라 삼라만상은 생성과 소멸을 반복한다. 때에 맞춰 일어나고 한번 성하면 나중에는 쇠해서 사라진다. 삼라만상은 이 기의 움직임에 따라 자생자화自生自化하는데, 이것이 우주의 춤이다. 장자도 "사람의 생명은 기가 모인 것이다. 그것이 모이면 살고 흩어지면 죽는다"(지북유)라고 말한다. 육체와 그 감각에 의지해 사는 사람도 실은 기의 집합체일 따름이다. 기가 흩어지면 형상의 삶, 형상의 현상도 사라진다. 사람은 죽음으로 기가 모이기 전의 본 모습으로 돌아간다. 삶이 허공에 거꾸로 매달려 있음이고, 죽음이 그 매임에서 풀려남이라면, 죽음이 편안한 것은 당연하다.

　죽음은 마치 봄 여름 가을 겨울 사계절의 흐름같이 자연스러운 일이다. 장자는 아내가 큰 방에 편안히 누워 있는데, 밖에서 울며불며 야단을 떠는 것은 우스운 일이라고 말한다. 이는 무슨 뜻인가? 죽음에서 나온 삶이 다시 죽음으로 돌아가니 죽음이란 편안한 것이다. 삶과 죽음의 경계를 넘어 이미 편안한 경지에 이른 사람 앞에서 울고불고 하는 것은 어리석은 일이다. 죽음은 인위로는 어찌 할 수 없는 그러한 것의 범주에 든다. "대지는 내게 몸을 주어 싣게 하고, 삶을 주어 힘쓰게 하고, 늙음을 주어 편안하게 하고, 죽음을 주어 쉬게 한다. 그러므로 내 삶을 좋다고 여기면 내 죽음도 좋다고 여길 수밖에 없다."^{夫大塊載我以形, 勞我以生, 佚我以老, 息我以死. 故善吾生者, 乃所以善吾死也}(「대종사」) 삶과 죽음 어느 쪽에도 집착하지 말아야 한다. 밤과 낮이 그러하듯 삶과 죽음은 서로 이어진다. 삶과 죽음이란 우주 안에서 기가 순환하는 하나의 과정이다. 장자는 아내가 의연히 왔다가 의연히 갔으니 이제는 편안할 뿐이라고 여긴다. 이것이 지극한 앎이다. 지극한 앎에 든 사람은 주검 앞에서 노래를 한다. "육체가 태어남은 꿈이요, 죽음은 깨어남이거늘!"^{成然寐, 蘧然覺}(「대종사」) 그러므로 무릇 주검 앞에서 곡을 멈춰라, 차라리 노래하라!

남의 발을 밟으면

장터에서 남의 발을 밟으면 실수를 정중히 사과하지만, 형의 발을 밟으면 따뜻한 손길을 주기만 하고, 어버이의 발을 밟으면 아무 말도 하지 않아도 된다. 그러므로 지극한 예는 남이 없고 지극한 의는 사물이 따로 없고 지극한 지혜는 꾀가 없고 지극한 인은 친척이 없고 지극한 신의는 보증금이 없다고 말한다.
『장자』, 「경상초」

『장자』의 「경상초」 편을 읽는다. 그가 돌아가고 난 뒤 서재에 들어와 『장자』를 펼쳤는데, 마침 그때 읽은 것이 「경상초」의 대목이다. 경상초는 노자의 제자 중 한 사람이다. "노담의 제자 중에 경상초라는 자가 있었는데, 노담의 도를 조금 아는 자로서 북쪽으로 외루산에서 살았다."(「경상초」)

햇빛은 눈부시고, 하늘은 푸르른 초여름이다. 백로 몇 마리가 노란 송화가루가 떠있는 논에 긴 다리를 담그고 서있고, 새로 돋은 나뭇잎들은 바람에 팔랑이고, 산에서는 종일 뻐꾹새가 한가롭게 운다. 서재에 앉아 있는데 밖에서 개들이 요란하게 짖어댄다. 마당에 나서니 한 남자가 문으로 들어선다. "장 선생님 맞으시죠?" 낯선 남자가 제1군 전염병 예방주사를 접종했는지 확인하는 보건복지부 직원처럼 내게 물었다. 매우 거침없는 태도였다. "어떻게 오셨는지요?" "저 선생님에 대한 신문기사를 읽고 찾아왔는데요." 며칠 전에 한 일간지에 내 기사가 실린 적이 있다. 우리는 서재로 자리를 옮겨 차를 마셨다. 얘기를 들어보니 남자는 진주에서 왔다. 마흔둘이고, 혼자 산다고 했다. 신문에 난 기사를 읽고 무작정 찾아왔다고 했다. 입성은 말끔했다. "저를 찾아온 까닭은 뭔가요?" "불쑥 이런 말씀을 드려도 좋을지 모르겠는데요. 선생님 댁에서 먹고 자고, 가끔 책만 읽게 해주신다면 마당에 풀도 깎고 텃밭도 일구고 자질구레한 집안일은 제가 맡아서 할 수 있는데요." 숭고함에서 몽테뉴와 같아지기로 작정한 듯 말하는 이 낯선 남자의 입에서 나오는 말에 나는 놀랐다. 나는 유령이나 반인반수伴人伴獸를 보듯 똥그래진 눈으로 그를 쳐다봤다. 세상에! 요즘에도 이런 사람이 있나? 나는 그의 신원에 대해 아는 바가 전무하다. 우리 사이에 짧은 침묵이 흘러간다.

"시를 쓰나요?" 침묵이 껄끄러워 내가 먼저 입을 연다. "아니요. 시 읽는 걸 좋아해요." 그가 밝게 웃는다. 그의 웃음은 축사畜舍 뒤편에 활짝 핀 영산홍처럼 화사하면서도 소박했다. "진주에 사는 시인들 중에 가깝게 지내는 사람이 있나요?" 다시 내가 물었다. 누군가의 이름을 댔지만 나는 모르는 시인이다. 나는 신문하듯 묻고, 그는 피의자처럼 또박또박 대답한다. 나는 그에게 형제에 대해서도 묻고, 이것저것 살아온 얘기도 묻는다. 진주에서 몇 년을 살았고, 또 어디어디를 돌아다녔는지를 꼬치꼬치 캐묻는다. 재워주고 먹여만 주면 책이나 읽으며 텃밭도 일구고 집안일을 돕겠다는 그 남자의 속내를 완전히 믿을 수 없는 까닭이다. 그렇게 많은 것들을 묻고도 그 남자에게 어떤 확답도 줄 수 없었다. 남자는 30분쯤 더 앉아 있다가 일어선다. 고향으로 돌아가느냐고 내가 물으니, 당분간 안성에 머물 거라고 했다. 아무 연고도 없는 곳에서 잠자리와 일자리를 구하기가 쉽겠는가고 걱정했더니, 그런 것쯤은 아무것도 아니라고 했다. 역마살이 끼어 이리저리 떠돌아 살다 보니 그런 것쯤은 이력이 붙은 모양이다. 남자의 표정에 아쉬움이 남아 있었던가. 그는 정중하게 사과를 하고, 내 수첩에 이름과 핸드폰 번호를 적어놓고 떠났다.

봉합수술을 마친 외과의사처럼 그가 떠난 뒤 뜬금없이 달려오는 수레를 막으려던 사마귀를 떠올렸다. 이 험한 시절에 동심초와 같이 허망한 인연을 맺으려던 그가 사마귀인가, 아니면 달려오는 수레와 같은 인연을 가로막은 내가 사마귀인가. 나중에 곰곰 생각해보고, 그가 사마귀고 나는 수레라고 결론지었다. 그 반대인가? 내가 사마귀고, 그가 수레인가. 내 발을 밟은 이가 형제나 부모였다면 그걸 크게 탓하지 않듯이 내 집에 머물고 싶다고 간절하게 말하던 그가 형제요, 부모였다면 쉽게 받아들였을 터다. 발을 밟은 그는 남이고, 나는 화를 낸 꼴이

6. 운명에 맞서지 마라

다. 나는 예와 의와 앎의 지극함에 이르지 못한 사람이다. 그래서 분별하고 의심하고 미리 떼일 것을 염려하여 보증금 같은 믿음을 요구했던 것이다. 예의 지극함에 이르면 나와 남을 구별하지 않고, 의의 지극함에 이르면 나와 사물을 구별하지 않고, 앎의 지극함에 이르면 꾸미지 않고, 사람됨의 지극함에 이르면 편애하지 않고, 믿음의 지극함에 이르면 보증금 따위는 필요 없어지는 법이다. "의식의 어지러움을 무찌르고 마음의 올가미를 풀어라! 덕의 얽매임을 벗고 도의 막힘을 뚫어라. 부와 귀, 출세와 위엄, 명성과 이익, 이 여섯 가지는 의식을 어지럽게 하는 것이요, 용모와 행동거지, 색과 무늬, 기식^{氣息}과 정의^{情意}, 이 여섯 가지는 마음을 묶는 것이다. 미움과 욕심, 기쁨과 성냄, 슬픔과 즐거움, 이 여섯 가지는 덕성을 얽는 것이다. 물러남과 나아감, 거두어들임과 베풂, 지식과 재능, 이 여섯 가지는 도를 막히게 하는 것이다. 이 네 종류의 여섯 가지가 마음을 흔들지 않으면 바르게 될 것이다. 바르면 고요하고, 고요하면 밝으며, 밝으면 비고, 비면 인위가 없어 되지 않는 것이 없다."(『경상초』) 아직 나는 바르지 않고, 아직 바르지 않으니 고요하지도 않고, 아직 고요하지도 않으니 밝지도 않고, 아직 밝지도 않으니 비지도 않고, 아직 비우지도 않으니 무위에 들지 못한 것이 분명하다. 지혜가 없으니 꾀를 내서 그를 시험하고 그래도 안심이 안 되니 그를 보람 없이 돌려보낸 것이다.

오호, 애재라, 우리는 꽤 멋진 공동 생활을 꾸릴 수도 있었을 터다.

나는 글을 쓰고, 그는 거추장스런 집안일을 맡는다. 덕분에 집 안팎은 늘 말끔하다. 잘 정돈된 집 안에서 일하는 것은 즐거운 일이다. 믿을 수 없을 만큼 능률도 오를 것이다. 그의 부지런함 덕분에 우리 집은 꽃과 나무들로 어우러진 꿈의 거주지가 되었을 지도 모른다. 단 한 가지, 그의 순수함을 끝내 믿을 수 없었던 내 불신 때문에 그 근사한 계획은 물거품이 되었다. 프랑스 소설가 파스칼 키냐르가 말했던가. 꿈의 거주지에 살기를 바란다면, 꿈의 아들이 되기를 수락하여야 한다. 아아, 나는 꿈의 아들이 못 되었다.

고요히 앉아 책을 읽고 마음을 비우고 산길을 걸었다. 고량진미가 아니라 소박하고 담백한 밥상에 감사했다. 두루 한가하고 무던해졌다. 비우니 편안해지고 안 보이던 살 길이 보였다. 작은 것에 만족할 줄 아니 불행은 줄고 풍요로워졌다.

7. 쓸모없음의 쓸모를 구하라

쓸모없는 나무가
큰 나무가 되었네

남백자기^{南伯子綦}가 상구에 놀러 갔다가 엄청나게 큰 나무를 보았는데, 네 마리 말이 끄는 수레 1천 대를 매어두어도 나무 그늘에 가려 보이지 않을 정도였다. 자기가 말했다. "이 어찌된 나무인가? 반드시 특별한 재목이겠군." 그러나 위로 가지를 올려다보니 모두 꾸불꾸불하여 마루대나 들보감이 아니었고, 아래로 큰 둥치를 보니 속이 뚫리고 갈라져서 널감도 아니었다. 잎을 핥으면 입이 부르터 상처가 나고, 그 냄새를 맡으면 사흘 동안 취해서 깨어나지 못했다. "이것은 과연 재목이 못 될 나무로구나. 그러니 이렇게 크게 자랐지. 아, 신인^{神人}도 이처럼 재목감이 못 되는 것을!"

『장자』, 「인간세」

『장자』의 「인간세」 편을 읽는다. 상상력의 스케일이 큰 장자는 나무 이야기를 꺼낼 때도 어마어마하게 큰 나무를 불러온다. 네 마리 말이 끄는 수레 1천 대를 매어두어도 나무가 드리운 그늘에 가려 보이지 않을 정도다. 그 넓은 그늘로 거목의 크기를 미루어 짐작

해볼 수 있다. 『장자』에는 큰 나무에 관한 이야기가 여러 차례 나온다. 옻나무 숲을 관리하는 말단 공무원직에 있던 장자의 직분과 연관이 있는 듯하다. 아마도 장자는 당대의 일반인보다 나무에 대한 해박한 지식을 갖고 있었음에 틀림없다.

이 대목의 바로 앞에도 수천 마리의 소를 가릴 만하고 그 둘레가 1백 아름이나 되는 큰 상수리나무에 대한 언급이 있다. "목수 석[6]이 제 나라로 가다가 곡원에 이르렀을 때 사직단의 상수리나무를 보았다. 크기는 수천 마리 소를 가릴 만하고 둘레는 1백 아름쯤 되었다. 그 높이는 열길 산을 내려다보고 뒤편의 가지는 가히 배를 만들 만한 것이 십수 개나 되었다. 구경꾼이 구름처럼 모였는데, 석은 거들떠보지도 않고 가던 길을 멈추지 않았다. 제자는 구경에 정신을 팔다가 달려와 말했다. '제가 도끼를 잡고 선생을 따른 이래 이같이 좋은 재목을 본 적이 없습니다. 그런데 어째 본체만체하고 가던 길을 멈추지 않습니까?' 석이 말했다. '그만둬라! 그것은 말할 것도 없이 쓸모없는 나무다. 배를 만들면 가라앉고, 관을 만들면 금세 썩고, 그릇을 만들면 망가지고, 문짝을 만들면 진액이 흘러나오고, 기둥을 만들면 좀이 슨다. 이는 제대로 된 재목이 아니다. 아무짝에도 쓸모없으니 이렇게 장수할 수 있었던 것이다.'"(「인간세」)

아무짝에도 쓸모없으니 장수할 수 있었다! 들보나 널감이라면 그 나무는 벌써 베어져 없어졌을 터. 쓸모가 없었기 때문에 천수를 누리고, 기어코 큰 나무가 될 수 있었다. 장자는 입만 열면 "쓸모있는 곳이 없기를 추구하라"고 일렀다. 세상 사람들이 다 바라는 쓸모있기를 바라지 말고 오히려 쓸모없음을 배우고 익혀 따르는 것이야말로 생명을 오래 보전하는 지혜라고 했다. 장자 시대에도 배워서 넉넉해지면 벼슬에 나가고 능력을 인정받아 출세하는 것이 일반적인 관례였다. 쓸모가 많은 나무들은 제대로 자랄 수 없고 오래 살 수가 없듯 타고난 재능 때문에 삶이 힘들어지고, 마침내는 생명을 보전할 수도 없는 지경에 이를 수 있음을 말한 것이다.

"송나라 형씨라는 곳은 개오동나무, 잣나무, 뽕나무가 잘 자라는 곳이다. 굵기 한 움큼이 넘는 것은 원숭이 매어 두는 말뚝 만드는 사람들이 베어 가고, 서너 아름 되는 것은 집 짓는 이가 마룻대감으로 베어 가고, 일여덟 아름 되는 것은 귀족이나 부상들이 널감으로 베어 가 주어진 수명을 다 누리지 못하고 도끼에 찍혀 죽었다. 이것은 스스로 재목감이 됨으로 당한 재난이다."(『인간세』) 나무나 사람이나 매한가지다. 재능을 빨리 드러내면 그 재능을 다 꽃피우기도 전에 사람들이 다투어 달려들어 소진시켜버린다. 때로는 재능을 감추어야 할 때도 있는 것이다. 재능을 숨긴 채 묵묵히 때를 기다려 그 재능이 무르익도록 갈고 닦는 데 애써야 한다. "그래서 나는 아무 데도 쓸모없기를 추구한 지 오래다. 거의 죽을 뻔한 적도 있었으나 이제야 뜻을 이루어 쓸모없음의 큰 쓸모에 이를 수 있었다. 나를 쓸모있음에 머물게 했다면 어찌 이처럼 크게 될 수 있었겠는가?且予求無所可用久矣, 幾死, 乃今得之, 爲予大用"(「인간세」) 장자는 목수의 입을 빌어 자신이 아무 쓸모없기를 추구한 지 오래임을 말한다. 세상 사람들은 오로지 쓸모있음을 구하고 쓸모있음에 이르기 위해 애를 쓰지만 장자는 거꾸로 쓸모없음에 큰 쓸모가 있음을 깨닫고 그것을 구했다. 쓸모있음을 따르는 길은 예쁘게 가꾸어진 꽃길이다. 쓸모있음은 인위를 통해 길러지는 것이니까. 쓸모없음을 따르는 길은 거친 들길이다. 쓸모없음은 버려짐, 있는 그대로 두어둠이며, 무위 속에서 길러진다. 쓸모를 추구하고 거기에 몰두하는 사람이 쓸모없는 나무의 뜻을 다 헤아릴 수는 없는 일이다.

남쪽 거문도 핏빛 동백들이 지고, 섬진강변 매화꽃이 한창이라고 한다. 섬진강변을 거슬러 올라 지리산 기슭에 자생하는 수십만 그루의 산수유나무들이 노란 꽃들을 일제히 터뜨린다. 구례 산동면 대평·평촌·반곡·상위마을 등에서 산수유나무는 자생군락을 이루는데, 맨 꼭대기에 있는 노란 꽃불이 뒤덮은 듯한 상위마을의 경관이 가장 볼품 있다. 흰 구름을 이고 선 듯 환한 매화꽃을 보러 몰린 상춘객의 발길이 어지러울 때다. 매화와 산수유꽃은 앞서거니 뒤서거니 피어난다. 작년에 훌쩍 거처를 남쪽으로 옮긴 후배가 꽃놀이 오라고 성화다. 이러저러한 일에 매인 나는 꿈쩍을 못한다. 꽃비 흩날리는 매화나무 아래서 벗들을 불러 마시는 술이 매화음梅花飮이다. 어느 결에 벗들 모아 매화나무 아래에서 덕담을 하며 술잔을 기울일까. 올봄에는 꽃놀이 대신에 뜰에 매화나무 몇 그루를 구해 심으리라. 어느덧 귀밑머리가 허옇게 세었으니, 매화나무가 자라 그 꽃을 아껴 완상^{玩賞}할 이는 내가 아니다. 세월은 나를 기다려주지 않을 것이다. 해거름 뒤 어둠이 왔다 가고 이윽고 새 아침이 밝아오듯 내가 심은 매화나무가 자라 꽃 필 때 그를 즐기는 일은 뒷날에 올 이들의 몫이다.

겨우내 죽은 듯 움직임이 미미하던 금광호수의 가창오리들 몸놀림이 부쩍 분주해졌다. 벽오동나무의 잎눈이 도톰해지고, 홍매화 가지마다 달린 꽃눈들은 며칠 뒤면 곧 꽃을 터뜨릴 기세다. 마둔지 근처에 사는 화가 김억에게서 얻은 강아지는 무럭무럭 자라고, 산 너머 사람들의 안부가 궁금해진다. 곤줄박이가 앉았다 떠난 감나무 가지가 저 혼자 부르르 떨다가 이윽고 제 슬픔을 가라앉힌 듯 멈춘다. 어디에선가 암컷 나비 한 마리와 짝짓기를 하려고 수백 마리의 수컷 나비들이 공중을 날아간다. 내 귀에 어디선가 수만 마리의 누에들이 뽕잎을 갉는 소리가 고막을 두드린다. 봄비는 천지간에 고요한 소음을 채우고 내린다. 누에가 뽕잎을 갉는 소리와 봄비 소리는 닮아 있다. 아직은 뽕잎도 누에도 없는 철이니 그 소리는 환청이다. 그 환청은 땅속에서 움트려는 씨앗들이 태동하는 소리다. 내 몸의 혈관을 도는 혈류의 움직임이 활발해지며 손이 닿지 않는 등 어딘가가 자꾸 가렵다.

바람은 미나리 새것의 향내를 품은 듯 상큼하고, 무릎에 내려앉는 햇볕은 따뜻하다. 나는 마당의 나무의자에 앉아 노모가 찐 고구마를 한 입씩 베먹으며 책을 읽었다. 반일정좌半日靜坐 반일독서半日讀書로 하루를 소일한다. 해질녘에는 공연히 데운 정종을 한 잔 들이켜고 싶어진다. 불현듯 주말 늦은 밤까지 벗들을 불러 모아 푼돈을 놓고 포커를 하던 밤들이 그립다. 그 도락에 취해 있던 밤들의 웃음소리, 유쾌한 농담들. 그 벗들은 다 흩어지고 몇몇은 성급하게 이 세상을 떠버렸다. 고금의 도락에 취한 그 이튿날이 출근하지 않아도 좋은 일요일이라 주말 밤은 느긋하고 풍요로웠다. 그때 일요일 다음에 또다시 일요일이 이어지는 달력이 있었으면 좋겠다는 헛된 망상을 품기도 했다. 봄날 저녁 해질 무렵 내 뇌수는 알코올에 적신 듯 몽롱해진다. 나는 느긋하게 다가오는 박모薄暮의 순간을 사랑한다. 미국 해군 관측소는 황혼을 세 단계로 나누는데, 시민박명, 항해박명, 천문박명이 그것이다. 시민박명은 해가 떨어진 뒤 자동차의 헤드라이트를 켜야 할 때이고, 항해박명은 그로부터 30분 뒤에 시작하는데, 항해하는 데 도움을 주는 밝은 별을 육안으로 식별할 수 있는 시각이다. 천문박명은 일몰 후 한 시간 이상 지난 뒤에야 시작한다. 이때는 밤하늘에 어둠이 짙게 깔린 뒤라 희미한 별들을 육안으로 관측할 수 있다.

밤하늘에 별들이 가득 깔린다. 저 별의 종파들! 그것은 구름의 종파들이나 비의 종파들과는 상극이다. 별들이 벌들처럼 어둠 속에서 붕붕거릴 때 숲에서는 너구리, 올빼미, 박쥐, 부엉이 같은 야행성 동물들은 움직임이 민첩해진다. 나는 밤을 도와 먹을 갈아 난을 치는 취미도 없고, 가야금을 타는 고상한 풍류도 알지 못한다. 겨우 할 수 있는 게 맨숭맨숭 책이나 읽는 것이다. 저녁 식사를 마친 뒤 낮에 읽던 책을 다시 손에 든다. 바느질을 할 줄 몰라 단추 하나를 달 때도 자주 바늘에 찔리고, 손끝에 빨간 핏방울이 동백 꽃잎처럼 피는 여자의 무릎을 베고 가와바타 야스나리의 『이즈의 무희[*]』를 천천히 읽었으면 좋겠다. 초저녁 잠이 많은 노모가 어느새 깊은 잠에 빠져 알아들을 수 없는 잠꼬대를 하는 동안 매화 꽃비가 내리고, 산비둘기가 구구국 우는 봄날의 밤은 흘러간다. 바람이 자니 오히려 꽃잎이 진다. 죽은 자의 장사[**]는 죽은 자에게 맡겨라. 너는 과거나 미래가 아닌 바로 이 순간에 머무르라. 이 순간의 삶을 들이키라. 오오, 살아 있음, 고적한 봄날의 정취를 느끼는 것, 그리고 "야망이 없으면서도 세상의 야망은 다 품은 듯이 말처럼 뼈가 휘도록 일하는 것, 사람들에게서 멀리 떠나, 사람을 필요로 하지 않되 사람을 사랑하며 사는 것"(니코스 카잔차키스), 그게 행복이 아닐까?

"자네의 말은 쓸모가 없네." 장자의 논리가 허황하다고 논박할 때 혜자는 쓸모를 하나의 척도로 제시했다. "나에게 큰 나무 한 그루가 있는데, 사람들이 가죽나무라 하네. 그 큰 줄기는 뒤틀리고 옹이가 가득해서 먹줄을 칠 수 없고, 작은 가지들은 고불꼬불해서 자를 댈 수 없을 정도지. 길가에 서있지만 대목들이 거들떠보지도 않네. 지금 자네의 말은 이처럼 크기만 하고 쓸모가 없어서 사람들이 거들떠보지 않는 걸세. _{吾有大樹, 人謂之樗. 其大本擁腫而不中繩墨, 其小枝卷曲而不中規矩, 立之塗, 匠者不顧. 今子之言, 大而無用, 衆所同去也}」「소요유」) 혜자는 대붕이 어쩌구저쩌구 9만 리 상공이 어쩌구저쩌구 하는 장자의 말이 허황되기만 했지 별다른 쓸모가 없다고 말한다. 이에 장자가 대답했다. "쓸모없음을 알아야 쓸모있음을 말할 수 있지. 땅은 한없이 넓지만 사람에게 쓸모있는 땅은 발이 닿는 만큼뿐일세. 그렇다고 발이 닿는 부분만 남겨놓고 그 둘레를 모두 황천에 이르기까지 다 없애면 그 쓸모있다는 땅이 그래도 정말 쓸모있는 것일 수 있겠는가?"(「외물」) 세상의 모든 쓸모있음이 쓸모없음이라는 커다란 테두리 안에서만 비로소 그 소용이 닿는다는 뜻이다. 노자도 같은 이야기를 한다. "진흙을 이겨서 그릇을 만들되 거기가 비어 있어서 그릇을 쓸 수가 있다. 문을 내고 창을 뚫어 방을 만들되 거기가 비어 있어서 방을 쓸 수가 있다. 그러므로 있음은 이로움의 바탕이 되고 없음은 쓸모의 바탕이 된다"(「도덕경」 제11장) 없음이 없다면 있음의 용도는 제한을 받는다. 있음은 없음과 더불어 함께할 때 그 쓸모의 용도와 가치가 커지는 법이다.

큰 나무들은 그 쓸모없음 때문에 오히려 청복淸福을 즐기고 천수를 누렸다. 한마디로 "재목 아닌 것이 진짜 재목이다"라는 뜻이다. 장자는 지리소支離疏라는 사람의 얘기를 통해 다시 한번 쓸모없음의 효용성을 역설한다. "지리소라는 꼽추는 아래턱은 배꼽 속에 파묻혔고, 어깨는 정수리보다 높았고, 상투는 하늘을 가리키고 오관五官은 위에 있었고, 두 넓적다리가 옆구리에 붙어 있었다. 바느질과 빨래를 해서 먹고 살기에 충분하였고, 키를 까불러 알곡을 고르는 일로 열 식구를 넉넉히 먹여 살렸다. 나라에서 병사를 징발할 때 지리소는 사람들 사이에서 어깨를 치켜들고 다녔다. 나라에 큰 역사(役事)가 있으면 지리소는 지병이 있기 때문에 노역의 고통을 받지 않았다. 나라에서 병자에게 곡식을 내릴 때는 석 섬의 양식과 열 다발의 땔감을 받았다. 육체가 불구인 사람도 제 몸을 건사하여 천수를 마칠 수 있는데, 하물며 그 덕이 곱추인 사람은 어떻겠는가?"「인간세」 지리소는 잘난 데가 없는 사람이다. 잘나기는커녕 결손과 못난 것투성이로, 한눈에 보기에도 볼품이 없다. 그러나 바느질과 빨래를 하는 재주가 있었다. 그 일만으로도 부족하지 않았고, 부지런한 탓에 열 식구를 넉넉히 먹여 살렸다. 몸이 온전하지 못해 전쟁이 나서 병사들을 징발할 때 빠지고, 나라에 큰일을 하기 위해 일꾼을 뽑을 때도 빠졌다. 전쟁에 나간 자는 죽거나 병신이 되어 간신히 돌아왔고, 나라의 큰 역사에 일꾼으로 뽑혀나간 자는 다리나 허리를 못 쓰게 되어 돌아왔다. 그 뒤로 제대로 된 사람구실을 할 수 없게 되었다. 지리소는 쓸모없다고 버림받았지만, 실은 그 쓸모없음 때문에 재앙을 피해 제 수명을 다 누릴 수 있었다.

쓸모없음이란 그 대상의 쓸모가 아직 발견되지 못한 것, 그래서 쓸모가 확정되지 않음을 말한다. 큰 나무는 쓸모가 확정되지 않았으니 그 참된 쓸모가 밝혀지기 전까지는 섣불리 베어낼 수가 없다. 천수를

다하지 못하고 중도에 도끼에 찍히는 나무들은 그 쓸모를 이미 세상에
드러낸 나무들이다. 계수나무나 옻나무는 그 쓸모있음으로 인해 베어
진다. "산에 있는 나무가 베어지는 것은 제 탓이오, 기름불은 스스로를
태우는 것이다. 계수나무 가지는 약재로 쓸 수 있으므로 잘리는 것이
요, 옻나무 또한 쓸모가 있기 때문에 베어지는 것이다. 사람들은 대부
분 쓸모있음의 쓸모만 알 뿐, 쓸모없음의 쓸모를 아는 자는 드물다.^{山木自}
^{寇也. 膏火自煎也. 桂可食, 故伐之. 漆可用, 故割之. 人皆知有用之用, 而莫知无用知用也}"(「인간세」) 큰 나무를 만나면
그 쓸모가 무엇인가를 생각하지 말고, 그 그늘 아래 지친 몸을 쉴 일이
요, 그 나무 위에서 우는 꾀꼬리의 노래에 귀를 기울일 일이다. 진짜
성인은 어린아이를 만나면 어린아이가 되어 더불어 놀고, 호랑이를 만
나면 호랑이의 등을 타고 거친 숲을 지나간다. 장자는 세상 사람들이
쓸모있음의 쓸모는 잘 알지만, 쓸모없음의 참다운 쓸모를 아는 자는
드물다고 탄식한다. 마음이 번잡하고 두루 매여 있는 탓이다. 사물을
귀로만 듣고 마음으로 듣지 못하고 눈으로만 보고 마음의 눈으로 보지
못하기 때문이다.

작은 재주를 뽐내다가는

오나라 왕이 강을 타고 내려가다가 원숭이 산에 올라갔다. 많은 원숭이가 오나라 왕을 보고 무서워 달아나 깊은 숲에 숨었다. 그중 한 원숭이는 까불면서 나뭇가지에 매달려 왕에게 재주를 자랑했다. 왕이 그 원숭이에게 활을 쏘았더니 원숭이는 그 화살을 재빠르게 잡았다. 왕이 시종들에게 서둘러 활을 쏘라고 명했다. 원숭이는 화살을 손에 쥔 채 죽었다.

『장자』, 「서무귀徐无鬼」

사냥을 나선 왕의 일행이 오는 것을 본 많은 원숭이들은 깊은 산속으로 몸을 숨겼다. 그러나 재주 많은 원숭이는 능히 왕의 화살을 피할 수 있는 재주가 있었다. 실제로 오나라 왕이 저를 향해 화살을 날렸을 때 원숭이는 그 화살을 손으로 붙잡았다. 더 많은 화살이 날아들었다. 그것을 피할 수는 없었다. 재주 많은 자가 그 재주를 감추고 쓰지 않으면 그 재주로 말미암아 재앙에 이른다.

몸이 날래고 재주 많은 원숭이는 제 재주를 믿고 위험을 피하지 않았다. 이는 경솔한 태도였음이 금세 드러난다. 재주 많음이 그를 지켜

주지 못했다. 재주 많음을 믿고 허세를 부리다가 죽고 만 것이다. 원숭이가 제 생명을 온전하게 보존할 수 없었던 것은 재주가 많고 그 재주를 과시하려는 허욕이 앞섰기 때문이다. 그 원숭이에게 재주를 감추는 덕이 있었다면 이 재앙은 충분히 피할 수 있었을 것이다.

장자 시대에 두루 아는 것이 많고 달변가로 이름이 높은 혜시라는 사람이 있었다. "소문이 거문고를 타는 것, 사광이 북채를 들고 악기를 두드리는 것, 혜자가 책상에 기대어 담론하는 것, 이 세 사람의 지식은 그 방면에서 거의 최고에 이르렀다고 할 수 있다. 그래서 말년까지 자기들의 일에 종사했다."(「제물론」) 장자와는 한 고향 사람이고 나이도 비슷했다. 흔히 혜자라고 알려진 혜시는 그 지식과 재능으로 장자와 감히 견줄 만한 사람이다. 그는 당대의 지식인이라고 할 만한 사람으로 나중에 양나라 재상 자리에 오른다. 그때 장자가 그를 만나러 간 적이 있는데, 장자가 재상 자리에 욕심을 품은 줄 알고 오해를 하기도 한다. 사람들이 혜자를 찾아와 "장자가 와서 선생님의 재상 자리에 대신 앉으려 합니다"라고 말한 것이다. 혜자는 그 말을 듣고 불안하여 장자를 찾기 위해 사흘 밤낮 동안 온 나라를 뒤졌다. 나중에 장자가 혜자를 만나 말했다. "남쪽 지방에 어떤 새가 있는데, 이름은 원추라고 하네. 자네, 알고 있나? 원추는 남해를 떠나 북해로 날아가는데, 오동나무가 아니면 쉬지 않고 대나무 열매가 아니면 먹지 않고, 단 샘물이 아니면 마시지 않는다네. 그런데 썩은 쥐를 얻어 물고 있는 솔개 한 마리가 그

위를 지나가는 원추를 올려다보며 말했지. '썩 꺼져!' 지금 자네는 자네의 양나라 대문에 나에게 '썩 꺼져!' 라고 말하고 싶은 것인가?"(「추수」)
원추는 전설에 나오는 봉황을 말한다. 봉황은 오동나무가 아니면 앉지를 않고, 대나무 열매가 아니면 먹지 않고, 단 샘물이 아니면 마시지 않는다. 그런 원추를 보고 솔개는 쥐 한 마리를 잡아놓고 그걸 빼앗길까 두려워 전전긍긍한다. 혜자는 재상 자리를 대단하게 여겨 혹시라도 장자에게 그 자리를 빼앗길까 두려워 전전긍긍했다. 확실히 장자는 혜자보다 한 수 위었다. 혜자는 당대 최고의 지식인이었지만 도에 견주면 혜자의 지식과 재능은 "한 마리 모기나 한 마리 진딧물의 노력"에 불과하다. 장자는 혜자를 이렇게 평가했다. "혜시의 재능은 크고 넓어서 도를 얻을 수 없었고 마침내 만물을 좇아갔다가 되돌아오지 않았다. 이는 소리를 쳐서 메아리를 없애려는 것이고, 몸과 그림자가 경주하는 것이다. 안타깝다."(「천하」)

2009년 8월 어느 날, 내 시가 광화문 교보빌딩 글판에 올릴 작품으로 선정되었는데 동의하겠느냐는 전화를 받았다. 『붉디붉은 호랑이』란 시집에 실린 「대추 한 알」이라는 시였다. 물론 기꺼이 동의했다. 그렇게 그 시의 첫 연이 9월 1일부터 광화문 교보빌딩 글판에 붙었다. "대추가 저절로 붉어질 리는 없다./ 저 안에 태풍 몇 개/ 저 안에 천둥 몇 개/ 저 안에 벼락 몇 개." 본디는 "저게 저절로 붉어질 리는 없다"였지만 제목이 따로 붙지 않기에 "대추가 저절로 붉어질 리는 없다"로 바뀌었다. 그 뒤로 이 시가 분에 넘치는 사랑을 받으며 인구에 회자되는 모습을 지켜봤다. 시가 품은 뜻이 단순하고 명쾌하기 때문일 터다. 글판에는 시인의 이름이 나오지 않은 탓에 인터넷에서 누구의 시인지를 검색하는 사람들도 많았다. 그 시가 지난 11월 30일에 글판에서 내려졌다. 감회가 없을 수 없어 몇 자 적는다.

    시골집을 마련한 뒤 봄가을에는 나무를 심었다. 그중의 하나가 대추나무다. 대추나무는 아직 가늘었지만 꽃을 피우고 젖꼭지만 한 열매를 매달았다. 풋대추들이 여름이 오기도 전에 비바람을 못 이기고 떨어진다. 떨어지고 남은 푸릇한 것들이 가지에서 붉고 단단하게 여물어가는 것을 지켜보는 일은 애틋했다. 저녁 이내가 내린 푸른 울안에서 붉은 대추를 바라보는 가을 저녁들이 내 안으로 흘러왔다가 흘러갔다. 그사이 개들은 새끼를 낳고 새끼들에게 제 젖을 물려 길렀다. 제 안에 생명을 기르고 다음 세대에게 그 생명을 전달하는 게 무릇 생명들의 유일하고도 숭고한 의무다. 매화가 피고 졌다. 감나무 가지마다 찢어질 듯 감들이 매달렸다. 그 감들은 서리를 맞으며 초겨울까지 가지에 남아 있었다. 더러는 산까치들이 몰려와 쪼아 먹고 더러는 덧없이 떨어졌다. 그 사이 아이들은 자라서 제각각 살 길을 찾아 멀리 떠나갔다. 내 삶은 살뜰하지 못했으나 아이들은 저마다 늠름하게 자랐다. 세 아이 중 두 아이가 외국에 나가 있다. 공자는 기린을 보고 울고, 항우는 명마 추*를 보고 울었다지만 아이들이 품에서 떠날 때도 울지 않았다.

이제 아이들과 멀리 떨어져 있으니 차마 보고 싶다는 말조차 하지 못한다. 누구나 향연을 꿈꾸지만 그 꿈은 아득하고 멀어서 그렇게 외로움의 장기 수배자가 되어 제 상처로 지은 집에 숨어 사는 것은 아닌가. 공자는 덕이 두터운 이는 외롭지 않다고 썼다. 나는 덕이 얇으므로 천지의 신령들과 소통하지 못한 채 외롭지 않은 날들이 없었다. 이때 외로움은 마음의 우생학에서 열성인자에 속하는 감정일 터다.

시골 사는 즐거움을 나무를 심고 기르는 것에서 찾으려 했다. 그것은 윤리적으로도 떳떳한 일에 속한다. 벽오동, 느티나무, 층층나무, 회화나무, 보리수, 두릅나무, 산벚나무, 반송, 금송, 단풍나무, 구상나무, 매화나무, 영산홍, 모란, 해당화, 배롱나무, 미선나무, 주목, 명자나무, 병꽃나무, 감나무, 앵두나무, 살구나무, 복숭아나무, 배나무 들을 구해 마당과 텃밭 언덕에 심었다. 버드나무와 뽕나무는 내가 심지 않았는데 자라났다. 나무를 심으며 내 안에 아직도 일렁이며 삶을 갉아먹는 미움과 화, 불만과 억울함을 눅이고 잠재웠다. 나는 마음으로 사람들을 용서하고, 아울러 사람들에게 용서를 구했다. 이 나무들과 더불어 내 삶도 시골에 와서 식물적 만개(滿開)를 겪어냈다. 나무들은 저마다 운명이 있어서 다 잘 사는 것은 아니다. 오죽은 심었으나 추위를 견디지 못해 겨울을 넘기지 못하고 죽었다. 처음 심은 모란도 살지 못했다. 멀쩡하던 나무도 이듬해 시름시름 앓다가 죽기도 했다. 심는 나무가 열이면 죽은 나무가 서넛은 되었다. 나무와 사람 사이에도 에너지의 공명이 존재한다. 땅과 공기와 물과 식물들은 자연의 에너지를 품고 있으며, 사람은 그 자연 에너지 속에 서로 영향을 주고받으며 사는 존재다. 나는 나무에게 말을 걸고 나무가 하는 말에 귀를 기울였다. 나무를 심고 기르며 그 나무에게서 인생을 배웠다. 나무들은 내게 여러 편의 시를 주었다. 흙을 파고 뿌리를 묻고 흙을 다진 뒤 물을 주어 살게 했으니 나무들도 그 수고에 보답을 한 것이다. 해마다 거르지 않고 열매를 맺는 대추나무를 곁에서 겪은 뒤 「대추 한 알」이라는 시는 어느 날 무심히 나왔다. "저게 저절로 둥글어질 리는 없다./ 저 안에 무서리 내리는 몇 밤/ 저 안에 땡볕 두어 달/ 저 안에 초승달 몇 날." 그 시의 두번째 연이다.

대추 한 알에는 세상의 어떤 책보다 더 심오한 철학이 들어 있다. 작고 하찮은 미물에 속하는 대추 한 알이 성숙해지는 데도 온갖 시련을 견디는 인고가 따른다. 대추 한 알의 둥글어짐에는 무서리와 땡볕과 초승달이 필요하다. 대추는 그 모든 비바람치는 세월을 품고 견딘 뒤에야 붉고 둥글어질 수 있다. 제가 선 자리에 뿌리를 내리고 수행자와 같이 이 시련들을 견디고 열매를 맺는 대추나무가 대견하다. 대추나무는 제 모든 것을 바쳐 열매를 얻는다. 그러니까 대추는 시련을 견딘 보람이자 결실인 것이다. 그게 대추나무가 따라야 할 단 하나의 소명이자 꿋꿋하게 세워야 할 도덕이다. 올해도 우리 집 대추나무에는 대추가 열렸다. 대추나무가 노동자라면 저 열매들은 그 노동의 수고에 대한 대가인 셈이다. 대추 한 알은 대추나무가 제 모든 것을 쏟아 부은 생명의 노래, 우주의 약동, 관능과 번영의 후렴구, 식물들의 정수精髓다. 사람들은 이 시를 읽고 고진감래에 대해 얘기했다. 우리 삶에도 쓰디쓺이 다하면 달콤함이 오지 않던가. 그러니 "아낌없이 바쳐라. 그리하면 그게 그대에게 되돌아오리라."(D.H. 로렌스, 「우리는 전달자」) 대추 한 알이 그렇듯 우리에게도 삶이란 아낌없이 바쳐서 얻는 그 무엇이다. 그렇다면 모란 움 돋듯, 가을 매 하늘에 날듯 더욱 청신하게 살아보아야 하리.

재주란 쓸모있음이다. 그것 때문에 세상에 나가 이름을 얻고 지위를 얻는다. 장자는 "세상 사람들 모두가 쓸모있음의 쓸모는 알고 있어도 쓸모없음의 쓸모는 모르는구나"(「인간세」) 하고 탄식했다. 계수나무와 옻나무는 그 쓸모 때문에 자라기도 전에 베어진다. 사람들이 추구하는 쓸모있음이란 대개는 작은 유용성이다. 작은 나뭇가지를 꺾어 아궁이에 군불을 때는 데 쓰는 것이 작은 유용성이다. 이 나무가 거목이 되도록 기다렸다가 마침내 거목이 된 뒤에 베어서 쓰는 것은 장자가 말하는 쓸모없음의 쓸모를 말한다. 그러니까 쓸모없음의 쓸모는 정말 큰 쓸모있음을 말하는 것이다.

장자는 지리소라는 사람의 예를 들어 말한다. 한마디로 그는 기괴하게 생긴 불구자다. 아무 쓸모가 없어 보이는 이 사람은 그 쓸모없어 보이는 육신 때문에 잘 먹고 잘 살았다. "바느질을 하고 빨래를 하면 혼자 먹을 것은 충분히 벌고, 키질을 해 쌀을 까불면 열 식구 먹을 것은 충분히 벌었다. 나라에서 군인을 징집할 때도 두 팔을 걷어붙이고 사람들 사이를 당당하게 다녔고, 나라에 큰 역사가 있어도 성한 몸이 아니라 언제나 면제를 받았다."(「인간세」) 꼽추인 지리소는 그 결함 많고 추한 육신 때문에 제 몸을 보존하고 천수를 다하였다. 장자는 지리소의 이야기 끝에 한마디를 덧붙인다. "하물며 그 덕이 꼽추인 사람은 어떻겠는가?" 이 말은 무슨 뜻일까? 지리소를 연상하면 된다. 지리소는 볼품없는 육신에도 불구하고 천수를 누린 사람이다. 쓸모없음의 쓸모에 처한 사람, 겉보기엔 보잘것없으나 내면에는 덕으로 충만한 사람을 말한다.

장자 시대에도 재주가 많고 지략이 있는 사람들은 천하를 돌아다니며 군주들에게 자신의 지식과 경륜을 선전하며 귀하게 쓰이기를 바랐지만 장자는 재상 자리 제안조차 마다하고 제자들과 천하를 주유하며 떠돌았다. 장자는 가난했지만 그 가난에 주눅 들린 적이 없다. 항상 마음에 즐거움이 넘쳤고 태평스러웠다. 어떻게 그럴 수 있었을까? 그것은 장자가 마음을 '심재心齋'의 상태에 두었기 때문이다. 장자는 공자의 입을 빌어 심재에 대해 다음과 같이 말한다. "먼저 마음을 하나로 모으라. 귀로 듣지 말고, 마음으로 들어라. 다음엔 마음으로 듣지 말고, 기로 들어라. 귀는 고작 소리를 들을 뿐이고, 마음은 고작 사물을 인식할 뿐이지만 기는 텅 비어서 무엇이든 받아들이려 기다린다. 도는 오로지 빈 곳에만 있는 것. 이렇게 비움이 곧 심재니라."(『인간세』) 심재는 마음을 굶겨 비우는 것이다. 마음이 품은 온갖 의도를 버리고 무심에 들 때 사람은 평화로워진다. 마음을 비운 사람은 앎과 모름의 경계마저도 넘어간다. 무심이니 마음에 움직임도 없다. 오로지 비우고 고요할 따름이다. 그 고요한 비움 속에 도가 깃드는 법이다.

혼자. 밥 먹고 차 마시고. 상처받은 야생 호랑이같이. 달나라를 향해 뚜벅뚜벅 걷는다. 언제 도착할지 모르고, 혹은 영원히 도착할 수 없을지도 모르는 달나라를 향해. 안단테, 안단테. 나는 뚜벅뚜벅. 걸어간다. 나는. 그렇게. 산다.

송나라 모자 장수의 어리석음

송나라 사람이 예식 때 쓰는 모자를 잔뜩 가지고 월나라에 팔러 갔다. 그러나 월나라 사람들은 모두 머리를 짧게 깎고 몸에는 문신을 해서 모자가 필요 없었다.

요나라 임금은 세상을 잘 다스려 나라가 태평해지자, 멀리 고야산에 사는 네 스승을 뵈러 갔다. 돌아오는 길에 분*강 북쪽 기슭에 다다랐을 때, 망연자실해 자기 나라가 있다는 사실조차 까맣게 잊었다.

「장자」, 「소요유」

송나라의 모자 장수가 월나라에서 모자를 팔 수 있었을까? 물론 모자를 단 한 개도 팔 수가 없었다. 송나라 사람들은 모두 머리를 짧게 깎고 몸에는 문신을 해서 굳이 모자가 필요 없었던 것이다. 모자란 장식품이다. 모자는 멋을 내려는 사람에게는 필수품이겠지만 이미 멋을 낸 사람에게는 잉여다. 모자가 없어도 멋진 사람에게 모자란 그저 불필요한 물건일 따름이다.

모자를 팔려는 것은 모자 장수의 앞지른 마음일 뿐, 월나라 사람은 모자가 필요 없었다. 그랬으니 월나라에 들어간 모자 장수는 허탕을 친 것이다. 송나라 모자 장수의 실패는 용시용활用時用活에 어긋난 계획을 펼치려고 한 탓이다. 모자 없이 충분히 살아가는 사람에게 모자를 팔려고 하는 장수는 어리석은 사람이다. 과연 월나라 사람들은 그를 어리석다고 생각했을 것이다. 송나라 모자 장수는 그제서야 제가 살던 세상과 다른 세상이 있고, 그 다른 세상 속에서 다른 풍속을 지키며 사는 사람이 있다는 걸 알았을 것이다. 조금이라도 지혜가 있었다면 그는 쓸모를 구하려는 제 어리석음을 돌아보았을 터다. 제 앞의 필요와 욕구에 매여 사는 보통 사람의 삶은 마치 송나라의 모자 장수가 모자를 필요로 하지 않는 월나라 사람들에게 모자를 팔려는 것과 같다.

장자는 왜 이 이야기를 하는 것일까? 다음에 이어지는 요나라 임금의 이야기를 숙고해볼 필요가 있다. 고야산은 신인神人들이 사는 곳이다. 요나라 임금은 지혜로운 군주였다. 군주가 나라를 잘 다스리니 나라는 태평성대였다. 그럼에도 요나라 임금은 더 큰 지혜를 구하고자 고야산에 네 스승을 만나러 간다. 어떻게 되었는가? 요나라 임금은 돌아오는 길에 망연자실해져서 자기 나라가 있다는 사실조차 까맣게 잊었다고 한다. 자기가 다스리는 나라를 잊었으니 자기가 있다는 사실조차 잊었을 것이다. 잊는다는 것은 앎을 그친다는 뜻이다. 다시 말하면, 그는 고야산의 신인들을 만나고 돌아오는 길에 홀연히 좌망의 경지에 든다. 좌망은 초의식 상태에 드는 것이다. 자기를 둘러싼 물질적 제약들과 인식의 제약을 단번에 넘어서서 의식 너머의 의식에 드는 이 초의식의 상태에서는 감각이나 지각의 작용을 끊고도 자유롭다. 선승(禪僧)들이 좌선을 통해 홀연히 드는 삼매경의 경지가 이런 것이 아닐까.

늙은 어머니가 텃밭에 심은 콩과 옥수수가 제법 자랐다. 한동안 어머니는 멧비둘기와 고라니를 상대로 힘겨운 싸움을 했다. 멧비둘기는 땅에 심은 콩알들을 쪼아 먹고, 고라니는 싹이 튼 옥수수를 뜯어먹었다. 아침밥을 드시다가도 텃밭에 멧비둘기가 내려앉는 기척이 나면 문밖으로 뛰쳐나가시곤 했다. 이제 콩대가 제법 굵어지고, 옥수수도 키가 훌쩍 커버렸으니 한시름 놓는다. 문순우 화백이 우포늪에서 떠왔다는 물개구리밥을 얻어다가 돌확에 물을 채운 뒤 넣었더니 물개구리밥이 수면을 빽빽하게 덮었다. 온통 초록으로 덮은 물개구리밥이 화사해서 볼 만하다. 오동나무는 넓은 잎사귀를 내고, 텃밭에 심은 감자들은 꽃을 피워냈다. 오동나무가 드리우는 푸른 그늘도 작년보다 더 넓어졌다. 파랗게 융단을 깔아놓은 것같이 벼들은 잘 자랐다. 논에는 벼들만 자라는 게 아니다. 늑대거미들은 알에서 깬 제 새끼들을 기른다. 모란은 모란 잎을 피워내고 토란은 토란잎을 피워낸다. 넓은 토란잎에 떨어지는 빗소리는 들을 만한 음악이다. 어둠이 내리면 개구리가 울고, 밤하늘에는 별이 가득 뜬다. 곧 감자를 수확할 것이므로 가난한 사람도 굶을 걱정은 없겠다. 나는 잘 자고 잘 웃는다.

풀이 우거진 덤불 속에서는 봄부터 장끼들이 운다. 장끼들은 마치 늑대처럼 우는데, 그 울음소리가 아난다의 울음만큼 슬프지는 않다. 붓다가 열반에 임박했을 때 제자 아난다는 아직 수행이 끝나지 않은 상태였다. 붓다는 아난다에게 자신이 죽더라도 울지 말라고 일렀다. 아난다는 마음이 무른 사람이 아니었지만 붓다의 열반을 슬퍼하며 많이 울었다. 아난다의 얘기를 듣고 내 눈시울도 붉어진다. 나는 장끼 울음소리를 들으며 스승을 잃은 아난다의 슬픔이 얼마나 깊었을까 혼자 짚어본다. 장끼들 울음소리가 사라진 틈에 뻐꾹새들이 뻐꾹뻐꾹 한가롭게 운다. 산벚나무 꽃들이 지고 다시 산딸나무 흰 꽃도 졌다. 버드나무 가지들은 늘어지고, 나무마다 유복자처럼 초록 그늘이 생기는 초여름의 날들이 이어진다. 텃밭 둔덕에 심은 복숭아나무에 매달린 복숭아들이 익어간다. 쌀톨 같은 아들을 창대같이 키우기 좋은 고요한 시절이다.

인류는 땅위에 많은 길들을 내며 걸었던 흔적을 남겼다. 인류는 걸음으로써 땅에 뿌리를 내리고, 영장류에서 진화를 이루었다. 사람의 발은 나무의 뿌리에 해당한다. 걷는다는 것은 발과 땅의 공모를 통해 이루어지는 행위다. 걷는다는 것에 관해 한 철학자는 이렇게 쓴다. "길을 걷는 사람은 누구나 인간과 세상을 상호 간의 망각으로부터 보호하는 겉옷을 다시 얻게 된다."(크리스토프 라무르) 나는 그 진화된 영장류의 후손이다. 내가 들길이고 산길이고 가리지 않고 걷기를 좋아하는 것은 그 후손이라는 증거겠다. 아울러 나는 걷기를 통해 내 존재가 필요한 영양 섭취를 한다. 걸을 때 세포들은 아아아, 소리치며 깨어난다. 걷기는 근심과 무거운 의무들에서 자유고, 고통의 즉각적인 중단이며, 비밀스러운 관능과 쾌락에 대한 약속이다. 시골에서 누리는 기쁨 중의 하나는 걸을 만한 곳이 많다는 점이다. 안성도 걸을 만한 곳이 많다. 누옥 근처의 산림욕장이나 옻샘 약수터는 걸을 만하다. 낮에 찬물 만 밥에 맑은 오이냉국을 먹은 뒤 산림욕장까지 천천히 걸어갔다가 다시 돌아온다. 날이 더워져서 그만한 걸음에도 등에 땀이 밴다. 고삼호수 주변에도 걷기에 맞춤한 오솔길들이 있다. 그 오솔길들은 토파즈만큼이나 매혹적이다. 청룡사 쪽에서 올라가는 서운산에도 자주 걷는 산길이 있다. 그 산길은 가파르지 않아 걷기에 맞춤하다. 걸음을 앞으로 내디디며 몸을 밀고 나갈 때 세계는 내 앞으로 오는 것이 아니라 곧장 몸속으로 들어온다. 두 다리로 걸으며 내가 사는 행성의 거리를 측량할 때 내 몸에 들어온 세계는 용해되어 나와 하나가 된다. 나는 먼 나라의 영주권을 얻듯 세계의 침묵을 취득한다.

나는 걸을 때 느리게 걸으려고 한다. 동면에서 막 깨어난 지리산 반달곰처럼 느리게 걸으면서 천지의 변화를 찬찬히 살피고, 어디선가 회수해서 내게 돌려주는 몸의 물질성을 세세하게 느껴보기 위해서다. 느림은 세계를 온전히 관망하게 하며 세계의 취득을 보다 더 완벽하게 만든다. 아울러 느리게 걷기는 세계에 대한 숙고에 깊이를 더하는 우아한 기술이다. 내가 느리게 걸을 때 가까운 것들은 몸속으로 들어오고 먼 것들은 가 닿을 길 없음으로 내 몸과 엇갈린다. 그 엇갈림은 그윽하다. 먼 풍경과 내외할 때 내 걸음의 느림 때문에 세계는 나라는 존재의 총체를 꿰뚫고 지나간다. 서운산 오솔길을 걸을 때 나는 제대로 살고 있다는 확신을 갖는다. 철학자 루소는 형제도 이웃도 친구도 사회도 다 절연하고 고독한 산책자가 되었다. 그의 산책은 은둔과 같다. 딸이 대학을 나와 미국으로 떠나고, 얼마 전에 아들이 다니던 회사를 그만두고 캐나다로 떠났다. 나는 노모와 둘이 마주앉아 쓸쓸한 저녁 밥상을 받는다. 이제 나의 산책도 차츰 루소의 그것을 닮아간다.

칠현산 아래에 칠현산방이 있다. 칠현산방 주인은 일산에 사는데 주말마다 여기 내려와 황토를 개고 벽을 쌓아 황토집을 두 채나 지었다. 그 두 채를 다 짓는 데 무려 5년의 세월이 걸렸다. 집념이 대단하니 독한 사람인가 했다. 이 칠현산방 주인인 조경선이 이즈막에 새로 사귄 벗이다. 손발은 부지런하고 마음은 어질며 몸가짐이 바른 사람이다. 아궁이에 불을 지피고 구들을 깐 황토방에 큰 대자로 누우면 뼈마디들이 노곤해진다. 비오는 지난 주말엔 그의 황토집에서 지인들 몇이 어울려 파전을 부쳐 막걸리를 늦게까지 나눠 마셨다. 연못에 연꽃이 한 송이 피었는데, 고라니가 따먹었다고 한다. 연못에 넣은 민물고기는 백로들이 날아와 쪼아 먹었다고 한다. 연못을 들여다보니 물 속에 연꽃 봉오리 맺힌 게 보이고, 작은 물고기들이 날렵하게 수초 사이로 돌아다닌다. 다음 주말에는 책 읽기를 좋아하고 명랑한 그의 아내가 끓여주는 잔치국수 한 그릇 말아먹고 칠현산 능선 길을 따라 산 너머 칠장사까지 함께 걷기를 약속했다. 그때 능선 길을 걸으며 직립 보행자의 기쁨을 만끽할 요량이다.

혜자는 사물의 유용론을 바탕으로 장자가 말하는 하늘의 바람을 타고 노니는 대붕의 이야기가 비현실적이고 한가로우며 크고 허황하다고 시비를 건다. 이는 매미나 메추라기가 하늘 높이 떠서 여섯 달이나 나는 대붕을 비웃는 것이나 마찬가지다. 공리주의 철학자인 혜자는 오늘의 쓸모를 구하고 그 유용함을 바탕으로 제 삶을 세우는 실용주의를 옹호한다. 먹고 사는 일에 바쁜 사람들의 눈에는 큰 나무 주위를 쓸데없이 배회하고, 그 아래에서 한가롭게 낮잠이나 자는 사람이 하는 짓이 어떻게 비쳤을까는 굳이 말하지 않아도 알 것이다. 그에 대한 장자의 반론은 다음과 같다. "자네는 너구리나 살쾡이를 본 적이 없는가? 몸을 낮추고 엎드려 먹이를 노리다가, 이리 뛰고 저리 뛰고, 높이 뛰고 낮게 뛰다 결국 그물이나 덫에 걸려 죽고 마네. 이제 들소를 보게. 그 크기가 하늘에 뜬구름처럼 크지만 쥐 한 마리도 못 잡네. 이제 자네는 그 큰 나무가 쓸모없다고 걱정하지 말고, 그것을 아무것도 없는 고을 넓은 들판에 심어놓고 그 주위에 하는 일 없이 배회하기도 하고, 그 밑에서 한가롭게 낮잠이나 자게. 도끼에 찍힐 일도, 달리 해치는 자도 없을 걸세. 쓸모없다고 괴로워하거나 슬퍼할 것이 없지 않은가?"「소요유」

장자는 굳이 쓸모있으려고 애쓰지 말라고 한다. 그래봐야 그물이나 덫에 걸려 숨결을 놓고 최후를 맞지 않는가! 몸을 낮추고 엎드려 먹이를 노리는 너구리는 삶의 쓸모에 휘둘려 바쁜 사람들을 말한다. 혜자는 오늘에 충실한 사람이 제대로 사는 것이라고 생각하고, 장자는 오늘 너머 영원을 바라보고 사는 게 올바른 사람이라고 생각한다. 장자의 사유 체계 속에서 혜자는 송나라 모자 장수나 다를 바 없다. 혜자는 유용성의 범주를 사람들의 목전의 필요와 욕구로 한정한 인습적 유용론에 갇혀 있는 사람이다. 반면에 쓸모없음의 쓸모에 대해 말하는 장자의 유용론은 유용성에 경계를 두지 않은 모든 것을 대범하게 품는 무용의 유용론이다. 쓸모없다고 사람들이 거들떠보지 않은 나무가 천년 거목이 되고, 쓸모없다고 버린 돌이 머릿돌이 되는 법이다.

크고자 하지 않음으로 크게 되는 것이 하지 않음의 도다. 하지 않음의 도를 깨달은 사람에게 크다, 작다는 시비나 쓸모가 있다, 없다는 다툼은 무용지물이다. 하지 않음의 도에 들면 생명의 당연한 욕구나 필요에 따라 움직일 필요가 없는 까닭이다. 송나라 모자 장수와 같은 사람들은 그 욕구나 필요에 따라 몸을 고되게 부리느라 바쁘지만 제 내면의 고요에 빠진 사람은 한가로움에 처하느라 몸과 마음이 바쁘다. 고야산의 신인들을 만나고 돌아오는 중에 나라를 잊고 모든 걸 잊어버린 요나라 임금도 한가로움에 처하느라 나라도 저 자신도 다 잊었다. 일에 바쁜 자는 고달프고, 하지 않음에 바쁜 자는 한가롭다. 하지 않음의 도에 들면 크고자 하지 않음으로 크게 되고, 이루고자 하지 않음으로 이룬다. 하지 않음의 도는 우주 만물 그 어디에도 미치지 않는 데가 없는 까닭이다.

8. 배워 익힌 것은 잊어라

아낌없이 잊어라

안회가 말했다. "저는 뭔가 된 것 같습니다."

공자가 물었다. "무슨 말인가?"

"저는 인이니 의니 하는 것을 잊었습니다."

"좋다. 그러나 아직 멀었네."

얼마 뒤 안회가 다시 공자를 만나 말했다. "저는 뭔가 된 것 같습니다."

"무슨 말인가?"

"저는 예니 악이니 하는 것을 잊었습니다."

"좋다. 그러나 아직 멀었네."

얼마 지나 안회가 다시 공자를 만나 말했다. "저는 뭔가 된 것 같습니다."

"무슨 말인가?"

"저는 좌망을 하게 되었습니다."

공자가 깜짝 놀라 물었다. "좌망이라니 그게 무슨 말이냐?"

"손발과 몸을 잊고, 귀와 눈의 작용을 쉬게 합니다. 몸을 떠나고 앎을 몰아내는 것. 그리하여 큰 트임과 하나됨에 이르렀습니다. 이것이 좌망입니다."

공자가 말했다. "하나됨에 이르면 좋다 싫다 하는 경계가 없어지지. 변화를 받아 막히는 데가 없게 되지. 마침내 그대가 어진 사람이 되었구나. 청컨대 나도 그대를 따르게 해다오."

『장자』, 「대종사」

『장자』의 「대종사」 편을 읽는다. 장자가 말하는 좌망은 말 그대로 '앉아서 잊음'이다. '잊음'은 그냥 잊음이 아니고 "몸을 떠나고 앎을 몰아내는 것", 그러니까 능동적으로 떠나고 몰아내서 얻는 잊음이다. 그 '잊음'의 최종 목표는? "큰 트임大通과 하나됨"이다. 바로 이게 좌망이라고, 안회는 말한다. 대개의 공부는 보고 들은 바를 잊지 않는 것을 목표로 삼는다. 인의와 예악은 배우고 익힌 앎을 몸에 새기는 일이다. 이 배움을 따르면 어디에서도 반듯한 사람 구실을 할 수 있다. 안회가 배우고 익혀 사람 구실을 하게 만든 그 인의와 예악을 잊었다고 말할 때 공자는 감동을 받았다. 좌망은 인의나 예악보다 더 높은 경지다. 안과 밖의 경계를 넘어서고, 사물과 나를 뭉뚱그려버림으로써 큰 자유를 얻는다. 앎은 또한 앎 자체에서 생겨나는 관성으로 주체를 구속하니 그것에서 벗어나야 비로소 천진난만한 아이와 같이 생각과 행동이 막힌 데 없이 자유롭다. "(어린아이는) 나아가되 갈 곳을 모르고 머물되 처할 곳을 모르며 만물과 더불어 따라가며 그 물결에 함께 하는 것이니 이것을 위생의 도라 한다."(「경상초」) 어린아이는 무지하니 앎에서 비롯하는 관성의 구속도 없고 죽을 듯한 두려움도 모른다. 어린

아이는 표면도 심연도 없다. 다만 타고난 그대로, 있는 그대로의 존재다. 장자는 그런 어린아이와 같은 상태가 "위생의 도"를 깨친 것이라고 말한다. "능히 융통 자재하고 바보처럼 진실하여 어린아이처럼 되는 것이다. 아이는 종일 울어도 목구멍이 쉬지 않는다. 화평이 지극하기 때문이다."(『경상초』) 노자도 똑같은 얘기를 한다. "덕을 두터이 지니고 있는 사람은 벌거숭이 아기 같아서 독 있는 벌레도 물지 않고 사나운 짐승도 덤비지 않고 사나운 새도 채가지 않는다. 뼈도 약하고 힘줄도 부드럽지만 움켜쥐는 힘이 단단하고 아직 남녀의 교합을 모르면서 자지가 발끈하고 서는 것은 정기의 지극함이요 종일토록 울어도 목이 쉬지 않는 것은 조화의 지극함이다. 조화를 아는 것을 일컬어 참이라 하고 참을 아는 것을 일컬어 깨달음이라 한다. 살려고 애쓰는 것을 일컬어 재앙이라고 하고 마음이 기를 부리는 것을 일컬어 강(强)이라 한다. 사물이 강장(强壯)하면 늙어지니 이것을 일컬어 도가 아니라 한다. 도가 아니면 일찍 끝난다."(『도덕경』, 제55장) 아기는 약하고 부드럽지만 정기의 지극함과 조화의 지극함을 지닌 존재다. 아이는 "종일 울어도 목이 쉬지 않는"다고 했으니 이것이 "위생의 도"가 아니고 무엇인가! 노자는 이미 도를 깨달은 자는 벌거숭이 아기 같다고 말하고, 장자는 진인(眞人)이라고 한다. "옛날의 진인은 잠이 들면 꿈을 꾸지 않았고, 깨어 있을 때는 근심을 하지 않았다. 그가 먹는 것은 입에 달지 않았고, 그가 숨쉬는 것은 깊고 고요다. 진인은 발뒤꿈치로 숨을 쉬고, 보통 사람들은 목구멍으로 숨을 쉰다. 세속에 굴복한 자는 웃음 띤 말이 아첨하는 것

같고 욕심은 깊고 타고난 기틀은 얕다. 옛날의 진인은 사는 것을 좋아할 줄도 몰랐고, 죽는 것을 싫어할 줄도 몰랐다. 태어남을 좋아하지도 않고, 죽음을 애써 거부하지도 않았다. 홀연히 가고 홀연히 올 뿐이다."(「대종사」) 공자는 제자 안회에게서 홀연 진인의 모습을 엿본다. 안회의 마음은 이미 비었고, 얼굴은 고요하고, 이마는 너그러웠다. 공자는 제자에게 머리를 숙여 경의를 표했다. 그리고 "그대야말로 과연 어진 사람이다. 청컨대 나도 그대의 뒤를 따르게 해다오"라고 했다.

앎의 지극함은 잊음에 있다. 제가 가진 수족을 잊고, 제가 배우고 익힌 총명을 잊고, 마음에 새겨 삶의 모범으로 따른 인의와 예악을 잊고, 마침내 대통大通하여 하나되는 경지에 들었다. 많이 아는 사람은 존경을 받는다. 앎에서 더 나아가 많이 아는 바를 버리면 그 무엇에도 저촉받는 바가 없으니 자유롭다. 거침없이 자유로운 사람이 진인이다. "잠잠하고 형체도 없는 것이 변화하여 가만있지 않는다. 죽음과 삶은 천지와 나란히 함께하고, 신명과 함께 변해간다. 어디로 가는지 까마득하고, 어디서 왔는지 쏜살같은데, 만물을 모두 그 속에 포괄하고 있어도 되돌아갈 만한 곳이 없다."(「천하」) 밤은 낮이 되고 낮은 밤이 된다. 한번은 음이 되면 한번은 양이 된다. 날아오른 새는 내려앉고 내려앉은 새는 날아오른다. 만물은 변화하고 순환한다. 오직 변하지 않는 진리는 만물이 변화한다는 사실 그 한 가지뿐이다. 『주역』에서도 만물이 쉼없이 변하니 그 변화에 따르면 형통한다變卽通고 말한다. 그러니 변화와 순환에 따르라. 배우고 익혔으면 갇히지 말고 능히 그것을 잊고, 지극히 통하였으면 버려라. 새 날빛 돋으면 헌 사람을 벗고 나날이 새 사람으로 태어나라. 새 날빛 돋으면 하늘과 땅은 이미 어제의 그것과 다르니 마땅히 새 기운으로 충만한 사람으로 살아야 하느니. 이것이 내 아들에게 이르고 싶은 지혜다.

어둠이 깊으면 새 날빛이 터지고, 묵은 것은 가고 새것은 온다. 아들아, 묵은 것을 훌훌 털고 새해 아침에는 배낭을 메고 함께 산을 오르자. 가랑잎이 쌓인 산길을 골라 그 가랑잎을 밟으며 산을 오르자. 활엽의 나무들이 고단한 행군에 나선 병사들처럼 서있다. 심장 박동이 빨라지고 숨결이 거친 것은 몸 쓰는 일에 게을렀던 탓이다. 들숨과 날숨이 가빠지면 산 중턱이라도 걸음을 멈추고 잠시 쉬었다 오르자. 오를 때는 내려갈 때를 생각해 함부로 힘을 낭비할 일이 아니다. 항상 고요하기를 힘써라. 고요해지면 마음이 편안해지고 더 많은 것들을 살펴볼 수 있다. 근처 마른 풀 위에 검은 콩알 같은 들짐승의 똥들이 흩어져 있지 않느냐. 천지가 얼어붙은 이 겨울은 짐승에게도 시련이다. 『성호사설星湖僿說』에서 실학자 이익李瀷은 이렇게 썼다. "산과 들의 짐승들이 얼음이 얼고 눈이 쌓여도 견디는 것은 습관의 결과다." 천지에 조락이 시작하고 삭풍이 부는 겨울이 오면 먹이를 구하는 일도 어려워진다. 산과 들의 짐승도 형통함이 막히면 움직임을 줄여 덜 먹고 견딜 줄 안다. 사람은 짐승보다 사정이 낫지 않느냐. 형편이 여의치 않으니 웅크려 겨울을 나는 짐승들의 지혜가 놀랍지 않느냐?

미국발 서브프라임 위기로 시작한 금융위기가 거대한 쓰나미로 변해 세계 경제를 덮쳤다. 어느 때부터인가 공황이라는 유령이 우리 주변을 어슬렁거린다. 기업들이 도산하고 실업자가 넘쳐나고 나라 살림은 어려워질 게 자명하다. 경제 전문가라고 하는 이들은 살림이 더 팍팍해질 것이라고 겁을 주지만 그 암울한 예언의 말들에 너무 기죽지는 마라. 다니던 직장에서 나와 힘겹게 이 겨울을 나는 너에게 소동파蘇東坡가 쓴 이런 구절을 들려주고 싶다. "오늘부터 하루 동안 먹고 마시는 양을 술 한 잔 고기 한 조각으로 그칠 것이다. 귀한 손님이 있어 상을 더 차려야 한다 해도 그보다 세 배 이상은 넘지 않을 것이다. 그보다 덜할 수는 있어도 더할 수는 없다." 소동파는 궁핍해질 때 마음을 여미고 제 몸에 들이는 음식을 줄이겠다고 말한다. 가난 때문에 죽는 사람은 드물어도, 가난에 대한 근심 때문에 죽는 사람은 많다. 그러니 너무 두려워하지는 말자. 벌이가 줄면 덜 먹고 쓰는 일을 줄이면 될 일이다. 잊지 말아야 할 것은 우리의 생명은 단 한 번의 기적이라는 사실이다. 이렇게 찬란하게 쏟아지는 햇빛이 주는 기쁨, 이마에 얹힌 땀을 씻어주는 한 줄기 바람에서 느끼는 순수한 쾌락을 온전하게 향유하라. 마음의 여유를 잃지 말자. 지나친 근심과 걱정은 이 기적의 순수성과 기쁨을 퇴락시킨다.

아들아, 눈 뜬 자로 살며 마치 세상을 손아귀에 쥐고 그 모든 것을 다 아는 듯 오만하지 않았던가를 반성하자. 그것이 무간지옥無間地獄을 걷는 극한 고통이라 하더라도 오만과 자만은 뼛속까지 씻어내고 두 번 되풀이하지 않아야 한다. 셰익스피어의 『리어왕』에서 늙은 백작은 인간성의 한계를 자각한 뒤에 "눈이 보일 적에 나는 오히려 헛디뎌 넘어지곤 했다"고 탄식하듯 말한다. 눈이 보이지 않는 자는 조심하는 까닭에 넘어지지 않지만, 눈 뜬 자는 오만함과 경솔함 때문에 작은 돌부리에 넘어지는 법이다. 사람은 편안함 속에서 나태해지고, 역경과 시련 속에서 단련된다. 쉬이 꺾이는 나무들은 애초에 큰 나무가 될 수 없는 무른 것들이다. 1백 아름 넘는 거목들은 어떤 역경과 시련에도 꺾이지 않고 나이테를 늘리고 기세 좋게 가지를 뻗은 나무들이다. 너는 역경에 맞서 꿋꿋하게 나이테를 늘려가는 그 나무들을 보고 배워라. 폐족廢族이란 굴레를 쓰고 혹여 풀이 죽어 있을 두 아들에게 다산 정약용은 이렇게 일렀다. "빈고하고 곤궁한 괴로움이 또 그 심지를 단련시켜 지식과 생각을 툭 틔워주고, 인정물태人情物態의 진실과 거짓된 형상을 두루 알게 해준다." 다산은 폐족이 되었다고 상심하지 말고 지식과 생각을 거리낌 없이 툭 틔우는 계기로 삼으라고 말한다. 곤궁하다고 기죽지 말고 오히려 심지를 단련시킬 기회로 삼으라고 말하는 게 아비의 마음이다.

아들아, 높이 오를수록 마음은 낮은 곳에 두어라. 낮은 데 처한 사람의 눈으로 너를 돌아보아라. 그러나 낮은 곳에 처해 있을 때는 오히려 눈은 높은 곳을 향하게 하라. 사람들이 절망을 말할 때 너는 그 절망을 뚫고 오는 희망의 빛을 응시해라. 금빛 서광은 어둠을 뚫고 나올 때 더욱 눈부신 법이다. 저 나무들 사이를 뚫고 달려오는 빛을 가슴에 품어라. 잎 지고 빈 가지로 서있는 저 나무들을 보아라. 가지마다 잎눈이 달려 있다. 봄이 되면 저 잎눈들에서 연초록 잎들이 피어날 것이다. 조락과 죽음이 지배하는 이 겨울 숲에서도 무릇 생명이 있는 모든 것들은 신생의 삶을 준비하고 있다. 아들아, 이 숲의 모든 나무들에 잎 돋고 꽃 피는 봄이 곧 온다고 상상하면 가슴이 두근거리지 않느냐?

물의 길 사람의 길

공자가 여량을 유람하는데, 폭포수의 높이가 3천 길이나 되고, 폭포수에서 튄 물거품은 40리에 이를 정도로 험해서 자라나 물고기도 감히 그 안에서 노닐 수 없었을 정도였다. 그런데 한 사내가 그 물 속에서 헤엄을 치고 있었다. 공자는 그 자가 자살하려고 물에 뛰어든 것으로 생각했다. 제자에게 일러 그 자를 건져내라고 했다. 제자가 그 말을 듣고 수백 보를 따라 내려가보니 그는 물에서 나와 머리를 털고 노래를 부르며 둑 아래서 쉬고 있었다. 공자가 물었다. "나는 당신을 귀신이라고 생각했는데, 이제 보니 사람이군요. 한마디 묻겠는데 물에서 헤엄치는 것에도 도가 있겠지요?" 그 사내가 대답했다. "없습니다. 제게는 도라는 것이 없지요. 다만 옛 삶에서 시작했고, 지금의 삶에서 자라났으며, 운명을 따를 뿐입니다. 저는 물이 소용돌이쳐서 빨아들이면 그 안에 들어가고 물이 저를 밀어내면 물과 함께 나오며 물의 도에 따를 뿐 그것을 사사롭게 여기지 않습니다. 이게 제가 물을 건너는 방법이지요." 다시 공자가 물었다. "옛 삶에서 시작하였고, 지금의 삶에서 자라났으며, 운명에서 완성하였다고 했는데, 그게 무슨 뜻인가요?" 그 사내가 대답했다. "제가 육지에서 태어나 육지에 편안해진 것이 옛 삶이고, 제가 현재 물에서 자라서 물에 편안해진 것이 지금의 삶이며, 제가 어떻게 그럴 수 있었는지 모르지만 그렇게 된 것이 바로 운명이지요."

『장자』, 「달생達生」

『장자』의 「달생」 편을 읽는다. 높이가 3천 길이나 되고, 폭포수에서 튄 물방울이 40리에 이를 정도라니 정말 대단한 폭포수다. 물에서 사는 자라나 물고기도 감히 범접할 수 없는 험한 위용을 자랑하는 그 폭포수에서 유유히 헤엄을 치는 사람이 있다. 장자는 그에게 "물에서 헤엄치는 도가 있습니까?"라고 물었다. 헤엄치는 사람은 도가 없다고 했다. 다만 "물이 소용돌이쳐서 빨아들이면 그 안에 들어가고 물이 저를 밀어내면 물과 함께 나오며 물의 도에 따를 뿐"이라고 대답한다. 이 사람에겐 인위가 없다. 물 안에 있으니 물의 도를 따를 뿐이다. 이 따름은 자연의 원리를 거스르지 않고 있는 그대로 받아들임이다. 물 안에서 물과 함께 노닐 때 물과 몸은 둘이 아니요 하나로 물의 억압에서 벗어날 수 있다. 이 벗어남은 주체성이 부재하는 카오스를 거쳐 경계 없음으로 나아가는 것이다. 물이라는 물리적 토대 위에서 이루어지던 삶과는 다른 새로운 삶의 발명이다.

그가 추구한 것은 단순한 진리다. 먼저 물을 받아들이고 물과 친해졌다. 물에 처음 들어간 사람은 대개 물을 두려워한다. 물이 깊고 험하다면 그 두려움은 더 커질 것이다. 땅 위에서 척추를 곧추세우고 다니던 사람이 물에 들어가면 척추를 수평으로 하는 일은 낯설다. 물도 낯설고 취하는 자세도 낯설다. 그 낯설음에서 두려움이 생기는 것이다. 물과 친해지면 이 두려움은 자연히 사라진다. 물과 친해지는 과정이란 무엇인가? 나의 도를 버리고 물의 도를 익혀 배우는 과정이다. 「달생」의 우화에 나오는 이 헤엄치기의 달인을 보라. "'물의 도'에 따를 뿐 결코 '나의 도'를 강요하지 않습니다." 물에서는 마땅히 물의 도를 따라야 한다. 물의 도를 따르다 보니 험한 물길 속에서도 헤엄을 잘 치게 되었다는 얘기다.

땅에서는 척추를 세우고 물에 들어가면 척추를 눕혀야 한다. 땅에서는 땅의 도를 따르고, 물에서는 물의 도를 따라야 한다. 물 안에서 자기를 완전히 잊으면 물과 뭍의 분별도 사라진다. 몸을 잊고 지각조차도 잊어 자기를 버리면 물과 하나됨이니, 물살이 아무리 험해도 물과 더불어 노닐 수 있다. 이 단계가 좌망이다. 제자 안회가 공자에게 인의를 잊고 예악을 잊고 마침내 망각에 들었다고 말한다. 그게 무슨 뜻이냐고 묻는 공자에게 안회가 대답한다. "몸뚱이와 사지를 버렸으며 지각을 내던졌습니다. 몸과 앎에서 자유로워지니 저는 무한과 한 몸이 되었습니다. 망각에 빠졌다는 것은 곧 좌망에 들었다는 뜻입니다." 안회의 대답을 듣고 공자가 제자를 크게 칭찬하며 말했다. "자네가 내 앞에 가게 되었네. 나는 그대의 발자취를 따르리라." 스승도 멋지고 제자도 멋지지 않은가!

물고기보다 물과 더 친한 사람, 물고기보다 더 물 속에서 자유로운 사람, 자, 달인에게 들어보자. "물 안에서는 모든 것을 잊고 물과 더불어 한바탕 노닐어라! 크게 놀되 자잘한 것들은 잊어라!" 대붕은 9만 리 상공으로 비상하여 여섯 달을 쉬지 않고 날았다. 이 헤엄치는 사람은 자라나 물고기도 감히 그 안에서 노닐 수 없는 험한 물길을 타고 놀았다. 단순하다는 점에서 어린아이와 같다. 어린아이란 쓸모없이 많은 분별에서 자유로운 자다. 니체는 말한다. "아이는 순진무구함이며 망각이고, 새로운 출발, 놀이, 스스로 도는 수레바퀴, 최초의 움직임이며, 성스러운 긍정이 아니던가."(니체, 『차라투스트라는 이렇게 말했다』) 타고난 바 천품을 지키면 아이와 같이 천진무구해질 수 있다. 아이와 같아진다면 자연의 소박함으로 나아갈 수 있다.

진흙탕에서 꼬리를 끌고 다니며 사는 것은 자유롭다고는 하나 고독한 일이다. 그리고 고독은 남자의 조건이다. 고독은 남자의 피, 남자의 뼛속에 새겨진 신의 DNA다. 존재가 칼집이라면 고독은 칼집에 든 칼이다. "가슴 속의 잗다란 불평쯤이야 술로 씻어낼 수 있지만, 세상의 큰 불평은 칼이 아니고는 씻어낼 길이 없다."(장주, 「유몽영幽夢影」) 고독을 사모하는 자들은 무리에서 이탈해서 동굴에 은둔한다. 무리에 기대지 않고 고요라는 정금(正金)의 시간을 온전히 누리는 것이 바로 고독이다. 고독의 순간은 하나의 가능태를 품는다. 그 안에는 생명의 놀라운 도약, 창조의 돌연한 솟구침이 숨어 있다.

여자가 고독을 향유하지 못하는 것은 고독을 재앙이라고 여기는 까닭이다. 그 대신에 여자들은 사교생활과 수다와 쇼핑을 추구한다. 나는 여자에게서 태어나고, 여자를 사모하고, 오로지 여성적인 것만이 인간을 구원한다는 괴테의 말을 지지한다. 나는 무리에서 떨어져 나와 고독의 한복판을 가로질러 가는 여자를 본 적이 없다. 간혹 무리에서 떨어져 나온 여자가 없는 것은 아니지만, 그럴 때 여자는 고독이 아니라 우울과 자기연민 속에 스스로를 가둔다. 고독은 누구나 앉을 수 있는 안락의자가 아니다. 고독은 모든 기득권과 편리를 버리고 오직 그것만을 선택하는 실존의 용기가 필요하다. 그러나 우울함은 나태한 순간 저절로 찾아오는 것이다. 고독이란 불행의 회피가 아니라 불행의 적극적 선택이고, 그 불행 속에서도 꿋꿋할 수 있는 용기며, 범용한 영혼이 감히 꿈꿀 수 없는 비상한 철학, 그리고 형이상학적 도취다. 고독을 불행이라고 믿는 내 아들을 위해 이렇게 쓴 적이 있다. "불행 앞에서 비굴하지 말 것. 허리를 곧추세울 것. 헤프게 울지 말 것. 울음으로 타인의 동정을 구하지 말 것. 꼭 울어야만 한다면 흩날리는 진눈깨비 앞에서 울 것. 외양간이나 마른 우물로 휘몰려가는 진눈깨비를 바라보며 울 것. 비겁하게 피하지 말 것. 저녁마다 술집들을 순례하지 말 것.

딱딱한 씨앗이나 마른 과일을 천천히 씹을 것. 다만 쐐기풀을 견디듯 외로움을 혼자 견딜 것."(졸시, 「명자나무」)

본디 굴원은 회왕의 신임이 두터운 신하였으나, 그를 시기한 자들의 참소를 당해 내침을 당했다. 굴원은 들과 강가를 짐승처럼 헤매 다녔다. 굴원이 머리를 풀어헤치고 변방을 떠돌며 침음(沈吟)하니 그 모습은 남루하고 수척해 있었다. 어부가 그를 알아보고 물었다. "당신은 삼려대부(三閭大夫)가 아닙니까? 무슨 까닭으로 이 지경에 이르렀습니까?" 그러자 굴원이 대답하였다.

"세상이 혼탁한데 나 홀로 맑다. 모든 사람이 다 취해 있는데 나 홀로 깨어 있다. 그래서 변방으로 쫓겨난 것이다." 어부가 다시 물었다.

"사물에 구속받지 않고 세상의 흐름에 몸을 맡기며 사는 것이 성인이 취할 방도라 들었습니다. 세상이 혼탁하다면 어째서 그 혼탁에 의탁하지 않으십니까? 가슴에 주옥을 품었으면서도 왜 스스로 피할 방법을 찾지 않았습니까?" 굴원이 대답하였다.

"얼굴을 씻었다면 모자의 먼지를 털고, 의복을 단정하게 차려입지 않겠는가? 결백한 몸을 때로서 더럽힐 수가 없다. 차라리 그럴 바엔 강물에 몸을 던져 물고기 밥이 될지언정, 어찌 세속에 몸을 더럽힐 수가 있겠는가?"

내침을 당하지 않았다면, 양지의 안락에서만 살았다면 굴원도, 그가 피로 쓴 『초사』도 남지 않았을 것이다. 굴원은 내침을 당한 뒤 비로소 고독과 면벽(面壁)하고, 『초사』를 쓸 수 있었던 것이다.

고독이 아닌 길을 선택하는 것은 차라리 쉬운 일이다. 정말 어려운 것은 고독한 길에 제 삶을 세우는 것이다. 왜냐하면 고독은 자존과 위엄과 관용에의 의지에서 나오는 까닭이다. 정말 고독한 자는 타인에 대해 너그럽고, 자신에게는 엄격하다. 고독은 신이 지닌 내면 형질이다. 남자는 그 내면 형질을 타고났다. 물론 모든 남자들이 다 그렇다는 것은 아니다. 많은 남자들은 삶의 무게와 욕망에 짓눌려 타고난 내면 형질이 뭉개진 경우가 많다. 그럴 때 남자들은 졸렬할 뿐이다. 졸렬한 자들은 애써 고독을 외면하고 주색(酒色)과 도락 속에 제 영혼을 담근다. 모든 사람이 잠들어 있을 때 홀로 깨어 있을 수 있는 자, 무리가 희망을 향하여 나아갈 때 홀로 절망으로 뻗은 길을 표표히 가는 자, 폐허나 황무지에서 1백 년 뒤에 수확할 누군가를 위해 사과나무를 묵묵히 심는 자, 원초적 혼돈 앞에 자신을 세울 수 있는 자, 오로지 그런 강한 남자만이 고독을 추종하고 고독을 품에 안는다.

한 해가 저무는 섣달 어느 날 베토벤 교향곡 9번을 들을 때, 여름밤에 알베르 까뮈의 『이방인』을 읽을 때, 복숭아를 먹으며 빈센트 반 고흐의 그림을 볼 때, 겨울 새벽에 권진규 화집에서 그의 '자소상(自塑像)'을 볼 때, 한낮의 평온함 속에서 프리드리히 니체의 『차라투스트라는 이렇게 말했다』를 읽을 때, 가슴이 두근거린다. 거기에 고독을 두려워하지 않고 그것을 온전히 향유하려는 자의 고고함이 살아 있기 때문이다. 그들은 내게 고독의 관능적 희열을 가르친다. 타아가 될 수 없다는 자각은 뼈저린 것이다. 고독은 인생의 어느 순간에 새벽빛과 같이 찾아온다. 위대한 자들은 그 새벽빛을 반긴다. 고독은 상처 입은 영혼의 피난처가 아니라 실존의 투기(投企)로 피가 튀고 살점이 찢기는 전쟁터다. 나약한 자들이 고독에서 한사코 도망가려는 까닭이 거기에 있다. 겟세마네 동산에서 예수는 이렇게 기도했다. "할 만하시거든 이 잔을 내게서 지나가게 하옵소서. 그러나 나의 원대로 마옵시고 아버지의 원대로 하옵소서." 예수는 고독을 회피하려고 했던 것일까? 아니다. 예수는 자기 앞에 놓인 잔이 감당하기 어려울지언정 그것을 피하지 않겠다는 결의를 표명한 것이다. 고독은 무리에서 찢겨져 나온 매혹이다. 고독을 선택하는 자들은 "나는 고독하다, 이것으로 충분하다"고 말하는 것이다. 내 사랑하는 아들아, 두려워하지 말고 가라, 고독의 광야로. 그 고독의 광야에서 매일 자신을 세 번 돌아보고 세 번 반성하라.

이 달인은 이미 한 소식을 듣고 깨우침을 얻은 사람이다. 지혜가 지극한 데 이른 사람은 이로움과 해로움의 분별에서 벗어난다. 이런 사람을 지인(至人)이라고 한다. "지인은 신령스럽다. 큰 늪지가 타올라도 뜨거움을 모르고, 황하와 한수가 얼어붙어도 추위를 모르며, 사나운 벼락이 산을 쪼개고 바람이 불어 바다를 뒤흔들어도 놀라지 않는다. 이런 사람은 구름을 타고 해와 달에 올라 사해 밖에 노닌다. 그에게는 삶과 죽음마저 상관이 없는데, 하물며 이로움이니 해로움이니 하는 것이 무엇이겠느냐? 至人神矣! 大澤焚而不能熱, 河漢沍而不能寒, 疾雷破山而不能傷, 飄風振海而不能驚, 若然者, 乘雲氣, 騎日月, 而遊乎四海之內. 死生無變於己, 而況利害之端乎!"(「제물론」) 장자는 그 궁극적 이상을 절대 자유에 두었다. 지인은 바로 그 자유인이다. 집착과 분별을 놓아버리니 초연하다. 이것은 저것의 말미암음이고 저것은 이것의 말미암음이다. 그러니 이것과 저것은 분별이 없다. 마음이 분별없음에 이를 때 "구름을 타고 해와 달에 올라 사해 밖에 노닌다"고 했다.

『장자』의 이 대목을 읽을 때마다 나는 아버지를 떠올린다. 아버지는 자신의 운명을 사랑하지 않았던 분이 아니었을까. 그리하여 하염없이 자신의 주어진 운명에서 도망하신 것은 아니었을까. 내 아버지는 솜씨 좋은 목수이셨다. 일제 강점기의 고등전문학교에서 목수 일을 배운 진짜 목수이셨다. 내가 어렸을 때 아버지는 집도 혼자 지으셨다. 가구들도 뚝딱 하고 마술을 부리듯 만들어내셨다. 머리가 영특하고 눈썰미가 좋아 마음만 먹었다면 최고의 목수도 되었을 것이다. 어느 때부터인가 그 좋은 솜씨를 갖고도 목수 일을 손에서 놓으셨다. 이제는 집도 안 짓고, 가구들도 더는 만들지 않으셨다. 왜 그랬는지는 알 수가 없다. 삶이라는 어두운 숲속에서 자신의 힘으로는 어쩔 수 없는 괴물을 만났던 것은 아닐까. 그 괴물은 가난이다. 그것 때문에 목수라는 직업에 대한 궁극적인 회의가 생겨나지 않았을까. 아버지는 술도 담배도 노름도 모르는 양순한 인생이었으나 아무리 열심히 일해도 궁색한 살림이 펴지지 않았으니, 어느 날 문득 목수 일에 염증이 생겼던 게 아닐까 하고 추측해볼 따름이다. 아버지는 맑고 한가롭게 지내시길 꿈꾸셨지만 그러지 못하셨다. 진여(眞如)가 아닌 세상에서 대붕처럼 노니는 것은 불가능한 일이다. 아버지는 두 어깨에 가족 부양이라는 무거운 짐을 짊어진 채 인생의 가파른 언덕을 올라야 하는 힘없고 슬픈 가장이셨다.

    돌이켜보면 아버지는 몽상가이셨다. 목수 일을 손에서 놓은 뒤 참으로 많은 직업들에 대해 몽상을 하셨다. 몇 날 며칠을 엎드려서 노트에 사업 구상 내역을 빼곡하게 적은 것을 본 적도 있다. 아버지는 달 아래서 문을 두드리며 바위에서 꽃이 피기를 기다린 분이다. 아버지가 벌인 여러 사업들이 실패를 거듭하고, 아버지는 의기소침해지셨다. 몽상가가 건너야 할 바다에는 파도가 높고 도처에 암초들이 숨어 있었다. 『장자』에 나오는 미친 사람 접여가 부르는 노래의 한 구절은 내 아버지를 두고 쓴 것만 같다. 아, 아버지! "복은 깃털처럼 가벼우나 들 줄을 모르고, 화는 땅처럼 무거우나 피할 줄을 모르네." 11월의 얼음과 서리에 푸른 잎들이 속절없이 시들고 말 듯 아버지의 영혼은 시들었다. 아버지는 난파한 배처럼 떠돌았다. 어디에도 구조신호를 보낼 수 없었다는 사실이 아버지를 더욱 힘들게 했을 것이다. 아버지를 보면서 인생이 주단 깔린 계단을 오르는 일이 아니라는 것쯤은 알 수 있었다. 아버지가 오랫동안 실업의 늪지를 방황할 때 내 목구멍 속의 열매 씨는 뱉어낼 수도 삼킬 수도 없는 돌멩이가 되었다.

내 인생은 그 아버지에 대한 반항에서 시작했다. 나는 모든 악천후에 내맡겨진 것처럼 수고는 많고 그 맛은 쓰디쓴 인생을 품어야 했다. 나는 일생을 연주하려고 피나게 연습했지만 악기를 잃어버린 사람 같았다. 삶의 신고辛苦를 입에 물고, 산 나무가 스스로 제 가지를 자르고, 등불이 스스로를 태우듯 살았다. 어린 들짐승 같던 내 사춘기 시절 아버지를 향한 분노를 움켜쥐고 그것이 내 성장 동력이라고 믿었다. 아울러 그것은 내가 겪은 많은 실패들의 원인이며 인생의 괴로움이기도 했다. 세상의 모든 아버지는 아들에게 타자로 현신한 자기 자신이다. 그런 까닭에 아버지에 대한 분노와 적의는 내 발등을 스스로 찍는 도끼였다. 어리석게도 나는 불혹의 나이를 넘기고서야 그 사실을 깨달았다. 그 깨달음 뒤에 비로소 내 분노 속에 가두었던 아버지를 놓아드렸다. 혹독한 시절이 지나갔다. 일찍이 내게 인생의 사슬을 푸는 지혜가 있었더라면 봄날의 사과나무처럼 나는 평화스러웠으리라.

　아들들은 아버지의 발명품이다. 그렇다고 아들이 아버지에게 영원히 종속되는 것은 아니다. 아들은 아버지와 닮지만 아버지와는 다른 타고난 제 운명의 길을 간다. 나는 머리 위의 별들을 보며 갈 길을 가늠하고, 미풍과 여명을 찾아 걸었다. 조금씩 흙을 쌓아 산을 이룰 때까지 미욱하게 내 길을 걸어왔다. 내 미욱한 인생에서 아버지는 가장 어두운 곳의 번개와 같이 스쳐지나간 분이다. 나는 아버지가 사자처럼 용맹스럽지도 않고, 독수리처럼 고고하지도 않았고, 독거미처럼 집요하지도 않았다는 사실을 안다. 아버지는 군인의 길도, 혁명가의 길도, 사업가의 길도, 예술가의 길도 가지 못했다. 아버지의 보잘것없는 몇 줄의 이력 앞에서 내 가슴은 한없는 연민 때문에 뜨거워진다. 내가 이룬 성취와 업적들이 아버지의 인생 앞에 놓인 화환이 될 수도 있었을 텐데 나는 그러지를 못했다. 나는 오동나무 위에 앉은 까마귀처럼 불평을 깍깍거렸을 뿐이다. 내 아버지는 이 땅의 많은 장삼이사의 아버지들과 마찬가지로 무명의 삶을 살다 떠나셨다. 누가 뭐라고 해도 아버지는 내게 영웅 없는 시대의 이름 없는 영웅이다.

　헤엄을 잘 치는 달인에게 물은 고향이나 마찬가지다. 물과 대통하는 사람은 물 만난 물고기와 물속에서 거침이나 막힘없이 자유로울 것이다. 그러나 헤엄을 못 치는 사람에게 물은 질곡이고 족쇄다. 깊은 물에 빠지면 허우적거리다가 죽고 말 것이다. 물의 도는 자연의 도다. 장자가 만난 헤엄치는 사람은 제 운명을 사랑한 사람이다. 운명을 사랑한다는 것은 그것을 거스르지 않음이며, 운명 안에 그대로 놓아둠이다. 물 안에서 헤엄쳐야 할 제 운명을 사랑함으로써 마침내 헤엄치기의 달인이 되었다.

9. 진인으로 사는 법

애태타

노나라 애공이 공자에게 물었다. "위나라에 못생긴 사람이 있었는데, 이름은 애태타라고 합니다. 그 사람과 함께 시간을 보낸 남자들은 그 사람 생각에 곁을 떠나지 못하고, 그 사람을 본 여자들은 부모에게, 딴 사람의 아내가 되느니 오히려 그 사람의 첩이 되게 해달라고 조르는데, 그 수가 열 몇 명으로 아직도 계속 늘어간다고 합니다. 그 사람은 나서서 주창하는 일이 없고, 언제나 사람들에게 동조할 뿐입니다. 임금의 자리에 앉아 사람들을 죽음에서 구해준 일도 없고, 곡식을 쌓아두고 사람들의 배를 채워준 일도 없습니다. 동조할 뿐, 주창하는 일도 없고, 아는 것이라고는 자기 주변의 일상사를 넘지 못합니다. 그런데도 남자 여자가 그 앞에 몰려드는 것은 그에게 반드시 보통 사람과 다른 무엇이 있기 때문일 것입니다.

그래서 저도 그 사람을 불러 살펴보았습니다. 과연 추하기가 세상을 놀라게 할 만했습니다. 그러나 저는 한 달이 채 못 되어 그 사람됨에 반했고, 한 돌이 채 못 되어 그 사람을 믿게 되었습니다. 마침 나라에 재상이 없어서 제가 나라 살림을 맡기려 했더니, 모호한 응답을 하는데, 분명하지는 않지만 사양하는 듯했습니다. 저는 민망한 생각이 들었지만 나라 살림을 떠맡겼습니다. 그랬더니 금방 저를 떠나가버렸습니다. 저는 뭔가 잃어버린 듯 마음이 아팠습니다. 이제 아무와도 이 나라를 다스리는 기쁨을 함께 할 수 없을 것 같습니다. 이 사람이 도대체 어떤 사람입니까?"

『장자』,「덕충부」

『장자』의 「덕충부」 편을 읽는다. 애태타라는 못생긴 사람의 이야기가 나오는데, 애태타라는 이름은 슬플 정도로 등이 낙타처럼 구부러진 사내라는 뜻이다. 천하에 추남이다. 말을 잘하는 것도 아니다. 권세가 있는 것도 아니고, 부자도 아니다. 그런데 이 사람 곁에는 사람들이 모여들고 떠나지를 않는다. 그 사람됨에 어떤 그윽함이 있는 것인지 남자들은 그 곁을 쉬이 떠나지 못하고, 애태타를 한 번이라도 본 여자들은 딴 남자에게 시집가느니 그 남자의 첩이라도 되겠다고 한다. 애태타는 자기 뜻을 내세워 표나게 주장하는 일이 없고, 그저 사람들에게 동조할 뿐이라고 했다. 애태타는 마치 빈 배와 같이 흐르는 물을 타고 흘러가는 사람이다. 자기를 비우니 마음이 평화롭고 그 곁에 가면 고요와 평화가 연꽃이나 된 듯 그윽한 향기를 뿜어내는 것이다.

이런 사람은 덕이 겉으로 드러나지도 않으며, 만물과 함께 봄날처럼 온화함을 유지한다. 그 곁에 있는 것만으로도 마음이 즐거워지는 것이다. 타고난 바 마음을 온전히 간직한 사람이다. 이것을 '재전(才全)'이라고 한다. 애태타는 비록 흉한 외모지만 마음이 온전한 사람이다. "죽음과 삶, 흥하고 망함, 운수의 막힘과 트임, 가난과 부유함, 똑똑함과 어리석음, 비난과 칭송, 목마름과 배고픔, 추위와 더위 따위는 사물의 변화와 운명의 작동으로 생기는 것입니다. 그것들은 밤낮으로 우리 눈앞에 번갈아 펼쳐지지만 사람의 지혜로는 그것의 원인을 알 수 없습니다. 그러므로 그런 것들의 본성의 조화를 흐트러뜨리게 해서는 안 되며, 사람의 마음에 스며들도록 두어서도 안 됩니다. 마음을 평화롭고 안정되고 탁 트이게 하되 말초적 감각에 빠지게 해서는 안 되고, 밤낮으로 끊임없이 만물과 함께 봄날처럼 온화함을 유지하도록 해야 합니다. 이것은 사물과 접촉하여 마음에 봄날의 온화한 기운이 발생하도록 하는 것입니다. 이것을 재전이라고 부릅니다."(「덕충부」)

덕이란 화평을 이루는 수단이다. 애태타는 온전한 재주를 가졌고, 덕이 있되 그 덕이 겉으로 드러나지 않은 사람이다. 정의가 없는 곳에서 정의를 애타게 부르짖고, 덕이 없는 사람이 덕을 떠들며 구하는 법이다. 진짜 덕이 있는 사람은 그 덕이 밖으로 드러날까 오히려 염려하여 삼간다. 타고난 작은 재주를 휘두르는 사람은 오래가지 못한다. 정말 큰 재주는 사람들이 알까 두려워하며 감추는 법이다. 마찬가지로 드러난 덕은 사실은 얕은 덕이다. 덕을 밖으로 드러내지 않는다 함은 무슨 뜻인가? "평평함은 물이 완전히 멈춰 고요해진 상태입니다. 이것이 본보기가 될 수 있음은 안에 고요를 간직하고 밖으로는 출렁거리지 않기 때문입니다. 덕을 이룬 사람은 조화를 이룬 사람으로, 덕을 밖으로 드러내지 않기 때문에 사람들이 그에게서 떠나지 못합니다.^{平者, 水停之盛}
^{也. 其可以爲法也. 內保之而外不蕩也. 德者, 成和之修也. 德不形者, 物不能離也}"(「덕충부」)

만물은 한시도 쉼없이 변화한다. 하늘도 변하고 땅도 변하고, 그 사이에 있는 온갖 사물도 변한다. 나이를 먹으며 사람의 외모도 변한다. 검은 머리는 희어지고 없던 주름이 생기고 꼿꼿하던 허리는 굽는다. 삶과 죽음도 변화가 춤추는 가운데 일어나는 일이다. 변화는 질서를 흔들고 불가피하게 혼란을 불러온다. 이때 천지와 사물의 변화에 맞서 변하지 않는 마음을 가진 사람이 덕이 있는 사람이다. 흔들림 없는 마음이 부동심^{不動心}이다. 애태타는 사물의 변화에 휩쓸리지 않고 오직 평평하게 정지해 있는 물과 같이 자기의 마음을 멈추어 본래 마음을 구한 사람이다. 애태타는 재상 자리를 제안받았지만 그것을 달가워하지 않고 숨어버렸다. 자기를 비운 사람이고, 마음에 덕이 가득한 사람이었기 때문이다.

날마다 새벽 네시에 깨어나는데, 겨울철 그 시각은 아직 한밤중이다. 밤하늘에는 별들이 초롱하다. 등을 켜고 찻물을 올린다. 찻물이 끓는 동안 가부좌를 한 채 명상을 한다. 아침 아홉시 20분에는 사과 하나를 먹고 우유 한 컵을 마신다. 오후 두시에는 등산화를 신고 한강 공원으로 산책을 나간다. 내 걸음은 물이 흘러나가는 방향과 같다. 동쪽에서 서쪽을 바라보며 걷는다. 멀리 여의도 국회의사당의 퇴색한 푸른색 돔이 보이는 곳에서 행주산성 방향을 바라보며 30분 정도를 걷다가 돌아온다. 걷는 동안 아무 생각도 하지 않는다. 걸음은 그다지 빠르지 않다. 나는 걷는다. 천천히, 천천히. 왼발을 들어 앞으로 딛고, 왼발이 지면에 착지하면 오른발을 들어 다시 앞으로 딛고. 나는 걷는다. 들숨과 날숨을 세며. 안단테, 안단테.

하루 일과 중에서 가장 많은 시간을 쓰는 것은 책 읽기다. 일주일에 책을 일곱 권 읽고, 그중에서 두 권을 골라 천천히 리뷰를 쓴다. 일년이면 365권을 읽고, 74건의 리뷰를 쓴다. 10년이면 3,650권을 읽고, 740건의 리뷰를 쓰게 될 것이다. 보통은 거실에 있는 안락의자에서 책을 읽는다. 책을 읽을 때는 허리께에 쿠션을 받친다. 두 시간은 꼼짝도 않고 책을 읽을 만큼 집중한다. 그러나 두 시간이 넘어가면 근육의 여기저기가 불편해진다. 10분간 휴식. 그리고 다시 예전의 자세대로 책을 마저 읽는다. 리뷰와 잡문을 쓰고 통장에 온라인으로 받는 원고료가 수입의 대부분이다. 그러니까 그게 밥벌이인 셈이다. 하루도 건너뛰지 않고 평균 네 시간쯤 읽고 두 시간은 책상 앞에 앉아 글을 쓴다. 그러니까 읽고 쓰는 게 내 직업인 셈이다.

텔레비전은 보지 않고, 날마다 음악을 듣는다. 고전음악을 듣고 있으면 자궁의 양수에 감싸인 태아와 같은 편안한 느낌이다. 나는 음악에서 희미한 기쁨과 분명한 위안을 받는다. 어느 날은 종일 아무 말도 하지 않았다는 사실을 문득 깨달으며 밤 아홉시 반이면 잠자리에 든다. 새벽녘에는 집중적으로 많은 꿈들을 꾼다. 하찮은 꿈들이다. 기억에 남을 만한 꿈이라곤 돌아가신 아버지가 나타나 로또복권 번호 다섯 자리를 가르쳐주었다는 것 정도다. 꿈에서 그 숫자를 잊지 않으려고 애썼던 게 깨서도 생생하다. 그런데 로또복권은 여섯 자리의 숫자를 조합해야 한다. 그 주에 로또복권 두 장을 샀는데, 가장 낮은 당첨금이 두 개나 되었다. 아마 남은 한 자리의 숫자를 정확하게 맞추지 못했기 때문이라고 생각한다. 두 개의 당첨금을 합하니 로또복권을 사기 위해 투자한 돈과 액수가 똑같다. 잠에서 깨어나면 새벽에 꾸었던 꿈들을 노트에 기록한다. 꿈을 기록하는 것은 특별한 목적이 있어서가 아니다. 굳이 말하자면 문장의 감을 잃지 않기 위한 용도라고나 할까. 어느덧 꿈을 기록한 노트가 스무 권이 넘었다. 이것은 남에게 보여준 적도 없고 책을 내거나 하는 일도 없을 것이다. 왜냐하면 기록된 꿈들이 매우 황당하고 하찮은 것들이기 때문이다.

서른 살을 앞두고, 해야 할 일의 하나는 치과에 들르는 것이다. 이가 특별히 아프거나 하지는 않았지만 종합적으로 검사해볼 필요가 있다고 판단했다. 새해 업무가 시작된 첫날 사무실 건너편에 있는 치과병원으로 걸어갔다. 충치 네 개가 발견됐다. 충치 치료를 받기 위해 치과에 다녔다. 치과용 전기드릴이 굉음을 내며 고속회전을 한다. 전기드릴이 이를 감싸는 법랑질의 썩은 부분을 말끔하게 갈아 없앤다. 썩은 부분을 갈아내거나 도려내고 인체에 해롭지 않은 재료를 써서 그 부분을 덮어버렸다. 그 뒤로 이가 문제를 일으켜서 다시 치과를 간 적은 없다. 치과 치료가 끝난 지 며칠 뒤인 1983년 1월 15일에 딸애가 태어났다.

나는 거짓말하는 여자를 좋아하지 않는다. 그렇다고 굳이 정직한 여자라고 주장하는 여자도 좋아하지 않는다. 정직한 여자라고 주장하는 사람 중에는 정직함에 대해 다른 개념을 갖고 있는 경우도 보았다. 아주 황당한 경험이다. 이를테면 그녀에게 정직은 책상은 책상이다, 라고 말하는 것과는 그 본질에서 다르다. 요컨대 정직은 인격적 질료의 요소가 아니라 상황에 따른 태도의 문제다. 정직이 인격의 불변적 요소가 아니라는 것이다. 그 사람은 정직한 사람이다, 라는 말은 어폐가 있다. 엄격하게 따지자면 그 사람은 어떤 상황에서 정직한 태도를 취했다, 라고 하는 게 맞다. 태도는 언제나 다양한 형태로 존재한다. 이를테면 책상은 달이다, 혹은 책상은 호수다, 라는 걸 정직이 아니라고 말할 수는 없다. 또한 나는 정의롭지 않은 여자를 좋아하지 않는다. 그러나 정의를 외치는 여자는 더욱 좋아하지 않는다. 대개는 정의를 외치는 여자는 정의에 굶주린 여자다. 한반도 서남 지역인들의 생명을 무차별적으로 살상하고 그 피 묻은 손으로 권력을 쥔 자들이 만든 정당 명칭에는 '민주'와 '정의'가 함께 들어갔다. 자기들끼리는 스스로

가 정의롭다고 믿었는지는 모르지만, 아무도 그 당에 정의가 있다고 믿지 않았다. 거짓말을 밥 먹듯 하던 한 여자가 떠나면서 마지막으로 외친 말이 "정의는 언제나 승리한다!"는 외침이었다. 정의에 목매다는 사람들은 대개는 제 정의는 전혀 돌보지 않고 타인의 정의만을 요구한다. 정의를 위해 기꺼이 희생할 준비가 전혀 되어 있지 않기 때문에 나는 앞으로 살아가는 동안 정의를 외치는 여자를 다시는 만나지 않게 되기를 바란다. 정의를 외치는 여자들을 내가 좋아하지 않고 마찬가지로 그쪽에서도 나를 좋아하지 않는다. 다행스런 일이다. 내가 사회인 야구팀에 들어가 3번 타자가 될 가능성만큼이나 정의를 입에 달고 사는 여자를 만날 가능성은 희박하다.

나는 애태타와 같은 덕이 없다. 주변에서도 애태타와 같은 덕을 가진 이를 찾기 어렵다. 두어 달에 한 번쯤 덕이 별로 없는 친구들과 만나 술을 마시고 술을 마신 뒤에는 자리를 옮겨 매우 진지한 포커게임을 한다. 대개는 새벽 두세시에는 끝나지만, 한 두 친구가 적정 액수를 넘게 잃으면 이튿날 오전까지 게임이 연장된다. 나는 담배를 피우지 않고, 앞으로도 비흡연자로 삶을 살게 될 것이다. 대마초를 피운 적도 없다. 네덜란드는 대마초 흡연이 합법적이라는데, 우리나라도 그렇게 되면 그때 대마초를 필 것인가, 말 것인가를 진지하게 고민해 보겠다. 가끔 축구 경기를 보려고 상암동 월드컵경기장을 찾고, 가끔은 스파게티를 먹으려고 레스토랑을 찾는다. 이렇게 자명한 세계 속에 산다는 것, 큰 불행도 행복도 없는 메마른 삶의 바다를 항해한다는 것에 대해 혼자 골똘하게 생각한다. 혼자. 밥 먹고 차 마시고. 상처받은 야생 호랑이같이. 달나라를 향해 뚜벅뚜벅 걷는다. 언제 도착할지 모르고, 혹은 영원히 도착할 수 없을지도 모르는 달나라를 향해. 안단테, 안단테. 나는. 뚜벅뚜벅. 걸어간다. 나는. 그렇게. 산다.

누가 진인인가?

소와 말은 각각 네 다리를 가졌다. 이것은 자연이다. 말에 굴레를 씌우고 소에 코뚜레를 뚫는 것은 인위다. 옛말에 이르기를 인위로 자연을 죽이지 말고 기술로 천품을 죽이지 말며 덕으로 명예를 좇지 말라고 했다. 삼가 자연을 잘 지켜 잃지 않으면 이를 참된 나로 돌아간다고 말하는 것이다.

「장자」, 「추수」

『장자』의 「추수」 편을 읽는다. 닭과 오리는 다리가 두 개고, 소와 말은 다리가 네 개다. 본디 이 동물들은 야생에서 살았다. 소와 말은 야생으로 있을 때 거칠고 제멋대로였다. 그게 자연이다. 사람들은 말을 부리려고 굴레를 씌우고, 소에 코뚜레를 뚫었다. 말과 소들은 사람들과 오랜 세월 동안 함께 지내며 야성을 잃고 가축으로 전락한다. 이것이 인위다. 자연은 날 것, 거친 것, 길들이지 않은 것, 제멋대로인 것, 무질서한 것이다. "지상에 존재하는 수많은 식물과 동물의 삶, 폭우, 폭풍, 고요한 봄날의 아침, 그리고 어둠 속에서 반원을 그리며 쏜살같이 흘러가는 유성, 이 모든 것은 야성의 실제 세계이며, 우리 인간은 그 세계에 속해 있다."(게리 스나이더, 「야성의 삶」) 모든 생물 종(種)들이 먹이사슬로 얽혀 잡아먹고 잡아먹히는 무한경쟁의 장이 자연이다. 사람의 활동과 의도가 미치지 않는 땅, 재배되지 않고, 경작되지 않은, 버려진 땅이 자연이다. 자연은 스스로 그러함으로 존재하지만, 때로 사람에게 적대적이고, 격렬하며, 파괴적이고, 다루기 힘든 그 무엇이다. 자연은 황무지고, 광막한 사막이다. 동물들은 타고난 형질 그대로 자연계 안에서 다른 종들과 경쟁하며 사는 자유행위자들이다. 식물들은 동물과 마찬가지로 타고난 형질 그대로 자연계 안에서 다른 식물들과 경쟁하며 사는 자유행위자들이다. 사람의 손길이 미치지 않는 자연 속에서 식물들은 많은 열매와 씨를 맺으며 번성하며 땅을 덮는다. 식물이 맺는 풍성한 열매와 씨들은 동물들이 필요로 하는 식량이 된다. 동물과 식물들로 이루어진 생태계 전체는 비인위적인 협동을 하며 순환하고 공생하며 공진화를 이룬다.

장자는 "인위로 자연을 죽이지 말라"고 하는데, 이때 자연은 우리 안에 있는 자연이다. 자연: 우리 내부의 야성. 혹은 우주에 존재하는 절대의 본바탕과 상호조응相互照應하는 온 마음. 이빨과 손톱과 발톱과 턱과 눈썹은 이 야성의 외면화된 흔적들이다. 문명인에게는 퇴화된 야성의 특징들이다. 이것들이 저 몇 만 년 전 원시 인류의 삶과 세계에 형태를 만들어주었다. 우리가 사는 문명세계는 현생 인류가 자연을 잃고 몇 만 년을 떠돌다가 도달한 지점이다. 우리 안에서 포효하던 동물은 죽고, 어머니 대지가 우리 안에 심어주었던 측은지심도 잃어버렸다. 현생 인류는 불편을 명랑하게 견디는 힘을 잃고 나약해져서 문명의 도움 없이는 한순간도 살아갈 수가 없게 되었다. 문명은 그 근본에서 인위다. 이렇듯 인위로 물든 세계에서 안락과 편리가 선이며, 불편한 것들은 악으로 규정되고 궤멸한다. 인류는 그 연약함으로 살아남기 위해 다른 생명체에 대해 포악해졌다. 원시림을 벌채하고, 광물을 채광한다고 산을 부수고 파헤치고, 동물들을 남획한다. 사라진 수많은 생물 종들은 실은 사람과 더불어 살아야 할 이 우주의 생명공동체 일부이고, 대지는 우리를 낳고 기른 위대한 어머니다. 식물과 동물들은 누르고 다스려야 할 존재들이 아니라 이 어머니 대지의 젖을 함께 빨며 살아야 할 형제요 자매들이다. 이들 생물계가 직면한 종말의 위기는 인류의 생존이 달린 치명적인 위기의 적색신호다.

장자는 "삼가 자연을 잘 지켜 잃지 않으면 참된 나로 돌아간다"고 말한다. 어떻게 참된 나로 돌아갈 수 있는가? 사람이 만든 길을 버리고 본디 있던 자연의 큰 길로 들어서는 것이다. 사람은 자연의 주인이 아니라 그 일부다. 그러므로 자연으로 돌아가는 것은 탕아로 떠돌다가 낳고 기른 어머니의 품으로 돌아가는 것이다. "우리가 하는 모든 행위의 일시성은 우리로 하여금 일종의 시간의 야생지로 가게 합니다. 우리는 무생물과 생물이 진행하는 과정의 그물 안에서 살아갑니다. 그 과정은 지하로 흐르는 강에 부딪치고 창공에 쳐진 거미줄처럼 반짝이면서 만물을 기릅니다. 활동하고 있는 생명과 물체는 으스스하고 강인

하며, 털북숭이이고 맛이 있습니다. 여기에는 우리가 길이라고 말하는 일시적인 질서정연함이라는 작은 고립된 장소보다 더 큰 질서가 있습니다. 그것이 진정한 큰 길입니다."(게리 스나이더, 『야성의 삶』) 순환과 조화 속에서 스스로 있는 자연! 산은 솟아 있고, 들은 평평하고, 강물은 그 들을 적시며 흐른다. 도는 이것들 속에 있다.

노자도 "최고의 선은 물과 같다. 물은 만물을 이롭게 할 뿐 다투지 않고, 만인이 싫어하는 곳에 거처한다. 그래서 물은 도와 가깝다 上善若水, 水善利萬物而不爭, 處衆人之所惡, 故幾於道"(『도덕경』 제8장)고 말한다. 산이 평지에서 솟아 정신의 드높은 고고함을 드러낸다면, 물은 낮은 곳에 처해 가여운 것들의 뿌리를 적신다. 산이 아버지라면, 물은 자애로운 어머니다. 공자는 물 앞에서 "오! 물이여. 오! 물이여"라고 했을 뿐이다. 동양 철학자들은 한결같이 물을 뿌리 은유로 썼다. 물은 깊은 원천에서 나와 밤낮없이 흘러 땅을 적시고 바다로 간다. 물은 온갖 식물들의 씨앗에 싹을 틔우고 생장을 돕는다. 아울러 물은 발 달린 동물의 목을 축이고 몸에서는 체액과 피로 변한다. 물은 땅의 피요 기다. 물은 행함이 없이 만물을 이롭게 하니, 만물은 물로 인해 살고 죽는다. 공자가 강가에 서서 말하기를 "지나가는 것이 다 이와 같구나. 밤낮으로 그 흐름이 약해지지 않는구나" 했다. 물은 그 자체로 자연이다. "사람은 땅을 본받고, 땅은 하늘을 본받고, 하늘은 도를 본받으며, 도는 자연을 본받는다.人法地, 地法天, 天法道, 道法自然"(『도덕경』 제25장) 물은 조용히 있다가 흐르며, 흐르다가 빙빙 돌며,

빙빙 돌다가 다시 흐른다. 물은 사물의 변화에 따라 스스로 변하여 거기에 맞게 처한다. 구애됨 없이 자유자재로 변화하되 그 본성은 한결같은 게 물의 성질이다. 물은 자정 능력이 있어 가만두어도 스스로 맑아지고, 흔들리지 않고 고요하게 두면 만물을 비추는 거울로 변한다. 만물을 낳고 기르는 생명의 근원이지만 만물을 지배하지 않는 물은 제 형체도 지니지 않고 다만 적시고 흐를 뿐이다. 물은 지나가는 것이며, 지나가는 것은 멀리 가는 것이며, 멀리 가는 것은 되돌아가는 것이다. 노자는 그것의 이름을 딱히 모르기에 도라고 명명했다. 그러므로 물을 벗 삼으면 저절로 도를 깨친다. 땅과 더불어 쉰 해만 농사에 골몰하면 농사에 능통하게 되고, 농사를 짓듯 5천 권의 책에 골몰하면 마침내 누구라도 자유롭게 쓸 수 있다. 오감을 열고 흐르는 물을 1백 년 쯤 바라본다면 누구라도 한 소식을 들을 수 있다.

표피에 집착하지 말고 근원을 보라. 동양 철학자들은 근원을 도라고 했다. "누구를 진인眞人이라고 하는가? 옛날의 진인은 모자란다고 억지 부리지 않고, 이루어도 우쭐거리지 않고, 무엇을 하려고 꼼수를 쓰지도 않았다. 이런 사람은 실수를 해도 후회하지 않고, 일이 잘 되어도 자만하지 않았다. 이런 사람은 높은 곳에 올라도 무서워하지 않고, 물에 들어가도 젖지 않고, 불에 들어가도 뜨거워하지 않았다. 바로 그 사람의 지혜가 커져 도의 경지에 이르렀기 때문이다."(「대종사」) '진인'은 곧 도인道人이다. 진인은 모자람과 넘침, 추위와 더위, 얻음과 잃음, 이로움과 해로움 따위에 흔들리지 않는다. 양극의 분별에 매이지 않는 것은 양생의 이치를 꿰뚫어 근원에 닿았기 때문이다. 진인은 말에 굴레를 씌우고 소에 코뚜레를 뚫지 않는다. 인위를 멀리 하고 그저 네 다리를 가진 소와 말의 세계에 처한다. 진인은 제 마음을 무위에 두어 마음이 사물의 흐름을 타고 자유롭게 노닐게 한다. 진인은 바람을 타고 한가롭게 노니는 대붕이다. 바람을 타고 올라가 마음대로 노닐고, 세상이 욕망하는 것에서 초연함으로써 마침내 참된 나로 돌아간다.

진인으로 사는 법

옛날의 진인은 그 모습 우뚝하나 무너지는 일이 없고, 뭔가 모자라는 듯하나 받는 일이 없고, 한가로이 홀로 서있으나 고집스럽지 않고, 넓게 비어 있으나 겉치레가 없었습니다. 엷은 웃음 기쁜 듯하고, 하는 것은 부득이한 일뿐, 빛나느니 그 얼굴빛, 한가로이 덕에 머물고, 넓으니 큰 듯하고, 초연하였으니 얽매임이 없고, 깊으니 입 다물기 좋아하는 것 같고, 멍하니 할 말을 잊은 듯했습니다.

『장자』, 「대종사」

『장자』는 꽃 같은 책이다. 10년 전 홀연 "세상이 나와 어긋나 맞지 않거늘 다시 수레를 몰아 무엇을 구할 것인가"(도연명)라는 참담한 심경이 되어 거처를 시골로 옮긴 뒤 베갯머리에 두고 읽는 책으로 『장자』를 고른 것은 잘한 일이다. 온갖 새들은 새벽마다 찾아와 내 잠을 깨우고, 5월의 모란과 작약은 붉은 꽃을 피워 내 번뇌를 덜어주었다. 나는 『장자』를 읽으며 시름과 패배감으로 울적해지는 마음을 달래고, 도연명의 「오류선생전」을 읽으며 시끄러워지는 마음의 평화를 구하곤 했다. 떨어진 옷은 기워 입고, 끼니는 두 끼로 거뜬했다. 봄마다 집 주변에 나무를 심고 남은 날들은 책을 읽거나 물을 바라보았다. 다행히 책 읽기를 즐기니 한가로움이 두터워진 이 여건이 내게는 축복이었다. 오류선생이 "밥그릇과 표주박이 종종 비었지만 태연"했듯 손에 쥐었던 이해득실을 놓아버린 뒤 태연하였다. 물가에 늘어선 버드나무를 딸 삼고, 저 너른 금광호수를 아내로 삼고, 서운산 계곡의 오솔길들을 조카처럼 어여삐 여기며 꿋꿋하게 생계를 꾸렸다. 그 10년 동안 『장자』를 읽으며 나는 마음의 상처들이 아무는 것을 지켜보았다. 마침내 고요해졌다. 고요해졌으므로 물 같은 사람이 되었다. 물은 유약하나 그 유약함의 덕성으로 세상의 강성한 것들을 능히 이긴다. 옛날 태평성대를 일궜다는 임금 무회씨의 백성이 부럽지 않았다. 나 스스로 "고요의 달인"이 되었다고 선언하기도 했다.

장자는 본디 가난한 사람이다. 그러나 가난에 얽매이지 않고 무위자연의 도를 가르치며, 천지의 정신과 소통하고 육기의 변화를 몰아 자유롭게 노닐었다. 자연에서의 물아일체의 삶을 이상으로 삼았으니 재상 자리를 마다한 것은 당연한 일이겠다. 내 자식들에게 거침없이 『장자』를 읽어라!라고 말한다. 장자의 도를 배우고 익힌다면 우리도 이 난세에 타고난 자연수명을 다 누리며 즐겁지 않겠는가?

장자는 「대종사」 편에서 진인에 대하여 말한다. 절개와 변절이 무상한 세상에서 진인은 자신을 다스림에는 겨울 혹한과 같이 삼엄하고 남을 대하기는 봄날과 같이 부드럽다. 이익을 취하는 일에 날렵하지 않고 굼뜨고 모자란 듯 움직이니 부귀영달은 애당초 인연이 닿질 않겠다.

진인은 보기 드문 원만한 인격을 갖춘 사람이다. 좋아하는 것과도 하나요, 좋아하지 않는 것과도 하나인 사람, 하나인 것과도 하나요, 하나 아닌 것과도 하나인 사람, 그리하여 하늘의 것과 사람의 것이 서로 이기려 하지 않는 경지에 이른 사람을 말한다. 대립과 상극에서 벗어나 홀연히 초연한 사람! 좀처럼 화를 낼 줄도 모르고 겉보기에 할 말을 잊고 멍하니 있어 때로는 바보처럼 보인다. 겉치레가 없고, 고집스럽지 않고, 오로지 한가로움에 머물고 있는 사람. 어떻게 이런 경지에 이를 수 있을까? 장자는 이렇게 말한다. "형刑을 다스림의 몸體으로 삼고, 예禮를 날개로 삼으며, 앎을 때맞춤으로 생각하고, 덕德을 순리로 여겼다." 제 처신을 바로 하는 데는 부지런하나, 취하고 버리는 것에 무심한 것은 이익과 부귀에 초연한 까닭이겠다. 누가 이런 예와 덕을 갖추겠는가? 그러니까 진인이란 도를 추구하고 따르는 사람들이겠다.

책을 읽는 일이 진인에 더 가까워지는 방법일까? 나는 그렇다고 믿는다. 책 읽기에서 얻는 청정한 쾌락이란 인식에의 욕구를 충족시키는 데서 오는 즐거움이겠다. 책 읽는 일은 노동이다. 노동하듯이 책을 읽어라! 세상에 없는 단 한 권의 책을 쓰기 위하여, 세상의 책을 다 읽어야 한다는 나쁜 주술에 걸린 사람처럼 나는 책을 읽는다. 책을 읽을 때는 마치 탐식가가 좋은 음식에 보이는 열광 같은 걸 갖고 읽는 게 좋다. 비독서인으로 지금까지 별 탈 없이 살아왔다면 그건 기적이다. 그만큼 행운이 따랐다는 것이다. 사람들이 "삶을 온통 독서에 바치는 대단한 독서가"라고 말하는 내 생각에는 그렇다. 제임스 조이스의 『율리시즈』나 마르셀 프루스트의 『잃어버린 시간을 찾아서』를 읽지 않았다고 해서, 혹은 몽테뉴나 움베르코 에코나 보르헤스를 모른다고 해서 사람 구실을 못하거나 자기가 수행하는 일에 지장을 받는 공무원은 없겠다. 폴 발레리 같은 유명한 시인도 비독서가로 명성이 높다. 발레리는 "나는 독서를 혐오했었고, 그래서 내가 좋아한 책들을 몇몇 친구들에게 나누어 주어버리기도 했다"라고 말한다. 그러나 발레리를 흉내 내서는 결코 안 될 여러 이유들은 분명히 있다. 이들은 애초에 명민하고 유식하게 태어난 사람들이다. 오늘날같이 지적 생산이 다채롭고 풍요롭게 이루어지는 문명세계에서는 철저하게, 깊이 있게 책들을 읽지 않는다면 그 흐름을 쫓아가기 힘들다. 그럭저럭 살아갈 수는 있겠지만 자기의 의지대로 방향을 잡고 충만한 삶을 살아가는 일은 불가능하다. 엄청나게 빠른 속도로 일어나는 변화 속에서 좌충우돌하거나 시행착오를 피할 수가 없는 것이다. 아울러 책을 읽지 않는 삶은 피상적이고 밀도는 성기고, 그리고 독선과 아집에 빠지기 쉽다.

아마 이 지구상에는 공공 도서관들과 개인 서재의 서가들에 수십억, 혹은 수백억 권의 책들이 꽂혀 있을 것이다. 지금 이 순간에도 수백, 수천 권의 책들이 세상에 쏟아져 나오고 있다. 어쩌자고 세상에 책들은 이렇게 많이 쏟아져 나오는지! 그렇게 많이 나오는 책들이 다 보석일 수는 없다. 옥석이 섞여 있게 마련이다. 그렇다면 그 많은 책들 중에서 읽어야 할 보석 같은 책은 어떻게 골라낼 수 있을까? 수십 년 동안 쉬지 않고 책을 읽어온 전문가라면 좋은 책과 그렇지 않은 책을 골라내는 일은 어려운 일이 아닐 것이다. 세상엔 딱 두 종류의 책들만 존재한다. 내가 읽은 책들과 내가 읽지 않은 책들! 그 사이에 전혀 접해보지 못한 책, 대충 뒤적거려본 책, 다른 사람들의 이야기를 듣고 알게 된 책, 읽었지만 내용을 잊어버린 책들도 있겠다. 책 읽기는 어떤 책을 읽을까 하고 두리번거리며 읽을 만한 책을 고르는 그 시점에서 이미 시작되는 것이다. 먼저 교양에 대한 과도한 두려움은 잠시 내려놓을 필요가 있다. 이 두려움은 필독 목록에 들어가 있는 책들은 반드시 읽고 그 내용을 기억해야 한다는 강박증에서 비롯한다. 그런 두려움은 책 읽기에 도움이 되지 않는다. 어떤 동기에서든지 오로지 내가 선택한 책, 내가 읽은 책이 바로 보석이다. 내가 선택하지 않은 책, 내가 읽지 않은 책은 이 세상에 없는 것이나 마찬가지다.

책들을 많이 읽다 보면 아무 상관없이 개별적으로 존재하는 것 같은 이 책들 사이에 어떤 계통과 계보가 있다는 걸 깨닫게 된다. 책들의 세계 속으로 성큼 발을 들여놓게 되면 이 계통과 계보를 찾아낼 수 있다. 길들이 길들과 연결되어 있듯이 책들은 상호 연결되어 있다. 어느 길이나 따라가다 보면 새로운 길에 이르게 되는 것이다. 책 읽기는 그 본질에서 타자와의 이해와 소통의 한 방식이다. 더 많은 타자들과 소통한 사람들은 조금 더 유연한 의식을 갖게 되는 것이다. 그게 자연스러운 일이다. 그렇다고 읽지 않은 책들에 대한 강박적 수치심을 가질 필요는 없다. 그 누구라도 이 세상의 모든 책들을 다 읽을 수는 없을 테니까. 세상에는 책을 많이 읽은 사람과 그보다 조금 덜 읽은 사람들이 한데 어울려 살아간다. 책을 더 읽었다고 다 훌륭한 사람이 되는 것도 아니지만, 분명한 것은 책에 몰입하고 뭔가를 창조해낸 사람들 덕분에 이 세상은 보다 더 살 만한 세상이 되었다는 사실이다. 날마다 밥을 먹듯이 날마다 마음의 양식으로 한 권의 책을 고르는 당신은 아름다운 사람이다. 지금 당장 책 읽기를 시작하라!

이 순간이 큰 꿈인 것을!

꿈에 술을 마시며 즐거워했던 사람이 아침에는 섭섭해서 운다. 꿈에 울며 슬퍼한 사람은 아침이 되면 즐거운 마음으로 사냥하러 나간다. 우리가 꿈을 꿀 때는 그것이 꿈인 줄 모르지. 심지어 꿈속에서 해몽도 하니까. 깨어나서야 비로소 그것이 꿈이었음을 알게 되지. 드디어 크게 깨어나면 우리의 삶이라는 것도 한바탕의 큰 꿈이라는 것을 알게 될 것이네. 그러나 어리석은 사람들은 자기들이 항상 깨어 있는 줄 알고, 주제넘게도 그러함을 분명히 아는 체하지. 임금은 뭐고 소와 말을 기르는 사람은 뭔가? 정말 꼭 막혀도 한참일세. 공자도 자네도 다 꿈을 꾸고 있으며 내가 공자나 자네가 꿈을 꾸고 있다고 말하는 것도 역시 꿈일세. 이런 말이 괴상하기 그지없는 것으로 들릴 테지만 만세^{萬世} 후에라도 이 뜻을 아는 큰 성인을 만난다면, 그 긴 시간도 아침저녁 하루해에 불과한 것처럼 짧게 여겨질 것일세.

『장자』, 「제물론」

『장자』의 「제물론」 편을 읽는다. 『장자』에는 여러 번에 걸쳐 꿈 이야기가 나온다. 꿈에 술을 마시며 웃던 사람은 꿈 깬 아침에

운다. 꿈에 슬피 울던 사람은 꿈 깬 아침에는 웃으며 사냥하러 간다. 사람은 꿈에서 울 수도 있고, 웃을 수도 있다. 꿈에서 깨어나면 전혀 딴판의 현실이 눈앞에 놓여 있다. 꿈에서 웃던 사람은 슬퍼하고, 꿈에서 울던 사람은 깨어서는 웃는다. 꿈은 기억과 상상력의 결합이다. 꿈속에서는 꿈인 줄 모르다가 꿈 깬 뒤에야 비로소 꿈이었음을 안다. 장자는 삶이 꿈이라고 했다. 공자도 꿈꾸고 있고, 당신도 꿈꾸고 있고, 공자와 당신이 꿈꾸고 있다고 말하는 장자 자신도 꿈속에 있다고 말한다. 어제 웃었던 당신은 어디에 있는가? 지금 울고 있는 당신은 내일은 어디에 있을 것인가? 모든 순간들은 지나간다. 지나감으로써 덧없어진다. 그 덧없음이야말로 우리가 꿈꾸고 있다는 가장 확실한 증거가 아닐까? 현실과 비현실의 차이는 종이 한 장과 같이 얇다. 철학자 데카르트도 우리가 실재라고 믿고 있는 이 세계 전체가 거짓일지도 모른다고 했다. 보고, 듣고, 냄새 맡고, 느끼는 이 세계가 감각의 환영이 만들어낸 꿈이라면? 혹은 뇌가 해석해낸 전자 신호에 지나지 않는다면? 영화 「매트릭스」는 현실이 마음의 감옥이라는 전제 아래서 시작한다. 마음의 감옥은 가상현실이다. 그 가상현실은 현실보다 더 현실적이다. 그것이 매트릭스의 세계다. 보이는 것과 실제는 다르다. 태양이 지구를 도는 것처럼 보이지만 실제는 그 반대다. 한 주인공은 이렇게 말한다. "진짜가 뭐지? 진짜를 어떻게 정의 내리지? 촉각 후각 미각 시각 뭐 이런 걸 말하는 거라면, 진짜라는 건 그저 너의 뇌가 해석하는 전자 신호일 뿐이야."

많은 사람들이 행복해지기를 원하지만 정작 행복한 사람은 드물다. 왜 그럴까? 행복을 이루는 원소들을 쓸데없는 걱정과 두려움과 우울증과 스트레스에게 뺏겨버리는 까닭이다. 누구나 살면서 겪는 기쁨과 괴로움의 총량은 엇비슷하다. 어떤 사람에게는 햇빛만 비치고, 어떤 사람에게는 비만 내리는 경우는 없는 법이다. 햇빛과 비는 공평하다. 그럼에도 어떤 사람은 행복하고, 어떤 사람은 불행하다. 불행한 사람은 그냥 불행한 것이 아니라 몹시 불행하다. 그들은 심장이 두근대는 행복한 순간을 꽉 틀어쥐어 제 것으로 붙잡지 못하고 흘려보낸다. 그런 사람들은 행복이 팡파레를 울리며 거창하게 다가오는 줄만 안다. 행복은 살그머니 왔다가 소리 없이 사라진다. 행복을 쉽게 놓치는 사람들은 걱정거리들이 어디로 도망갈까 두려운 듯 꽉 움켜쥔다. 그리고 자아를 세상과 불화하게 방치하면서 세상에 자기만큼 불행한 사람은 없다, 라고 하소연한다. 요컨대 행복은 조건의 문제가 아니라 받아들이고 느낄 줄 아는 능력의 문제다. 당연히 돈이 많다고 행복하지 않고, 돈이 없다고 불행한 게 아니다. 주변을 살펴보면 신경질적이고 예민한 사람들은 행복은 극소화하고 불행은 극대화하면서 사는 데 익숙하다. 그들은 작은 것들과 순간의 행복을 감지하지 못한다. 심하게 말하자면 그들은 행복을 바로 보지 못하는 난독증이나 주의력결핍장애를 앓는 사람이다.

햇빛 한 줄기, 메아리, 소나무 숲의 향기, 물의 반짝임, 불쑥 솟은 모란의 붉은 움, 아이의 건강한 웃음소리, 이웃의 친절함, 평생 모은 돈을 사회에 내놓는 할머니들, 여름의 커다란 연잎 위에 떨어지는 빗방울들, 소나기 뒤 앞산 골에서 피어오르는 물안개, 새벽에 피어난 수련꽃, 옅은 휘발유 냄새가 나는 새벽에 배달된 신문, 방금 구워낸 크루아상, 목구멍을 알싸하게 하는 황금빛 맥주 첫 잔, 제주도의 비자나무 숲길, 앵두 열매, 레몬향, 따뜻한 크림 스파게티, 맛있는 양고기, 창가에서 울리는 편종 소리, 어디선가 들려오는 바흐의 무반주 첼로곡, 제대로 만든 함흥냉면, 베트남 쌀국수, 팥빙수, 다정한 키스의 순간들, 작은 선물, 풀밭 위를 날아가는 꼬리에 점박이 무늬가 선명한 나비……. 이 모든 것들은 우리를 행복하게 한다. 대개는 돈 없이 얻을 수 있는 것들이고, 살펴보면 이것들은 주변에 지천으로 널려 있다.

살아 있는 동안 우리가 해야 할 일은 살아 있음의 신비를 깨닫는 일이다. 그것은 살아 있는 모든 사람에게 부여된 숭고한 책무다. 이 우주에 생명을 갖고 태어났다는 것은 행운이자 기적이다. "당신이 살아 있다는 것은 기적입니다. 자, 말을 해보세요."(셰익스피어, 『리어왕』) 씨앗이 발아하듯 자아가 생겨나는데, 그 자아의 성장을 이끌어야 하는 것, 이것이 이번 생에서 우리가 깨쳐야 할 중요한 공안☆※이다. 우리 자아는 시간의 흐름 속에서 끊임없이 변화하고 유동하는 구조다. 이 작은 자아는 생명의 정령들로 가득 찬 삼라만상이라는 큰 자아의 일부다. 우리의 작은 자아는 큰 자아 속에서 살아 숨쉰다. 우리의 작은 자아는 앎과 모름의 사이를 헤맨다. 우리가 해야 할 것은 단지 먹고 사는 것만이 아니라 자아와 자아를 감싼 삼라만상에 대한 끊임없는 배움의 길로 나서는 것이다. 생명으로 이루어진 민감한 감수성의 촉수를 내밀어 더 많은 것들을 보고 듣고 만지며 배워야 한다. 배움을 통해서 심오한 통찰을 이룰 때 자기인식과 자기실현을 쥐고 더 높은 단계의 영적인 성장을 할 수 있다.

장자는 "오는 세상은 기다리지 말고 가는 세상은 좇지 말라!來世不可待, 往世不可追也"(「인간세」)고 한다. 삶은 오는 세상과 가는 세상 사이에 있다. 현재에 충실하라. 현재를 놓치면 인생을 놓친다. 현재는 벽과 벽 사이의 틈으로 준마가 스쳐 지나가듯 짧은 순간이다. 인생은 그 짧은 순간들이 모여 만들어진다. 지금 이 순간의 삶을 느끼고 그것의 충만 속에서 존재의 꽃송이를 피워라. 어떻게 현재라는 느낌의 충만 속에 머물며, 존재의 꽃송이를 피워낼 수 있는가? 한 조선 선비는 이렇게 쓴다. "벼랑 위 절에서 한 해가 저무는 때 눈보라는 온 산에 섞어 치고, 밤은 찬데 스님은 잠이 들어 혼자 앉아 책을 읽을 때. 봄가을 한가한 날 높은 산에 올라 멀리 보니, 몸과 마음이 가뿐하여 시상이 솟구쳐오를 때. 꽃 지는 시절 문을 닫아거니 주렴 밖에선 새가 울고, 술동이를 새로 열자 시구조차 마음에 꼭 맞을 때. 굽이치는 물 위로 술잔을 띄워놓고 어른 젊은이 할 것 없이 한 자리에 다 모여서, 술 한 잔에 시 한 수로 어느새 책 한 권을 이뤘을 때. 좋은 밤은 맑고 고요한데 밝은 달이 마루로 들고, 부채를 치며 글을 외우니 소리 기운이 유창할 때. 산천을 두루 돌아 말도 종도 지쳤지만, 안장에 걸터앉아 길 가며 읊은 것이 작품 되어 주머니에 가득할 때. 산에 들어가 책을 읽다 목표를 채워 집에 오니, 마음이 충만하고 기운이 철철 넘쳐 붓을 내달림에 신명이 든 듯할 때. 멀리 있던 좋은 벗을 갑작스레 맞닥뜨려, 그간의 공부를 하나하나 물어보고 요새 지은 새 작품을 외워보라 권할 때. 숲과 시내 건너편에 살고 있는 좋은 벗이 새로 빚은 술이 익었다고 알려오며 시를 부쳐 나에게 화답하기를 청할 때." (김창흡, 「예원십취藝苑十趣」)

삶은 긴 꿈이다. 이 긴 꿈은 자아를 찾아가는 여정이다. 그 끝은 꿈에서 깨어남, 그리하여 화엄華嚴 세상, 열반涅槃에 이르는 것이다. 장자는 그 종착역에 이른 사람을 '진인'이라고 부른다. 삶과 죽음에 초연한 사람이다. 삶도 죽음도 자연의 섭리에 따라 이루어지기 때문이다. "옛 진인은 잠자도 꿈을 꾸지 않고, 깨어나도 근심이 없었다. 음식을 먹어도 맛있는 것을 찾지 않았고, 숨을 쉴 때도 숨이 깊고 고요했다. 보통 사람은 목구멍으로 숨을 쉬지만 진인은 발꿈치로 숨을 쉰다. 주어진 조건에 굴복한 자는 웃음 띤 말이 아첨하는 것 같고, 여러 욕망에 깊이 탐닉한 사람은 하늘의 비밀을 헤아리지 못한다. 옛 진인은 삶을 즐거워할 줄도 몰랐고, 죽음을 싫어할 줄도 몰랐다. 태어남을 좋아하지도 않고, 죽음을 거역하지도 않았다. 홀연히 가고 홀연히 올 뿐이다. 시원을 잊어버리지 않고, 그 끝을 알려고 하지 않았다. 삶을 그대로 받아들여 살다가, 잊은 채로 되돌아갔다. 이를 일러 마음으로 도를 버리지 않고, 인위로 하늘이 하는 일을 간섭하려 하지 않음이라 한다. 이들이 바로 진인이다. 이런 사람의 마음은 비고, 얼굴은 고요하고, 이마는 너그럽다. 시원하기가 가을 같고 따뜻하기가 봄날 같으며, 희로가 사계절에 통하고 만물과 더불어 마땅하니 그 깊이를 알 수 없다."(「대종사」) 진인은 잠자도 꿈을 꾸지 않고, 깨어도 근심이 없다. 태어남을 좋아하지도 않고, 죽음을 거역하지 않았다고 했다. 잠자면 많은 꿈들로 어지럽고, 깨어나면 당면한 근심들로 심란하다. 태어났을 때 처음 코로 들이켠 공기가 식초처럼 따가워 날카로운 울음을 터뜨렸고, 죽음이 두려워 이 생명 우주의 잔치에 초대되었어도 그 진정한 즐거움을 알지 못한 채 전전긍긍했다. 홀연히 가고 홀연히 올 뿐인 이 삶! 어떻게 살아야 진인이 될 수 있는가?

살려면 죽고 죽으려면 산다

그러므로 성인은 군대를 움직여 적국을 쳐서 무너뜨리지만, 사람들의 마음을 잃는 일이 없었다. 이로움과 혜택을 만대에 두루 베풀지만, 사람을 특별히 편애하지 않았다. 그러므로 사물에 통달하려는 사람은 성인이 아니다. 편애하는 사람은 인자가 아니다. 하늘을 시간으로 구분하는 사람은 현자가 아니다. 이해에 걸림이 있는 사람은 군자가 아니다. 이름을 위해 참된 자기를 잃고 참됨이 없는 사람은 선비가 아니다. 참된 자기를 잃고 참됨이 없는 사람은 딴 사람을 부리지 못한다. 예컨대 고불해, 무광, 백이, 숙제, 기자, 서여, 기타, 신도적 등은 남이 부리는 대로 부림을 당한 자들이다.

『장자』, 「대종사」

마음이 어지러울 때는 『장자』를 들고 산속으로 들어가 나무 그늘 아래에 자리를 잡고 「대종사」 편을 읽는다. 장자는 「대종사」 편에서 큰 스승들이 어떤 사람인가를 다룬다. 사람은 땅을 본받고 땅은 하늘을 본받는다고 했다. 하늘은 도를 본받고 도는 스스로 그러함을 본받는다고 했다. 큰 스승들은 땅과 하늘과 도를 따르고 본받는 사람들이다. 하늘이 하는 일과 사람이 하는 일을 아는 사람, 그 지극한 경지에 도달하여 고요히 성심成心을 지키며 산 사람들이 그러한 스승들이다. 우주 만물을 향하여 다 앎이란 애초에 불가능한 일이다. 어떤 큰 스승도 다 앎에 도달한 사람은 없다. 앎이란 알지 못하는 것을 전제한다. 알지 못하는 것은 땅이 내는 이치보다 더 높은 경지, 하늘이 내는 이치보다 더 높은 경지, 도의 원리보다 더 높은 경지를 말한다. 그러므로 도를 향해 나아갈 뿐 도에 통달했다고 말하지 않는다. 큰 스승들은 자신들의 앎으로 알지 못하는 것을 채우는 사람이다. 장자가 "남이 부리는 대로 부림을 당한 자들이다"라고 하며 열거한 이들은 모두 왕위 계승을 거절하고 자살하거나 은둔자로 일생을 보낸 사람들이다. 특히 백이와 숙제는 은나라의 고죽군孤竹君의 아들들인데, 둘 다 임금 자리를 마다하고 주나라로 갔다. 주나라의 무왕이 은나라의 주왕을 치니 주나라의 양식을 먹을 수 없다고 수양산에 들어가 고사리 등을 뜯어먹고 살다가 굶어 죽었다. 죽고 사는 일을 사람이 어찌 할 것인가. 장자는 말한다. "죽고 사는 것은 운명이다. 밤낮이 변함없이 이어지는 것과 같은 하늘의 이치다. 사람으로서는 어쩔 수 없는 일인데. 이것이 만물이 처한 실존이다."(「대종사」) 사람이 죽고 사는 일은 제 뜻대로 되지 않는다. 그것은 밤과 낮이 교차하며 지나가듯 하늘이 정한 이치에 따라 움직이기 때문이다. 장자는 이렇게 말한다. "죽으려 하면 죽지 않고, 살려고 하면 살지 못하네.殺生者不死 生生者不生"(「대종사」) 때가 되었는데 삶에 매달리면 구차해지고, 마음을 비우면 죽어도 죽지 않는 법이다.

마침 노무현 전 대통령의 사십구재를 앞두고 마음이 다시 일렁이며 어지러울 때「대종사」편을 읽으며 마음을 달랜다. 그날 아침, 노무현 전 대통령이 서거했다는 급보를 접하고 종일 비통하고 애석하였다. 모란 작약의 붉은 꽃들은 슬퍼 보이고, 신생의 싱그러움을 내뿜는 청산의 녹음방초조차 시름에 젖은 듯 보였다. 내 마음이 비통했으므로 세상의 풍경들이 함께 비통했다. 검찰은 이쑤시개로 찬합 반찬을 헤집듯 전직 대통령과 그 주변을 파헤치고, '털어서 나오는 먼지들'을 근거로 윽박질렀다. 자존감이 드높고 도덕성을 강조하던 그이가 받았을 모멸감과 압박감이 얼마나 컸을지를 헤아리기 어렵다. 시골에 은거하는 전 대통령을 저 새벽 낭떠러지 아래로 밀어낸 것은 우리 안의 용렬함과 잔인함이 아니었을까. 큰 흠집이 작은 흠집을 닦달하고, 큰 죄악이 작은 죄악에 윤리의 잣대를 들이대 심판하고 죽음으로 몰아세우는 권력의 유령들이 무섭다.

노무현은 '발칙한' 대통령이었다. 나쁜 정치 관행을 없앤 것은 그이가 한 '발칙한' 일 중의 하나였다. 그러나 고비용 저효율 정치의 관행을 청산한 점은 '노무현의 정치자산'으로 평가받아야 한다. 정치는 으레 기업에서 뒷돈을 받아 하는 것으로 알고, 그 관행에 중독된 범정치권은 돈줄이 끊기자 극렬하게 저항했다. 돈줄을 끊자 그 금단현상을 견딜 수 없었던 것이다. 그이가 대통령으로 누릴 수 있는 특권과 권위를 반납했는데, 그 부지런한 실천도 대단한 업적이다. 어떤 권위도 빌지 않은 그이의 직설화법은 소탈한 실천의 한 품목이다. 그 화법이 일부에게서 '막말'이라고 비난받았지만, 그것은 실체적 진실을 분식하는 권력자들의 '상징화법'에 대응하는 것이었다. 말의 실질적인 뜻에 기대어 정직하게 소통하려는 그 노력은 가상한 일이었다. 또한 그이는 남의 도움을 받지 않고 자기 생각을 또렷하게 펼쳐낼 수 있는 논리의 일관성과 눈부신 표현력을 가졌던 분이었다. 그것이 남다른 자신감의 근거였겠지만, 결과적으로 대통령 노무현은 실패했다. 바로 말하자. 그 실패는 그의 무능 때문이 아니다. 우리 모두의 부도덕함과 뻔뻔스러움의 합작품이다. 우리는 퇴임 뒤에 고향에서 환경운동을 하며 우아한 노후를 보내려던 그에게 모든 책임을 떠넘겼다.

역대 대통령 중에서 한 명은 강제로 하야하고 망명길에 오르고, 가장 오랜 세월 통치한 분은 심복의 총질에 운명을 달리하고, 두 명은 비리 혐의로 감옥에 갔다. 그리고 자살이라는 극한적인 방법으로 목숨을 끊는 대통령까지 나왔다. 전직 대통령들이 감당해야 하는 이 운명은 잔혹하고 참담하다 하지 않을 수 없다. 노무현은 이미 현직에 있을 때부터 저와 다른 생각을 가진 사람들의 벽에 부딪쳐 날개가 꺾이고 피를 흘렸다. 집권 내내 그들은 대통령의 통치 행위를 흔들고 압박했다. 올곧은 목표는 비난받고, 남다른 창의는 조롱받았으며, 정책은 펴기도 전에 저항에 부딪쳤다. 일손을 묶어놓고 또 한편으로 무능하다고 비방했다. 이 터무니없는 조롱과 비방의 절정은 초유의 대통령 탄핵소추였다. 민의로 뽑은 대통령의 대표성과 명예와 인격을 우리는 너무 함부로 대한 것은 아닌가. 정권이 바뀔 때마다 전직 대통령의 비리를 찾고 처벌하는 후환이 따르는 정치, 합리성을 잃은 복수의 정치는 당장에 그쳐야 한다. 성숙한 민주주의 사회라면 더이상 이런 뺄셈의 정치가 계속 되어서는 안 될 것이다. 이건 정치 도의에도 어긋날 뿐 아니라 나라 경제에도 보탬이 되지 않는다. 노무현은 스스로 죽음을 선택함으로써 저 비바람 치는 삶의 여정에, 세상의 들끓는 시비와 논란에 마침표를 찍었다. '대통령 노무현'은 역사의 뒤안길로 돌아갔다.

들에서 나고 자란 꿩은 조롱에 갇혀 살지 못한다. 노무현이 조롱에 갇혀 얻어먹기를 거절한 것은 그가 뼛속까지 들에서 나고 자란 들 사람인 까닭이다. 노무현은 진인이 아니었을까. 장자는 "태어남을 좋아하지도 않고, 죽음을 거부하지도 않은" 사람, "홀연히 가고 홀연히 올 뿐인" 사람을 진인이라고 했다. 노무현은 죽어서 진인이 되었다. 이제 그는 "물에 들어가도 젖지 않고, 불에 들어가도 타지 않는다." 아울러 "잠에서 꿈을 꾸지 않고, 깨어나도 근심이 없고, 먹어도 달지 않고, 숨소리는 깊고 고요하다."(「대종사」) 노무현은 유서에 이렇게 적었다. "너무 슬퍼하지 마라. 삶과 죽음이 모두 자연의 한 조각 아니겠는가? 미안해하지 마라. 누구도 원망하지 마라." 그이는 죽기 전에 이미 삶과 죽음이 하나임을 깨우쳤다. 노무현은 주나라의 세상에서 구차하게 연명하며 목숨을 부지하는 것을 치욕으로 알고 수양산으로 들어간 백이와 숙제의 길을 따라갔다. 그이가 몸을 던진 부엉이 바위는 백이와 숙제가 선택한 수양산이나 다를 바 없다. 살아서 구차해지기보다는 죽어서 깨끗해지기를 바란 것이다. 오호라, 슬프다, 5월의 하늘과 초목들아! 죽어야 할 사람은 살고 살아야 할 사람은 빨리 세상을 버리는구나!

10. 눈에 보이는 세계 너머를 보라

우물 안 개구리

북해약[北海若]이 대답했다. "우물 안 개구리에게는 바다 이야기를 할 수 없네. 한곳에 갇혀 살기 때문이네. 여름 벌레에게 얼음 이야기를 할 수 없네. 한 철에 매여 살기 때문이네. 마음이 굽은 선비에게 도를 이야기할 수 없네. 한 가지 가르침에 얽매여 살기 때문이네. 지금 당신은 좁은 강에서 나와 큰 바다를 보고 비로소 당신이 미미함을 알게 되었소. 이제 당신에게 큰 이[理]에 대해 이야기할 수 있게 되었네."

『장자』, 「추수」

『장자』의 「추수」 편을 읽는다. "자네는 무너진 우물 안 개구리 이야기를 들어보지 못했나? 그 개구리가 동해에서 온 자라에게 말했네. '나는 여기가 좋네. 밖으로 나가면 난간 위에서 뛰놀고, 안으로 들어오면 벽돌 빠져나간 구멍 끝에서 쉬네. 물에 들어가면 겨드랑이까지 차게 하고, 턱을 받치지. 진흙을 찰 때는 발등까지 흙에 묻히고. 장구벌레, 게, 올챙이 모두 나만 못하네. 이 웅덩이 물을 독차지해서 마음대로 노는 즐거움이 더할 나위 없네. 자네도 가끔 들어와보면 어떻겠나?' 동해의 자라는 왼발을 미처 넣기도 전에 오른쪽 무릎이 걸려 꼼짝 할 수 없었네. 어정어정 물러나 개구리에게 동해 이야기를 해주었다네. '대저 1천 리 거리로도 그 크기를 말할 수 없고, 1천 길 길이로도 그 깊이를 말할 수 없네. 우禹 임금 때 10년 동안에 아홉 번이나 홍수가 났지만 그 물이 불어나지 않았고, 탕湯 임금 때는 8년 동안에 일곱 번이나 몹시 가물었지만 바닷물이 줄지 않았네. 시간이 길거나 짧다고 변하지도 않고, 비가 많거나 적다고 불어나거나 줄어드는 일도 없는 것. 이것이 동해의 큰 즐거움일세.' 무너진 우물 안 개구리는 이 말을 듣고 놀라 아주 얼이 빠져버렸다네."「추수」

거북 선생이 눈이 총명하게 빛나는 개구리 군을 어여삐 여겨 우물에서 건져내자 개구리 군의 불평이 대단했다. "바다를 두루 주유하다 시골에 왔다는 선생은 우물 안이 그리 비좁고 어두운 줄을 알면서도 저를 거기에 방치하셨습니까? 선생이 원망스럽습니다. 선생은 그러고도 밥도 먹고 잠도 자고 글도 쓰셨지요?"

"그렇지. 네가 우물에서 허우적이는 동안 밥도 먹고 잠도 자고 글도 썼지. 글쓰는 일이 내 생업이고, 밥 먹고 잠 잔 것은 내 생업을 잇기 위함이었지."

"선생은 세상이 이리도 넓고 즐거운 것인 줄 미리 알았을 텐데, 그동안 제자라는 사람은 캄캄한 저 우물 속에서 그것도 모르고 허우적거렸단 말이에요. 어찌 그럴 수 있습니까?"

"우물에서 허우적이는 사람이 비단 너 혼자만이 아니다. 내가 아는 이만 해도 기천인데, 나는 혼자야. 그렇다면 내가 기천의 사람을 건져 내려고 식음을 폐하고 생업을 접는 게 마땅한 일이냐?"

"먹고 자고 쓰는 게 사람 구하는 일보다 더 중할 수는 없지요."

"그렇구나. 너는 항상 바른 소리만 하는구나. 바른 소리만 하는 네 입이 썩 아름다워 보이지는 않는구나. 내가 가만히 있는 너를 자빠뜨려 우물 속으로 처넣기라도 했단 말이냐? 너 스스로 그 우물 속에 있지 않았더냐? 그런데도 너는 나를 원망하는구나."

"제가 언제 선생께서 우물 안으로 자빠뜨렸다고 했나요? 제가 우물 속에 있을 때 선생께서 나 몰라라 했다는 사실이 분하고 서운하단 말이지요."

"그렇게 분하고 서운하면 네 자리로 다시 돌아가는 게 옳겠구나. 다시 우물 안으로 들어가려무나."

"바깥세상이 이리도 좋은 걸 알아버렸는데, 어찌 우물 안으로 들어갈 수 있단 말이에요. 말이 되는 소리를 해서야 상대를 하죠."

"그렇구나. 너는 입만 열면 바른 소리고, 나는 말이 안 되는 소리로만 너를 상대하는구나."

"이제 아셨으면, 하나씩 고쳐나가세요."

"네가 우물에서 또 허우적인다 해도 나는 밥도 먹고 이번에는 술도 곁들여 먹고 잠도 편히 자고 아무 일도 없었다는 듯이 글도 써야 할 텐데. 어찌해야 되겠나. 그걸 바꿀 생각은 아예 없단다. 그걸 바꾸는 방법은 딱 한 가지가 있는데, 그건 내가 죽는 길이란다."

그러나 개구리 군은 차마 거북 선생보고 죽어버리란 소리는 하지 못했다.

몸은 사춘기를 앞뒤로 해서 가파른 성장세를 보인다. 그 무렵 키가 해마다 10센티미터씩 자라다가 20대 초반을 넘어서면 대개는 성장을 멈춘다. 성장판이 닫히면서 곧 세포의 노쇠화가 진행된다. 몸이 자라는 것보다 더 중요한 것이 영혼의 성장이다. 영혼의 성장은 궁극적으로 잘 삶, 정신과 육체의 조화, 궁극적으로는 진리에 도달함을 목표로 한다. 진리를 갈망하는 영혼은 신성하고 영원한 그 무엇을 향해 나아간다. 신체의 성장판은 20대 중반에 닫히지만 영혼의 성장판은 죽을 때까지 닫히지 않는다. 영혼의 성장이란 신체의 물질성과 상관없이 내 안에서 나날이 새로워지는 사람으로 사는 것을 뜻한다. 육신은 낡아가지만 영혼은 날로 젊고 새로워질 수 있다. 영혼의 성장은 '나'라는 한계를 넘어서게 한다. 예수, 석가모니, 노자, 장자, 간디, 소로, 마더 테레사, 스콧 니어링 같은 이들은 '나'라는 한계를 넘어서 큰 삶을 살다 간 큰사람들이다. '나'를 넘어서는 사람은 혼자 잘 있음이 아니라 타자들과 더불어 잘 있음을 추구하며, '나'와 '너'를 분별하고 '나'만의 잘 삶에 집착하지 않고 '나-너'의 분별없이 더불어 가능한 잘 삶을 지향한다.

눈에 보이는 세계가 전부는 아니다. 이 물물物物의 세계, 나타났다가 사라지는 현상들에는 그 뒤에 숨은 배후, 즉 이것들을 뒤에서 조종하는 근원적인 힘이 있다. 눈에 보이는 세계가 전부라고 생각하는 것은 우물 안에 사는 개구리가 우물 밖에 대해서는 모른 채 우물이 세계의 전부라고 생각하는 것과 같다. 한곳에 갇혀 있고, 한 가지 가르침에 얽매여 사는 사람은 우물밖에 모르고 우물 밖 저 먼 곳에 바다가 있다는 것을 모르는 사람이다. 마음이 닫힌 사람에게는 진리도 소용이 없다. 마음의 귀를 열어야 비로소 먼 곳을 불어가는 바람 소리가 들린다. 지구가 우물이라면 우주는 바다다. 은하는 수천억 개의 별로 이루어진 군집이다. 우리가 사는 지구는 은하에 떠있는 그 수천억 개의 별 중에서 작은 별에 속한다. 지구를 품고 있는 우리 은하는 적어도 1천억 개쯤 되는 은하 중의 하나다. 137억 년 전쯤 초고밀도 상태로 압축된 물질이 폭발하면서 이 은하들이 생겨났다. 이걸 빅뱅이라고 한다. 폭발이 일어나자 은하들은 진공의 저 먼 곳을 향하여 총알같이 튀어나가기 시작했다. 아직까지 우주의 팽창은 지속되고 있다. 우주의 팽창 속도는 더 빨라지고 있다. 빅뱅이 시작될 무렵에 한곳에 있던 이것들이 한없이 멀어지고 있다는 애기다. 저 우주 바깥에 무한대로 펼쳐져 있는 진공은 그냥 텅 비어 있는 상태가 아니라 에너지로 충만해 있다. 이 에너지는 사라지는 법이 없다. 물리학에서 말하는 에너지보존법칙에 따르자면 에너지는 형태만 바뀔 뿐이다. 이것들은 어디서 왔는가? 이것들의 시작은 무無다. 이 무는 어디서 왔는가? 무무無無에서 온 것이다.

우리는 아침에 피었다가 오후가 되기 전에 스러지는 버섯이다. 우리는 저녁을 한 번도 맞은 적이 없고, 따라서 저녁에 대해서 아는 바가 없다. 우리는 여름 한 철을 사는 매미다. 우리는 가을이 오기도 전에 이미 사라진다. 그러므로 가을이 끝나고 겨울이 온 뒤에 나타나는 얼음을 본 적도 없고 아는 바도 없다. 뭔가를 안다고 큰 소리를 치면 칠수록 우리의 무지와 어리석음은 더 드러난다. 우리는 아는 것보다 모르는 것 속에 파묻혀 산다. 모름 속에서 그 모름을 견디며 살고 있으니 그 모름을 부끄러워할 필요는 없다. 우리가 태어난 것은 그 모름을 하나씩 깨쳐나가기 위함이다. 과학자들은 우리가 아는 우주 말고도 또 다른 우주가 존재할 수 있는 가능성에 대해 말한다. 우주는 단 하나가 아니다. 우주는 여럿이다. 우리는 그 다중의 우주들 중에서 하나에 속해 있다. 몇 백억 광년 저 먼 곳에 또 다른 우주가 있고, 거기 어느 한 점 별에는 나와 일란성 쌍둥이처럼 똑같은 존재가 있어 아침에 일어나고 배가 고프면 밥을 먹는다. 그러나 나는 나와 똑같은 그 존재를 한 번도 만나본 적이 없다. 우리가 그를 만날 수 없는 것은 우리가 물질로 되어 있기 때문이다. 내가 몇 백억 광년 저 너머에 있는 나와 똑같은 나를 만나려면 물질 이전, 존재 이전으로 돌아갈 수 있어야 한다.

큰사람이란 죽을 때까지 제 영혼을 돌보고 성장하도록 돕는 사람이다. 성장이란 바깥의 자양분을 내 안으로 끌어들이는 일이다. 자라지 않는 것은 굳고 마치 죽은 것과 마찬가지로 무감각해진다. 우리가 자아를 돌보고 성장해야 하는 것은 그 때문이다. 성장을 멈춘 자아는 쇠퇴하고 굳어서 마침내 죽는다. 식물을 보라. 꽃을 피우고 열매를 맺을 때까지 땅속의 뿌리는 물을 퍼올리고 잎들은 쉼 없이 광합성을 한다. 열매는 씨앗들을 품는다. 씨앗들은 또 다른 성장의 시작을 예비한다. 땅에 떨어진 씨앗들은 싹을 틔우고 자라나는 것이다. 삶이란 덧없고 부서지기 쉬운 것이다. 어제까지 함께 밥을 먹고 차를 마시며 웃고 떠들었던 사람이 간밤에 심근경색으로 죽었다는 소식을 들을 때 우리는 놀라움 속에서 그것을 실감한다. 삶이란 죽어간다는 엄연한 진실 위에서 피어나는 꽃이다. 그 꽃이 떨어질 때 맺는 열매가 곧 죽음이다. 죽음은 곧 성장의 종말이다. 그러나 성장을 지향하는 영혼은 죽음조차도 영혼의 새로운 가능성으로 받아들인다. 어떤 면에서 죽음은 가장 기이한 가능성이다. 잘 산다는 것은 잘 죽는다는 것이라는 점에서 그것은 진리다. 모든 삶은 죽음과의 관계 속에서만 삶이다. 삶은 죽음이라는 불가능성의 가능성에 뿌리를 내리고 자라는 것이다. 죽음은 모든 가능성의 끝이며, 동시에 한 번도 겪지 못한 전대미문의 불가능한 가능성을 향한 첫걸음이기도 하다.

성장판이 닫힌 사람의 특징은 우매함, 아집, 독선, 거드름, 이기주의, 잘난 척 따위다. 허우대는 어른의 형상을 하고 있지만 속사람은 생각이 덜 자란 어린애다. 속이 덜 자란 어린애들은 남에게 자주 폐를 끼치고, 오로지 제 입에 들어가는 단것에만 집중한다. 그런 까닭에 늘 제 마음의 헛구렁을 채우는 것이 비움보다 덜 숭고하다는 사실을 깨닫지 못한다. 그들은 채우지 못한 마음의 헛구렁 때문에 늘 칭얼거리고, 불평을 하고, 시끄럽고, 사사로운 원한을 품고, 남을 불편에 처하게 한다. 그들과 사귀는 일은 뱀과 함께하는 것보다 즐겁지 못하다. 반면에 영혼의 성장에 관심을 갖는 사람은 어떠한가. 그들은 인식의 확장, 타자에 대한 배려, 겸허함, 따뜻한 미소, 친절, 이타적 희생 따위에서 두드러진다. 좋은 것은 남과 먼저 나누고, 뭇 사람들이 기피하는 나쁜 것은 혼자 짊어지려고 한다. 입고 먹는 것은 제 분수를 벗어남이 없다. 그들의 성정은 물과 같이 자연스럽다. 물은 낮은 곳에 처하며 스스로를 정화하여 맑아진다. 물은 가로막으면 에돌아 흐르고, 서두는 법 없지만 기어코 제 갈 길을 가고야 만다. 그래서 노자는 사람이 이른 가장 높은 도덕의 경지를 물의 은유에 담아 표현했다. "최고의 선은 물과 같다. 물의 선은 만물을 이롭게 할 뿐 만물과 다투지 않는다. 물은 뭇 사람이 싫어하는 곳에서 살아간다. 그러므로 거의 도에 가깝다. 세상을 나아감에 물과 같이 머물 만한 곳에 머물고, 마음은 고요한 심연에 두어라. 사람을 대할 때 어짊으로 대하고 믿음을 주도록 하라. 다스릴 때는 바름으로 하고, 일을 할 때 마땅히 능한 것으로 일을 삼으라. 움직일 때는 가장 좋은 때를 골라 움직이고, 물이 그러하듯 다투지 말라. 그래야만 허물이 없다."上善若水, 水善利萬物而不爭, 處衆人之所惡, 故幾於道, 居善地, 心善淵, 與善仁, 言善信, 正善治, 事善能, 動善時, 夫唯不爭, 故無尤." 『도덕경』 제8장)

나무는 밑둥을 잘라내도 새순을 내민다. 묵은 가지에서 내미는 새순은 희망이고 꿈이다. 절체절명의 순간에서조차 꿈과 희망을 포기하지 않는 게 의젓한 처신이다. 나날이 쇄신하는 영혼을 가진 자가 지닌 꿈과 희망은 시련이나 역경 따위로 꺾을 수는 없다. 상한 갈대도 바람에 흔들리며 새순을 내미는데, 사람은 그보다 나아야 하지 않겠는가. "외롭기로 작정하면" 못 이룰 꿈이 없고, "가기로 목숨 걸면" 가지 못할 곳이 없다. 보라. 시인은 이렇게 노래한다. "상한 갈대라도 하늘 아래선/ 한 계절 넉넉히 흔들리거니/ 뿌리 깊으면야/ 밑둥 잘리어도 새순은 돋거니/ 충분히 흔들리자 상한 영혼이여/ 충분히 흔들리며 고통에게로 가자// 뿌리 없이 흔들리는 부평초 잎이라도/ 물 고이면 꽃은 피거니/ 이 세상 어디서나 개울은 흐르고/ 이 세상 어디서나 등불은 켜지듯/ 가자 고통이여 살 맞대고 가자/ 외롭기로 작정하면 어딘들 못 가랴/ 가기로 목숨 걸면 지는 해가 문제랴// 고통과 설움의 땅 훨훨 지나서/ 뿌리 깊은 벌판에 서자/ 두 팔로 막아도 바람은 불듯/ 영원한 눈물이란 없느니라/ 영원한 비탄이란 없느니라// 캄캄한 밤이라도 하늘 아래선/ 마주 잡을 손 하나 오고 있거니"(고정희, 「상한 영혼을 위하여」) 누군들 상한 갈대가 아니랴! 제 영혼을 돌아보는 자는 제 영혼이 상한 갈대임을 모르지 않는다. 그러므로 먼저 제 영혼을 가여워하고 그것을 돌본다. 새도 깃털이 자라지 않으면 높이 날 수 없다. 새가 높이 날려면 깃털만이 아니라 눈에 보이지 않는 뼈를 튼튼하게 키워야 한다. 공중을 높이 나는 새의 뼛속은 비어 있다. 마찬가지로 큰사람은 제 허물을 부끄러워하고 그 허물들이 욕심에서 나왔다는 걸 깨달아 그것을 줄이고 비우는 일에 애쓴다. 겉만 꾸미고 속사람을 돌보지 않는다면 큰사람이 되기는 힘들다. 정말 큰사람은 제 근본을 돌아보고 제 영혼을 키우는 데 전심전력을 다하는 사람이다.

어제 아침에는 저 해남으로 거처를 옮겨 살던 젊은 벗이 돌연 세상을 떠났다는 소식을 듣고, 울악산을 오르던 정오쯤에는 노모에게서 외삼촌이 돌아가셨다는 연락을 받았다. 목성에는 네 개의 위성이 그 주변을 맴돈다. 이오, 유로파, 가니메데, 칼리스토가 그것이다. 나는 화산이 폭발하고 이산화황 증기로 덮인 이오의 공전주기를 꼼꼼하게 계산한 뒤 비로소 외삼촌이 돌아갈 때가 되어 돌아갔음을 비로소 알 수 있었다. 저녁 무렵 집으로 돌아오니 이미 노모는 강북삼성병원 영안실에 차갑게 식은 몸으로 누워 있을 동생을 보려고 상경한 뒤였다. 밤에는 나 혼자였다. 자정 너머에는 어두운 풀숲 위로 떠다니는 몇 마리의 반딧불이를 오래 쳐다보았다. 올해 처음 목격한 반딧불이다. 그믐인지 사위는 어둡고 그 어둠을 고요가 말없이 채우고 있었다. 노모가 없는 빈 방에 들어와 모처럼 『주역』을 펼쳤다. 주역을 펼치니 우연히 이런 글귀가 나왔다. "나무 위에 불이 타고 있는 것이 정괘의 모습이다. 군자는 이 모습을 보고 군주의 지위를 바르게 지켜 하늘의 명령이 자신에게 정착하게 해야 한다." 내 마음이 욕심으로 흐려졌던가, 그래서 총명이 필요했던가. "나무 위에 타는 불"은 총명함이다. 총명함은 멀리서 구하는 게 아니다. 가까이에 총명함이 있다. 불은 바람의 기세를 타야 더 크게 타오를 수 있다. 자라 한 마리가 캄캄한 허공을 떠가고 있는 게 보였다. 자라는 우물을 떠나 바다로 가는 중이다. 나는 우주 저 너머로 토파즈처럼 빛나는 바다의 한 끝자락을 살짝 엿보고, 그만 얼이 빠져버렸다.

개구리는 동해에서 온 자라에게 우물 안에서 사는 것의 즐거움에 대해 말한다. 개구리는 장구벌레, 게, 올챙이들이 모두 저만 못하다고 말한다. 오만은 어리석음의 소치다. 바다에서 온 자라는 바다를 한 번도 본 적이 없는 개구리에게 바다를 말한다. "대저 1천 리 거리로도 그 크기를 말할 수 없고, 1천 길 길이로도 그 깊이 다 말할 수 없는" 그 바다에 대해서. 물질의 세계, 에너지들이 이것에서 저것으로 순환하는 세계에 사는 우리 모두는 개구리들이다. 우리는 바다를 모른다. 누런 해가 뜨고 지고, 하얀 달이 뜨고 지는 이 세계, 현재의 세계, 이 질량의 세계, 이 양자역학의 우주…… 속에서 우리는 산다. 중력의 법칙이 작용하는 지구 표면에 발바닥을 붙이고 걸어다니며 산다. 어떤 사람들은 출세를 하고, 어떤 사람은 촛불집회에 나가고, 어떤 사람은 나무를 붙잡고 명상을 하고, 어떤 사람은 암으로 고통을 당하다가 눈을 감는다.

조릉 이야기

장자가 조릉雕陵의 울타리를 거닐다가 남쪽에서 부엉이 한 마리가 날아오는 것을 보았다. 날개의 넓이는 7척이요, 눈의 크기는 직경 1촌이었다. 그 새는 장자의 이마를 스치고 밤나무 숲에 앉았다. 장자가 중얼거렸다. "이런 새가 다 있나? 날개는 큰데 높이 날지 못하고 눈은 큰데 나를 보지도 못하다니!" 바지를 걷고 뛰어가며 활을 잡고 그 새를 겨냥했다. 그때 그는 매미 한 마리를 보았다. 그 매미는 좋은 그늘을 얻어 제 자신을 잊고 있었다. 나뭇잎 뒤에 몸을 숨긴 사마귀가 매미를 노리고 있었다. 사마귀는 먹잇감을 노려보느라 제 몸이 노출되어 있다는 것을 잊고 있었다. 부엉이는 그 틈을 이용하여 사마귀를 잡아 제 잇속을 차리려고 본성을 잊고 있었다. 장자는 슬픈 듯이 말했다. "오호! 만물은 서로 연루되어 하나의 종류가 다른 종류를 불러들이고 있구나!" 장자가 화살을 버리고 되돌아 숲에서 나올 때 밤나무 숲 주인이 장자를 쫓아오며 밤을 훔친 줄 알고 욕을 했다. 장자는 집에 돌아와서 석 달 동안 꿈쩍도 하지 않았다. 제자인 인차藺且가 이에 대해 물었다. "선생님께서는 어찌하여 그동안 심히 마음이 불편하셨습니까?" 장자가 대답했다. "나는 바깥으로 드러나는 것만을 지켰지 나 자신을 잊고 있었다. 나는 탁한 물로 비

취보았을 뿐이지 맑은 연못에 대해 알지 못했다. 또 내가 노자 스승에게 들은 바는 그 풍속에 들어가면 그 풍속을 따른다고 했는데. 얼마 전 나는 조롱을 거닐다가 내 몸을 잊었고 그 부엉이는 내 이마를 스치고 밤나무 숲에 노닐다가 제 본성을 잊었다. 밤나무 숲 주인은 이로써 나를 모욕했다. 나는 이 때문에 마음이 편치 않았다."

『장자』, 「산목」

『장자』의 「산목」 편을 읽는다. 장자는 부엉이를 잡으려고 화살을 겨누었다. 그때 나뭇가지에 매미가 앉아 있는 것을 보고, 사마귀가 매미를 노리고 있음을 알았다. 사마귀는 매미를 노리는 데 정신이 팔려 부엉이에게 제 몸이 노출되어 있음을 알지 못했다. 또한 부엉이도 장자가 활로 저를 노리는 걸 알지 못했다. 그 사태를 한순간에 깨닫고 장자는 활을 버리고 밤나무 숲을 달려 나왔다. 아니나 다를까. 뒤를 돌아보았을 때 밤나무 숲 주인이 장자를 보고 쫓아오는 중이었다. 이렇듯 서로 무연한 듯 보이는 익명적인 있음은 상호 연루[※※]되어 있다. 무언가에 대한 욕망함에 깊이 빠져 있을 때 사람은 가장 단순한 뜻에서 살아 있는 존재에 속한다. 살아 있는 모든 것은 욕망한다. 죽어 있는 모든 것은 욕망함에서 죽어 있다. 살아 있다는 것은 욕망함 그 자체다. 아울러 욕망함은 우리가 누구인가를 규정한다. 욕망함의 내역들이 세계 내 존재의 정체성을 만드는 까닭이다. 우리는 욕망함이라는 문에 달린 손잡이를 비틀어 존재 저 바깥의 가능성으로 나아간다. 매미를 욕망하지 않는다면 사마귀는 사마귀가 아니며, 사마귀를 욕망하지 않는다면 부엉이는 부엉이가 아니며, 부엉이를 욕망하지 않는다면 장자는 장자가 아니다. 욕망함의 합목적성 안에서, 먹이사슬이라는 것의 위계 안에서 이 규정은 맞다. 세계는 무질서하게 뒤죽박죽으로 섞여 있는 듯 보이지만 매미와 사마귀와 부엉이와 장자는 생명계의 질서 속에서 욕망함으로 서로 얽혀 있다. 이것이 먹이사슬의 관계다. 우리는 매미일 수도 있고, 사마귀일 수도 있고, 부엉이일 수도 있다. 다만 우리가 '장자'가 아닌 것은 분명하다. 상호 주관성의 세계 안에서 '장자'는 영원한 타자다. 장자는 '조릉'이라는 세계 안에서 노닐었고, 머뭇거렸고, 우연히 부엉이와 마주쳤다. 장자는 제가 먹이의 연쇄사슬 속에 연루되었음을 깨닫고 세계의 뒤편으로 물러앉았다.

이른 더위가 세상을 달군 통에 초복 더위를 넘기는 일이 녹록지 않다. 이마에 닿는 햇볕은 촛농 떨어지듯 뜨겁고, 더운 공기로 가득 찬 허파는 녹는 듯하다. 소나기라도 한차례 뿌리고 가면 견딜 만하련만, 구름 한 점 없는 하늘은 파랗고 날은 무덥다. 햇빛을 빨아들인 수목의 잎들은 기름 바른 듯 검푸르게 번득이고, 집 아래 호수는 바람 없는 탓에 잔잔하다. 텅 빈 산엔 사람 없는데 계곡 물줄기는 쉼 없이 흐르고 꽃은 피었다 진다. 백로 몇 마리가 하늘에 한가로이 떠가고, '졸(鵽)' 자가 들어간 집에 사는 졸렬한 사람 역시 바쁠 것 없이 한가롭다. 산림욕장까지 나갔다가 땀범벅이 되어 들어와 몸을 씻은 뒤 찬물에 밥을 말아 짭짤한 오이지 몇 점으로 끼니를 때운다. 고량진미에 길들여진 혀로는 질박한 식사의 즐거움을 능히 알지 못하고, 몸과 마음이 두루 번잡하고 바쁜 사람은 시골에 사는 사람의 뼛속같이 한가로움을 알지 못한다. 서재에 들어와 아침나절에 읽다 만 책을 다시 붙잡고 완독을 한다. 시골에 들어온 뒤 날마다 일책통독 一冊通讀을 하루의 보람으로 삼았다. 읽고 쓰는 게 생업이니 그게 자랑스러울 것도 없지만 말이다. 어느덧 전업작가로 나선 지 15년이고, 시골에 들어와 산 지는 10년이다. 그동안 하루에 여덟 시간 이상씩 읽은 책이 5천 권이고 지은 책은 서른 권이 가까우오나 어리석음과 용렬함은 뼛속까지 깊고, 흠모하고 꿈꾼 경지는 손에 잡을 수 없이 멀어지니 사무침은 붉어진다.

완당阮堂 김정희가 제주도로 유배되었을 때 제주 바깥을 나가본 적이 없는 선비들이 다투어 달려와 제자 노릇을 자청했다. 완당은 유배의 나날이 고적했던 터라 여러 제자를 받고 성심으로 가르쳤다. 완당은 그때 이미 학문과 예술에서 동양의 거장이었다. 청나라의 옹방강은 완당을 가리켜 "경술문장經術文章 해동제일海東第一"이라고 평가했다. 완당이 그런 경지에 이른 것은 흐르는 세월이 거저 준 보람이 아니었다. 완당은 권돈인에게 보낸 편지에서 이렇게 썼다. "평생 벼루 열 개를 구멍 내고 붓 1천 자루를 몽당붓으로 만들었다." 거장은 천재에다 이런 각고의 노력이 더해져야 도달할 수 있는 아득한 경지다. 완당에게 그런 삼엄한 자기단련과 지극함이 있었기에 홀연 그 경지에 이른 것이다.

마음이 느슨해질 때마다 『완당평전』을 들춰보거나 복제한 「세한도」를 곁에 두고 곰곰이 들여다본다. 완당이 삶과 예술에서 단단한 사람이어서 무릇 무른 마음이 감히 푯대로 삼을 만한 까닭이다. 완당이 「세한도」를 그린 것은 제주도로 유배된 지 다섯 해가 되는 무렵이다. 제자 이상적은 완당이 권력에서 밀려났을 때조차 스승을 배신하지 않았다. 역관譯官으로 국을 드나들며 부지런히 서책을 구해다 바치는 제자의 한결같은 성심에 감동한 완당은 「세한도」를 그려 보답했다. 완당은 「세한도」 옆에 다음 같이 제발題跋을 적어 넣었다. "세상은 물밀 듯이 권력만을 추세하는데, 이와 같이 심력을 허비하여 얻은 것을 권력자에게 돌리지 아니하고 해외의 한 초췌하고 고고한 사람에게 주다니. 세상은 모두 권력가에 추세하니, 태사공이 이르기를 '권력으로 합한 자는 권력이 떨어지면 교분이 성글어진다'고 하였는데, 군은 어찌 이 세상 사람으로서 초연히 권력에 추세하는 테두리 밖으로 떠나서 권력으로 나를 대하지 않는단 말인가. 지금 군이 나에 대해 앞이라고 더한 것도 없고 뒤라고 덜한 바도 없으니, 세한 이전의 군은 칭찬할 것이 없거니와 세한 이후의 군은 또한 성인에게 칭찬을 받을 만한 것이 아니겠는가." 이 대목을 읽는데 눈시울이 뜨거워진다. 초췌하나 결코 고고하지는 못한 내 처지가 거기에 홀연 겹쳐졌기 때문이다.

'세한'이란 말은 본디 공자가 지은 『논어』의 「자한」편에 나오는 "세한연후지공백지후조歲寒然後知松栢知後凋"에서 따온 것이다. 모든 나무들이 상록의 잎을 갖고 있을 때 소나무와 잣나무의 본성은 드러나지 않는 법이다. 낙엽송들이 덧없이 그 잎을 떨굴 때 소나무와 잣나무만이 변치 않는 상록으로 그 의기를 세상에 드러낸다. 사람이라면 마음에 늘 푸른 소나무의 의기義氣를 품고 살려고 애써야 하리라. 한 시인은 소나무의 의기를 이렇게 기렸다. "큰 눈 온 날 아침/ 부러져 나간 소나무를 보면 눈부시다// 그들은 밤새 뭔가와 맞서다가/ 무참하게 꺾였거나/ 누군가에게 자신을 바치기 위하여/ 공손하게 몸을 내맡겼던 게 아닐까// 조금씩 조금씩 쌓이는 눈의 무게를 받으며/ 더이상 견딜 수 없는 시점에 이르기까지/ 나무는 무슨 생각을 했을까// 저 빛나는 자해自害/ 혹은 아름다운 마감// 나도 때로 그렇게/ 세상 밖으로 나가고 싶다."(이상국, 「대결」)

시골에 내려와 적적해진 내가 자주 드나들던 한 돈가스집 주인이 내 처지를 딱하게 여겨 "앞으로 우리 집에서 마시는 커피와 돈가스는 돈을 내지 않아도 좋다. 당신은 책을 쓰는 사람이니 책을 써서 큰돈을 벌면 한꺼번에 갚아라. 그때까지는 내가 공짜로 먹여주겠다"라고 향기로운 제안을 했다. 나는 염치없이 수년 동안 그 집을 드나들며 셀 수도 없이 많은 공짜 커피를 마시고 돈가스를 축냈다. 대신에 새 책을 내면 그 주인에게 반듯하게 서명을 해서 책을 바쳤다. 당신이 끓인 커피와 당신이 만든 돈가스를 먹고 이렇게 책을 지었으니, 커피향과 돈가스의 그윽한 맛이 책 안에 어떻게 녹아 있는지 흠향해보소서, 하는 마음이었다. 지은 책 중에서 널리 많이 팔려 장안의 지가를 올려본 적이 없기 때문에 아직은 마음의 빚을 갚지 못했다. 흘러가는 세월 앞에서 내가 자주 초조해하는 것은 오로지 한 가지 이유 때문이다. 그 빚을 끝내 갚지 못하고 눈을 감을까봐 걱정스러운 것이다.

세상은 많이 가진 자에게 너그럽고 없는 자에게 매정한 법이다. 그게 인심의 생리다. 이상적은 그 세태의 얄팍함을 거슬러 권력에서 밀려난 스승을 한 마음으로 섬겼다. 완당은 그 점이 갸륵하여 기리고자 「세한도」를 그렸다. 이상적처럼 한 입으로 한 말을 하고, 한 마음으로 한 마음을 품고 사는 일은 쉽지 않다. 한 입으로 한 말을 하고 한 마음으로 한 마음을 품는 사람이야말로 그 푸름을 잃지 않는 소나무의 의기를 닮은 사람이다. 더러는 한 입으로 두 말을 하고 한 마음으로 두 마음을 품는 사람이 순조로운 듯해도 그 영광은 길지 않다. 여름엔 낙엽송들도 소나무나 잣나무와 더불어 푸른 법이지만, 겨울이면 낙엽송들은 잎이 변색한 뒤 덧없이 지고 오로지 소나무나 잣나무만 사철 변치 않는 푸름을 드러낸다. 시골에 집을 짓고 뜰 한쪽을 삽으로 파고 그 첫 나무로 잘 생긴 금강송金剛松을 구해다 심고, 마음에 소나무를 품은 까닭은 마음의 흐트러짐을 경계하며 소나무의 꼿꼿함과 올곧음을 배우기 위함이었다. 그 금강송도 이제는 제법 둥치가 커졌다. 그 금강송을 바라보며, 한 입으로 한 말을 하고 한 마음으로 한 마음을 품고 사는 일의 우직함과, 한가로움 속에서 마음을 비우고 비운 마음에 덕에 두텁게 쌓고자 한다.

잇속만을 차리는 데 바빠 제 본성을 잊는 것은 어리석은 일이다. 이는 존재를 위험에 빠뜨리는 일이기도 하다. 매미는 좋은 그늘에 취해 저를 잊었고, 사마귀는 매미에 열중하느라 부엉이의 노림을 알지 못했고, 부엉이는 사마귀를 잡아채려는 계획에 몰입하느라 장자의 활이 저를 노린다는 사실을 깨닫지 못했다. 매미와 사마귀와 부엉이는 다 어리석음에 빠져 있다. 그 사태를 한눈에 알아보는 순간 장자 역시 저를 덮쳐오는 위험을 잊은 채 '삶의 광대놀음'에 열중하고 있음을 깨닫고 소스라치게 놀랐다. 매미와 사마귀와 부엉이는 저마다 하나의 내재성이자, 동시에 먹히지 않은, 그러나 먹힘의 가능성에 방치된 벌거벗은 외재성이다. 벌거벗었다는 것은 타자의 욕망함에 노출된 존재라는 뜻이다. 수고는 타자의 욕망함에서 도망가기 그 자체다. 산다는 것은 무수한 크고 작은 노동과 수고의 연쇄로 이루어지는 과정이다. 선악과를 따먹은 인류에게 "땀을 흘리고 죽도록 수고해야만 먹고 살리라"라고 수고의 형벌이 내려졌다. 수고는 불가피한 의무고, 존재 안에 쌓이는 피로는 그 수고함의 결과물이다. 철학자 레비나스는 "수고의 아픔 속에서 피로는 전적으로 현재에 대한 이 유죄 판결로 만들어진다"고 말한다. 그런 맥락에서 우리는 자아 안에서 하나의 내재성이지만 존

저편의 타자에게는 벌거벗은 외재성이다. 여름 저녁 허공에서 떼 지어 붕붕거리는 하루살이도, 파란 신호등이 켜진 뒤 횡단보도를 건너는 도심의 사람들도, 해마다 단풍이 들 무렵이면 피리를 불며 북한산성의 동문을 나와 철원으로 가는 취적산인[1]도 다 벌거벗은 외재성이라는 점에서 다를 바가 없다.

장자는 밤나무 숲속에서 만물이 서로 연루되어 있음을 깨달았다. 그 사건이 있은 뒤 홀연히 세계의 뒤편으로 물러앉아 석 달 동안 두문불출했다. 제자 인차가 걱정이 되어 찾아가 물었을 때 장자는 "나는 탁한 물로 비춰보았을 뿐이지 맑은 연못에 대해 알지 못했다觀於濁水而迷於淸淵"고 말했다. 탁한 물의 수면에 비치는 것은 형상들의 세계, 즉 사물의 벌거벗은 외재성이다. 벌거벗은 외재성들이 움직이는 세계는 쫓고 쫓기는 세계요, 수고와 피로로 얼룩진 세계다. 장자는 사물의 외재성 너머에 있는 '맑은 연못'에 대해 궁구했다. '맑은 연못'은 그 벌거벗은 외재성을 품은 내재성이자 존재의 심연이다. 사물의 외재성은 늘 변한다. 형편과 처지가 달라짐에 따라 만물은 변화와 생성을 거듭하며 동요한다. 예를 들자면 질병이 깊어지면 외면은 비쩍 마르고 흉해진다. 외면이

---

1) '취적산인'은 조수삼이 지은 『추재기이秋齋紀異』에 나오는 인물이다. "산인山人은 어디에 사는 사람인지 알 수가 없다. 해마다 단풍이 한창일 무렵에 저笛를 불며 북한산성의 동문을 나와 철원 보개산으로 갔다. 머리에 삿갓을 쓰고, 어깨에 도롱이를 걸쳤으며, 발에는 짚신을 신고 나는 듯 지나갔다. 그를 봤다는 사람이 많았다."

흉해진다고 마음까지 흉해지는 것은 아니다. 변하지 않는 것은 그 안에 숨은 '맑은 연못'인데, 그것은 변화하는 것 가운데 변화하지 않는 것의 표상이다. 어젯밤 꿈속에서 장자가 죽었다는 소식을 듣고 조문을 다녀왔다. 장자가 죽었는데 아무도 우는 사람이 없었다. 꿈인데도 불구하고 나는 이상하다고 생각했다. 조문을 다녀온 뒤 맑은 연못에서 벌거벗고 헤엄을 치는데 금빛 물고기 몇 마리가 옆에서 춤추는 듯 노닐었다. 아주 상서로운 꿈이어서 나는 잠에서 깨어난 뒤에도 한동안 그 꿈의 향기에 취해 있었다.

얼음처럼 차고
눈처럼 흰 사람

견오가 연숙에게 말했다. "접여(接輿)가 하는 말을 들었는데, 터무니없이 큰소리를 일사천리로 나아가기만 하고 돌아올 줄을 모릅디다. 그 하는 말이 실로 놀랍고 두렵더군요. 마치 은하수처럼 끝이 없더이다. 엉터리로 과장하고 겉돌아 사람들의 일상사와는 아무 상관도 없는 이야기들이었소."

연숙이 물었다. "그 사람이 무슨 말을 하였소?"

"멀리 막고야(藐姑射)라는 산에 신인(神人)이 살았는데 그 살갗이 얼음이나 눈 같고, 처녀처럼 부드럽다고 했소. 오곡을 먹지 않고, 바람을 들이마시고 이슬을 마시면서 살고, 구름을 타고, 나는 용을 몰아 사해 밖을 노닌다는 것이었소. 정신을 응집하면 병해를 막고, 해마다 곡식도 잘 익게 한다는 이야기였소. 도무지 미친 사람의 말 같아서 하나도 못 믿겠더구려."

연숙이 말했다. "그렇군. 눈먼 사람은 아름다운 장식을 볼 수 없고, 귀먹은 사람은 종이나 북소리를 들을 수 없지. 몸만 눈멀고 귀먹었겠소, 지각도 그랬겠지. 이것이 바로 그대의 일이구려. 신인은 그의 덕으로 온갖 것과 어울려 하나가 된 것이오. 세상이 모두 평화를 바라는데, 무엇 때문에 구태여 노심초사하며 애쓸 필요가 있겠소? 아무것도 이 신인을 해칠 수 없지. 홍수가 나서 하늘에 닿아도 빠져 죽지 않고, 가뭄이 들어 쇠붙이와 돌이 녹고 땅과 산이 불에 타도 데지 않으니까. 이 신인은 제 몸의 먼지와 때, 조의 쭉정이와 겨를 가지고도 요나라 임금이나 순나라 임금을 만들어낼 수 있는데, 무엇 때문에 세상일에 몰두하겠소?"

『장자』, 「소요유」

접여는 미친 사람이다. 공자가 초나라에 갔을 때 공자가 묵는 숙소 앞을 왔다갔다하며 노래를 부른 바로 그 사람이다. 접여는 세상에 쓸모있기를 힘써 구하는 공자에게 감히 "그만두오, 그만두오"라고 했다. 어지럽고 도가 없는 세상에서는 아무리 의롭고 쓸모있는 사람이라 할지라도 목숨을 잃는 일이 드물지 않았다. 접여는 "지금 같은 이 세상 벌 면하기 힘들구나. 복은 깃털처럼 가벼우나 들 줄을 모르고, 화는 땅처럼 무거우나 피할 줄을 모르네."(「인간세」) 쓸모있으면 그 쓸모있음으로 화를 당할 수 있다는 접여의 생각은 장자의 생각과 정확하게 일치한다. 장자는 얼마나 자주 제자들에게 쓸모있음을 구하지 말고 쓸모없음에 처하라고 일렀던가!

견오와 연숙 두 사람이 이 접여에 관한 얘기를 나누고 있다. 접여의 말들은 황당하고 허황되어서 믿을 수 없다는 얘기다. 견오가 미친 소리라고 단정 지은 접여의 얘기는 다음과 같다. 막고야 산에 신인이 산다. 이 신인은 피부는 얼음같이 투명하며 눈처럼 희고 처녀처럼 부드럽다. 오곡을 먹지 않고 바람을 들이쉬며 이슬을 마신다. 구름을 타고 비룡을 몰아 세상 바깥을 떠돈다는 것이다. 막고산이라는 어휘에서 '막'은 머나먼 곳이라는 뜻이다. 그리고 '산'은 속인들이 쉬이 접근할 수 없는 세속과는 단절된 청정하고 고고한 곳의 표상이다. 접여는 신인의 피부를 말할 때 얼음처럼 차고 눈처럼 희다고 했는데, 이는 속인의 혼탁한 더러움과 극단적으로 대비되는 것이다.

접여는 공자가 세상일에 너무 발을 들여놓음을 잘못했다고 비판한다. 그렇게 되면 필경 공자는 몸에 티끌과 먼지를 묻힐 수밖에 없는 까닭이다. 그에 반해 신인은 세속과 절연한 곳에서 오곡도 먹지 않고 오로지 바람을 들이쉬고 이슬을 마시며 산다고 한다. 반인습적이고 비현실적이다. 누가 구름을 타고 비룡을 몰아 세상 바깥을 떠돌 것인가? 얼른 떠오르는 사람은 딱 한 사람밖에 없다. 바로 세속의 쓸모있음을 버리고 쓸모없음을 취한 채 천하를 주유하는 장자다. 장자는 스스로 큰 스승임을 자처하지 않았으나 큰 스승이다. "하늘이 하는 일과 사람이 하는 일을 아는 사람은 지극한 경지에 도달한 사람"(「대종사」)인데, 장자는 그런 경지에 든 사람이다. "홀로 천지의 정신과 왕래하면서 만물에 대해 오만하거나 무시하지" 않았고, "천지의 본질을 타고 육기의 변화를 몰아 끝없는 곳에서 노니는" 사람이었다.

견오와 연숙은 접여의 얘기를 "엉터리로 과장하고 겉돌아 사람들의 일상사와는 아무 상관도 없는 이야기들"이라고 말한다. 현실에서는 찾아볼 수 없는 비현실적이고 공상적인 이야기라는 뜻이겠다. 견오와 연숙의 태도는 대붕이 남쪽 바다로 내려갈 때 파도가 3천 리 밖까지 퍼지고, 여섯 달 동안 쉬지 않고 9만 리 장천을 날아간다는 얘기를 듣고 비웃은 매미와 메추라기와 다를 바 없다. 자신들이 할 수 없는 일을 하는 비범한 존재에 대해 보통 사람이 취하는 태도는 두 가지다. 하나는 그들에 대해 경외감을 갖는 것이다. 다른 하나는 비웃는 것이다. 오로지 밥줄에만 연연해 하는 소인배들은 비범한 존재들을 쓸모없는 일에나 열중하는 한심한 사람으로 여기고, 심하면 미친 사람으로 치부하고 사회에서 내치기도 한다. 왜 그럴까? 제 인식 능력의 한계를 넘어서는 이런 비범한 존재들에 비추어볼 때 제 삶이 작고 누추하기 때문이다. 제 마음이 불편해져서 공연히 이들을 애써 무시하고 비웃는다. 모두 타락하고 거짓되었는데 한 사람만 정직하다면 그 한 사람 때문에 모두가 고통을 받는다. 그래서 타락하고 거짓된 사람들은 합세해서 정직한 한 사람을 희생양 삼거나 내치는 것은 이상한 일이 아니다.

어젯밤에는 묵정밭 아래 숲속에서 고라니가 울었다. 달은 자정 넘은 뒤에 떴다. 그래서 사위가 어두웠다. 저녁밥 먹은 뒤 마당 끝에 서있다가 그 소리를 들었다. 고라니는 길게 여러 번에 걸쳐 울었는데, 그 울음소리가 맑지는 않다. 마른 공기를 타고 넘어오는 고라니 울음소리는 죽음을 촌각으로 다투는 노인네의 밭은 숨소리 같다. 고라니는 왜 혼자 어두운 풀숲에서 울었을까? 알 수 없다. 이 우주에는 알 수 없는 것 투성이다. 우주는 미지未知, 거대한 알 수 없음이다. 우리가 아는 우주는 태양과 위성들, 별들과 은하수들이 있는 공간인데 그것은 전체 우주에서 4퍼센트에 지나지 않는다. 우주의 나머지 96퍼센트는 가없는 암흑 물질로 되어 있다. 사람들은 도무지 짐작도 할 수 없는 불가해한 세계다. 그러니 무엇을 안다고 우쭐거리는 사람을 보면 우습고, 감히 모른다는 사람을 만나면 그 앞에서 옷깃을 여미게 된다.

시골에 들어와 살며 자연스럽게 노자와 장자를 끼고 살았다. 둘 다 비움을 강조하는 철학자들이다. 노자는 말한다. "다섯 가지 색깔은 사람의 눈을 멀게 하고, 다섯 가지 음은 사람의 귀를 멀게 하고, 다섯 가지 맛은 사람의 입맛을 해친다. 말 달려서 사냥하는 일은 사람을 미치게 하고, 얻기 어려운 재화는 사람의 행동을 망친다."(『도덕경』 제12장) 영롱한 색깔은 눈을 즐겁게 하고, 아름다운 소리는 귀를 즐겁게 하고, 오묘한 맛은 혀를 즐겁게 한다. 영롱한 색깔과 아름다운 소리, 오묘한 맛을 지닌 음식을 향하는 마음에 만족이 있을까? 욕망은 끝이 없다. 욕망이 뻗어가는 대로 두면 탐욕으로 변질한다. 탐욕은 마음을 시끄럽게 하고, 불필요한 근심들을 키운다. 왜 탐욕을 그쳐야 하는지는 명백하다. 그래서 노자도 "그칠 줄 알기 때문에 위태롭지 않다"(『도덕경』 제32장)라고 했다. 나 역시 비움으로써 근심이 줄고, 삶은 조촐해졌다. 다시 노자는 말한다. "완벽한 비움에 이르러, 고요함을 착실하게 지킨다."(『도덕경』제16장) 욕망은 마음을 요동치게 한다. 욕망이 마음에서 요동치는 한 고요하지 못하다. 마음이 고요하지 못하고 시끄러우면 편안하지 못하다. 비움이란 제 안에 욕망을 덜어내는 일이다. 아울러 제가 갖고 있는 것들을 더불어 나눔으로써 비로소 가능한 청정한 삶에 깃드는 그 무엇이다. 남과 나누면 행복해지지만, 자기 안에 채우기만 하는 사람은 필경 그 채움 때문에 고통스러워진다. 분에 넘치게 추구하는 것은 몸을 고되게 하고, 만족할 줄 모르는 것은 인생을 고단하게 만든다. 그러므로 더 많이 비우고, 비움을 넘어 나누는 것은 고요해지기 위함이다. 고요는 삶을 명예롭게 한다.

추수가 끝난 논에 나가보면 빈 우렁 껍데기들이 나뒹군다. 짙푸른 하늘에는 기러기 떼가 줄지어 날기도 한다. "볏가리 하나하나 걷힌/ 논두렁/ 남은 발자국에/ 딩구는/ 우렁 껍질/ 수레바퀴로 끼는 살얼음/ 바닥에 지는 햇무리의/ 하관[下棺]/ 선상[線上]에서 운다/ 첫 기러기 떼."(박용래, 「하관」) 수레바퀴 지나가 움푹 패인 자리에 물이 고이고, 그 물에 살얼음이 낀다. 시인은 그 살얼음 밑바닥까지 내려오는 햇무리를 바라본다. 아마도 박용래 시인은 가을걷이가 끝난 뒤 들을 거니는 취미가 있었나 보다. 빈 우렁 껍데기들은 비우고 떠난 것들의 흔적이다. 비움은 지혜다. 비움은 화를 피하게 하고, 허물을 없애는 일이다. 노자는 단도직입으로 말한다. "만족함을 알지 못하는 것보다 더 큰 화는 없으며,

소유하려는 것보다 더 큰 허물은 없다"(「도덕경」 제46장)라고. 물의 한계가 물이 보이는 데까지라면 재물의 한계는 마음이 만족하는 데까지다. 마음에 멈춤이 없다면 재물의 한계는 없다는 뜻이다. 비워야만 마음은 비로소 멈추는 법이다. 그러니 비움은 무욕한 삶으로 나아가는 나룻배다. 들판 한가운데를 가로지르며 비움의 지혜에 대해 숙고한다. 우주의 나이는 137억년이다. 지구의 나이는 그보다 적다. 가을이 생긴 것은 그보다 훨씬 뒤의 일이다. 그래도 가을은 항상 새로운 가을이다. 올해의 가을은 작년의 가을과 다르다. 그러므로 내가 해마다 맞는 가을은 전대미문의 가을이다. 이번 주말에는 내 젊은 벗 조경선네 황토방에서 제수씨가 떡을 한다고 한다. 올가을은 조경선네 황토방에서 가을맞이 떡을 먹은 가을이다.

새벽으로는 기온이 뚝 떨어졌다. 주말마다 올라가는 조경선네 황토방 옆에 있는 작은 연못 물 속 수련 줄기 사이에서 헤엄을 치며 놀던 어린 뱀 두 마리도 안 보인다. 물이 차졌기 때문이다. 상강霜降이 지나고, 얼마 뒤에 살얼음이 얼었다. 색감이 좋게 단풍든 감나무 잎이 지자 낮은 촉수의 새끼알전구 같은 감들이 일제히 알몸으로 드러났다. 올해는 가지마다 감이 주렁주렁 매달렸다. 작년에는 감이 적게 달렸는데, 해거리를 한 것이다. 유실수라고 해도 저마다 열매를 맺는 가지가 다르다. 사과나무는 2년생 가지에 열매가 맺고, 배나무는 3년생 가지에 열매가 달린다. 감나무는 1년생 가지에 열매가 달린다. 그래서 새 가지에 열매를 맺으려고 스스로 묵은 가지를 분질러 떨어뜨린다. 감나무의 뇌가 어디에 있는지는 모르지만 감나무도 나름대로 머리를 쓰는 것이다. 감나무는 퇴비가 모자라면 풋감을 유난히 많이 떨군다. 그 풋감들을 다 키우는 게 버거워서겠지만 나는 왠지 감나무가 그 낙과들을 거름 삼아 제 모자란 자양분을 보충하려는 게 아닌가 싶다. 어쨌든 퇴비를 충분히 줘야 낙과가 줄고 감의 단맛도 좋아진다.

감나무는 제 거주지를 스스로 옮기지 못한다. 한번 뿌리내린 곳에서 평생을 산다. 이게 대다수 식물의 숙명이다. 식물과는 달리 동물은 스스로의 의지로 움직인다. 그 운동성 때문에 동물이란 이름을 얻었다. 이 운동성이 의식의 뿌리다. 함축적으로 말하자면 사람의 의식이란 움직임이 진화과정을 통해서 중추신경계를 통하여 내면화된 것이다. 움직이지 않는다면 더이상 사람이 아니다. 사람은 죽을 때 움직임을 멈춘다. 살아서 움직임을 멈춘 사람이 식물인간이다. 죽은 건 다 분해되어서 생명 이전의 원자로 돌아간다. 사람은 포유동물哺乳動物이다. 말 그대로 젖을 먹이며 움직이는 존재란 뜻이다. 이 움직임은 늘 크든 작든 방향성을 갖는다. 이 방향성을 결정하는 가장 큰 두 가지 조건은 먹이와 생식이다. 내 몸도 어떤 쓸모와 필요에 부응하려고 분주했다. 부지런히 움직였던 것이다. "등잔불이 타지만 실은 제 몸을 태우는 것이며, 계수 열매가 먹을 만하면 가지까지 꺾이고, 옻나무가 쓸 만하면 거죽까지 벗겨진다."「인간세」 나는 제 몸을 태우느라 바쁘고, 가지까지 꺾이느라 바쁘고, 거죽까지 벗겨지느라 바빴다. 그 분주함으로 내 수족은 고단했다. 움직임과 그 동선의 궤적을 끊임없이 기억하는 중추기관은 뇌다. 그러므로 내 뇌도 아울러 고단했다. 아! 쉬고 싶다. 낮에는 한가롭게 산길을 걷고, 저녁에는 돌아와 등불 아래에서 책을 읽고 고요함 속에서 옛사람의 창곡(唱曲)을 몇 곡 듣거나 겸재 정선의 그림을 그윽하게 감상하다가, 이윽고 깊은 밤에는 햇솜으로 지은 홑청 이불 속에서 단잠을 자고 싶다.

해가 부쩍 짧아진다. 해가 짧아지니 일조량이 준다. 이 사태에 모든 식물들이 먼저 즉물적으로 반응한다. 더이상 활발한 광합성이 필요하지 않으므로 활엽의 나무들은 잎을 떨군다. 식물은 혹한의 시절을 대개는 씨앗으로 견딘다. 이렇듯 가을은 조락과 결실, 그리고 긴 휴식과 죽음의 예비 기간이다. 먼저 난 것들은 비우고 떠나며 뒤에 오는 것들에게 제 자리를 양보한다. 동물들의 피하에 지방층이 두꺼워지고, 몸을 덮은 털은 무성해진다. 곰들은 나무 위에 올라가 땅으로 굴러본 뒤 아프지 않으면 비로소 겨울잠에 들 채비를 한다. 겨울을 날 만큼 지방층이 충분하다고 판단하는 것이다. 이렇듯 겨울은 본디 덜 움직이고 신체의 에너지를 아껴 써야 하는 계절이다. 우리 몸은 그걸 계통발생 기억으로 갖고 있다. 동물들도 휴식의 한가로움이 필요하다. 한가로움은 돈 되는 일이 아니므로 세상 사람들이 등한히 하는 바다. 나는 이 가을 세상 사람이 돈과 명예를 쫓아 바빠지는 일에는 반드시 게을러지고, 세상 사람이 능히 한가로움을 구하고 유유자적하는 일에 게으르니 그들이 게을리 하는 바에 바빠지고자 한다. 가장 지혜로운 동물은 동면에 드는 동물이다. 곧 서리 내리고, 뱀들은 바위틈으로 들어가 동면에 들겠다. 공중에는 눈보라가 휘몰아치고, 달도 별도 싸늘하게 어는 밤이 오겠다. 천지간에 난분분 날리던 흰 눈 멎으면 한밤중에 부엉이가 울고, 너구리가 사는 굴 속에서는 너구리 새끼들도 추위에 떨며 잠들겠다.

늘 삶에 허덕거리며 욕망과 필요를 채우기 위해 몸을 수고롭게 하는 사람은 비루하게 살다 비루하게 죽는 너구리와 다를 바가 없음을 장자는 이렇게 말한다. "몸을 낮추어 놀러 나오는 먹잇감을 기다리기도 하고, 동서로 뛰어다니며 높은 곳이나 낮은 곳을 가리지 않다가 덫에 걸리거나 그물에 걸려 죽는다."「소요유」 대개의 사람들은 이 너구리와 크게 다르지 않다. 먹고 사는 일에 매여 노심초사하는 너구리가 대붕의 뜻을 어찌 알 것인가. 그런데 현실에서는 너구리들이 9만 리 장천을 휘이휘이 날아가는 대붕을 보고 쓸데없는 짓이나 하는 미친 사람이라고 비웃는다. 이런 소인배들의 행태를 보고 "조금 아는 것으로 많이 아는 것을 헤아릴 수 없고, 짧은 삶으로 긴 삶을 헤아릴 수 없다"고 장자는 말한다. 장자는 대붕의 삶을 살았고, 세속의 사람들은 대개는 매미와 메추라기의 삶을 살았다. 세속의 영화나 정치 권력 따위에는 도무지 관심이 없었던 장자는 당대 사람에게 납득하기 어려운 사람이었다.

그는 세속에 있으면서도 막고야에 숨어 산다는 얼음처럼 차고 눈처럼 흰 신인과 같이 청정하고 고고했다. 그런 뜻에서 장자는 땅에 살면서도 땅에 침몰해버린 사람이었다. "이 사람은 자신을 사람들 속에 묻어 두고 있고, 자신을 밭두둑 사이에 감추고 있다. 그의 이름은 거의 알려져 있지 않지만 그의 뜻은 끝없이 크고, 그의 입은 말을 하고 있지만 그의 마음은 한 번도 말한 적이 없다. 지금 그는 세상과 다르기 때문에 그들과 함께 살아가는 것을 마음속으로 달갑게 여기지 않는다. 이 사람은 육지에 침몰해 있는 사람이다."(『장자』, 「칙양則陽」) 세상과 다름을 제 존재에 각인하고 사는 일은 불편하고 고통스러운 일이다. 그러나 장자는 무위의 상태에서 유유자적했다. 땅에 살되 땅에 침몰해 보이지 않는 사람과 같았기 때문이다. 그게 무위지위無爲之爲, 즉 함이 없는 함이다.

그림자가 그림자를 탓하다

망량(罔兩)이 영(景)에게 물었다. "당신이 조금 전에는 걸어가더니 지금은 멈추었고, 조금 전에는 앉았더니 지금은 일어섰으니, 왜 그렇게 줏대가 없소?" 그림자가 대답했다. "내가 딴 것에 의존하기 때문에 그런 것 아니겠소? 나는 뱀의 비늘이나 매미의 날개에 의존하는 것이 아니겠소? 왜 그런지를 내 어찌 알 수 있겠소? 왜 안 그런지 내 어찌 알 수 있겠소."

『장자』, 「제물론」

『장자』의 「제물론」 편을 읽는다. 내가 안다는 것이 앎이 아님을 어찌 알겠는가? 사람은 유한성에 갇힌 존재다. 장자는 말한다. "우리의 삶에는 끝이 있으나 앎에는 끝이 없다. 끝이 있는 것으로 끝이 없는 것을 좇으니 위태로울 뿐이다. 吾生也有涯, 而知也無涯, 以有涯隨無涯, 殆已."(「양생주」) 알아야 할 우주는 무한하고 사람의 일은 복잡하게 얼크러져 있다. 사람이 아무리 많이 안다 한들 우주에 편만한 혼돈의 무극을 다 알 수 없다. 작은 앎으로 우쭐거리는 일은 교만의 소치다. 적게 아는 자는 많이 떠들고 많이 아는 자는 침묵을 한다. 많이 알면 알수록 겸손해지는 것은 앎이 더 큰 알지 못함의 세계를 밝혀주기 때문이다. 알면 알수록 모르는 것이 더 많아지는 것이다. 앎이 하나인 사람은 모름이 열이요, 앎이 1백인 사람은 모름이 1천이요, 앎이 1백인 사람은 모름이 1만이다.

적게 아는 자가 많이 아는 자를 훈계하는 일은 그림자가 그림자를 탓하는 것과 같다. 그런데 현실에서 이런 일들이 드물지 않게 일어난다. '영'은 그림자이고, '망량'은 그림자 주변의 엷은 그림자를 말한다. 그러니까 망량은 영에 빌붙어 기생하는 존재다. 땅의 음악만 듣는 자는 하늘의 음악을 이해하지 못하는 법이다. 이를테면 망량은 땅의 음악만 듣는 자다. 빌붙어 사는 주제인 그가 그림자에게 "어찌 그대는 자주^毋하는 지조가 없는가?"라고 따졌다. 우습지 않은가? 그림자에 빌붙어 사는 자가 그림자의 지조를 따지다니!

정신분석학에서는 그림자를 열등한 인격의 부분이라고 말한다. 우리 안에 있지만 자아 밑에 눌려 아직 바깥으로 드러나지 않은 미지의 의식이다. 그림자에 대해 말할 때, 그림자 앞에는 억압된, 감추어진, 열등한 이라는 형용사가 따라붙는다. 그림자는 페르소나^{persona}의 이면에 숨어 있는 '내배엽적 의식세계'다. 다른 사람과 소통이 없는 내향적인 사람의 의식 안에 있는 이 그림자가 자아보다 더 많은 부정적인 에너지를 가질 때 분노를 작열시킬 수 있다. 평소에 숨을 죽이고 있던 이 그림자가 괴물로 둔갑을 해서 밖으로 분출하는 것이다. 내 안의 그림자가 패악을 부릴 때 사회적 파장이 큰 사건의 장본인이 된다.

여름날 아침, 창가에 선 잎 무성한 앵두나무에 박새가 날아와 운다. 남해안은 물결이 잠잠하고, 동해안에서는 돌고래와 귀신고래들이 새끼들을 데리고 유영을 한다. 날은 해맑고, 하늘엔 부처가 없는 적멸보궁같이 풍성한 흰 구름이 떠있다. 벌들은 꽃과 꽃 사이를 날아다니며 꿀을 모으고, 복숭아나무 가지에 매달린 열매들은 동그랗게 익어간다. 고추장에는 순조롭게 단맛이 배고, 장들을 담은 항아리들은 유난히 반짝거린다. 창문으로 햇빛이 쏟아지고, 바람은 커튼을 조용히 흔든다. 간밤에 별똥별 몇 개가 동쪽에서 서쪽으로 흘러가고, 올해 처음 나온 반딧불이의 군무는 화려했다. 나는 초록빛 인광을 매달고 떠다니는 반딧불이를 자정 너머까지 지켜보다 잠들었다. 새벽에 일어난 나는 방금 몇 년째 쓰고 있던 책의 마지막 줄을 쓰고 마침표를 찍은 참이다. 마음을 짓눌렀던 압박감과 걱정은 말끔히 사라졌다. 혈압은 정상, 당뇨 수치에도 이상이 없다. 간과 심장도 아직은 쓸 만하다. 연체 고지서가 날아오는 세금도 없고, 두루마리 휴지도 넉넉하고, 구두도 새 구두다. 어떤 비탄도 절망도 없는 여름날 아침, 주방에서는 딸아이가 텃밭에서 방금 따온 토마토로 주스를 만들고 있다.

내 안의 그림자가 잠들고 세상은 평화로운데, 라디오에서는 빌리 조엘의 노래 「더 리버 오브 드림스」가 흘러나온다. 빌리 조엘이다! 바람 한 줄기가 커튼을 흔들고 지나가듯 노래 한 줄기가 이 아득한 생의 한 순간을 흔들고 지나간다. "깊은 밤/ 꿈속에서 난 산책에 나섭니다./ 진실의 산들을 거쳐/ 깊은 강가에 이르지요./ 난 뭔가를 찾고 있는 것이 틀림없어요./ 내가 잃어버렸던 어떤 신성한 것을 말입니다./ 그런데 강은 너무 넓어/ 건널 수가 없습니다.// 강이 넓다는 것을 알면서도/ 난 매일 밤 내려가 강가에 섭니다./ 그리고 맞은편 강가로 건너가려고 합니다./ 그래서 결국 난 내가 찾던 것을 채울 수 있었습니다." 근심은 한 점도 없는데 지금 내 곁에는 빌리 조엘의 노래를 들려주는 라디오가 있다. 여름날 아침에 좋아하는 것들. 활짝 편 작약꽃들, 태어난 지 엿새쯤 된 강아지들, 다림질을 막 끝내 다리미의 열기가 남은 면 셔츠, 산책, 토마토주스, 레몬 향기, 라디오에서 흘러나오는 빌리 조엘의 노래!

나는 텔레비전보다는 라디오를 더 좋아한다. 텔레비전은 우리 내면으로 어둠을 전달하고 라디오는 빛을 송출한다. 라디오를 통해 음악의 기쁨을 알고, 여기 아닌 저곳에 헤밍웨이와 나보코프와 『위대한 개츠비』를 좋아하는 사람이 있다는 걸 알았다. 나 역시 스무 살이 되도록 라디오를 끼고 살았다. 국영방송이 송출하는 주파수에서 바흐와 모차르트를 듣고, 정오에는 희망곡들에 귀를 기울이고, 밤에는 성우 김세원의 목소리에 조용히 집중했다. 라디오를 들으며 내가 무언가를 찾고 있다는 것을, 그것이 매우 신성한 무엇이라는 걸 어렴풋하게 짐작했다. 라디오는 세상에 대한 견문을 넓혀주고, 좋은 음악들로 기쁨을 주고, 들뜨고 불안한 마음에 고요와 평정을 주었다. 라디오는 우리 안의 빛을 키우라고 격려한다. 그 빛 속에서 그림자들은 잠잠해진다. 우리는 라디오에 대해 한 번도 고맙다고 해본 적이 없다. 우리는 라디오의 일대기와 효용가치에 대해 다시 진지하게 탐구해야 한다. 라디오는 고독한 자들의 겸손함을 내면화한다. 라디오는 느린 삶과 경쾌한 슬픔과 난삽하지 않은 음악을 배달한다. 당신은 실연을 하고 줄넘기를 하지만(이장욱), 나는 실연을 한 뒤 집에 돌아와 라디오를 켰다. 라디오는 위로의 말과 유쾌한 농담으로 모든 쓸쓸한 사람들을 따뜻하게 끌어안는다. 그러나 지금은 라디오 자체가 너무 바쁜 현대인들에게 배척을 당하는 쓸쓸한 매체다. 전설적인 록밴드 퀸처럼 라디오에게 말해 주고 싶다. 네가 필요할 때가 올 거야, 네 전성기는 아직 오지 않았어. 그러니까 실망하지 말다오. 라디오는 죽지 않았다. 가출했던 탕아처럼 내면으로 빛을 송출하는 라디오가 우리 곁으로 돌아오고 있다.

우리 자아는 지복과 기쁨과 통찰의 빛으로 축복받은 자아와 어둠 속에 방치된 자아의 그림자로 이루어져 있다. 분명한 것은 자아의 그림자도 자아의 일부라는 점이다. 그림자는 이해받지 못한 "내 안의 낯선 나"다. 그림자는 우리의 무의식에 거주하는 영혼의 일란성 쌍둥이, 혹은 도플갱어doppelganger다. 그것이 낯설다는 점에서 익숙한 자아에 견주자면 타자에 가까운 그 무엇이다. 눈도 코도 입도 없는 그림자의 실체와 마주칠 때 우리는 놀란다. 우리가 인식한 자아는 밝은 빛 속에 드러난다. 어둠 속에 은둔한다고 해서 그림자를 악의 근원자라고 이해해서는 안 된다. 사람은 내면에 빛과 어둠이라는 대극을 함께 갖고 사는 복합체다. 빛과 그림자 어느 한쪽만을 갖고 살 수는 없다. 그림자도 함께 살아야 할 내 마음의 반려다. 칼 융은 말한다. "그림자는 인격의 살아 있는 한 부분이며 그러므로 어떤 형태로든지 함께 살아야 한다." 그것을 내쫓을 수 없다면 그림자와의 공존을 모색해야 할 것이다. 예술가들은 이 그림자가 갖고 있는 창조적 충동과 열정을 예술 표현의 질료로 갖다 쓴다. 빈센트 반 고흐의 그림이나 베토벤의 교향곡에서 나는 그 그림자들의 힘을 느낀다.

그림자는 조금 전에는 일어섰다가 앉았으며, 조금 전에는 걸었고, 이제는 멈췄다. 망량이 왜 줏대없이 일어섰다가 앉고 걸었다가 멈췄느냐고 묻지만 그림자는 대답하지 못했다. 그림자는 망량의 힐책에 대해 자기가 왜 그런지 모른다고 솔직하게 말한다. 그림자는 솔직함으로서 망량이나 자기를 속이지 않았다. 이는 용기 있는 태도다. 앎이란 근본에서 자기의 모름을 아는 것이다. 망량은 자기의 모름을 모르고, 그림자는 자기의 모름을 알았다. 그런데도 망량은 영보다 빛을 더 갖고 있다고 교만해져서 그림자를 비난했다. 마치 횃불이 태양보고 너는 왜 빛이 그 정도밖에 되지 않느냐고 꾸짖는 것과 같다. 도道가 빛의 세계라면 현실은 그림자의 세계다. 현실은 도의 그림자다. 우리는 그림자이기보다는 망량에 가깝다. 우리는 늘 뭔가에 의탁해서 산다. 땅과 하늘에 의탁하지 않고 삶을 이룰 수가 없다. 사람은 이 우주 안에 있는 그림자다.

11. 마음의 눈으로 보라

포정 이야기

포정[1]이 문혜군[2]을 위해 소를 잡았다. 손이 닿고 어깨를 기울이고 발로 밟고 무릎이 닿는 대로 삭삭 울리고 칼이 나가는 대로 쉭쉭 소리를 내는데 운율에 맞지 않음이 없어 은나라 탕왕 때의 명곡인 상림[3]의 무악[4]과 조화를 이루고, 요 임금 때의 명곡인 경수[5]의 음률에도 맞았다. 문혜군은 감탄했다. "하! 훌륭하구나! 기술이 어찌면 이런 지경에 이를 수 있단 말인가?" 포정은 칼을 내려놓고 대답했다. "제가 얻은 결과는 도[6]이며 기술보다는 높은 경지입니다. 처음 소를 잡을 때는 보이는 것이 모두 소뿐이었습니다. 3년이 지나자 이제 소 전체가 보이지 않았습니다. 방금 저는 소를 정신으로 대했을 뿐 눈으로 본 것이 아닙니다. 감관의 지각이 멈추면 정신이 움직입니다. 자연의 이치에 의지하여 큰 틈새로 들이밀고 큰 구멍을 통행하여 본래의 자연을 따릅니다. 기술자는 힘줄을 다치지 않고 더구나 뼈는 닿지 않습니다. 우수한 백정도 해마다 칼을 바꾸는데 힘줄을 자르기 때문입니다. 보통의 백정은 달마다 칼을 바꾸는데 뼈를 다치기 때문입니다. 저의 이 칼은 19년이 되었습니다. 소를 수천 마리 잡았으나 칼날은 숫돌에서 새로 나온 것과 같습니다. 마디는 틈이 있으나 제 칼날은 두께가 없기 때문입니다. 두께 없는 것

을 틈새로 넣으니 텅 빈 듯 넓어서 칼질은 춤을 추듯 반드시 여
유로워집니다. 그러므로 19년이 지났으되 칼이 방금 숫돌에서
나온 것 같습니다. 그렇지만 다른 백정들이 어렵게 하는 것을
볼 때마다 저는 안타깝게 여겨 타이르기도 하는데, 보는 것을
그치고 행동을 서서히 하게 하면 움직이는 칼이 심히 미묘해져
재빠르게 소를 해체해버립니다." 그는 흙이 땅에 몸을 맡기듯
칼을 들고 서서 주위를 둘러보다가 만족한 마음으로 칼을 씻어
칼집에 넣었다. 문혜군이 말했다. "훌륭하다! 나는 포정의 말을
듣고 양생을 터득했다."

「장자」, 「양생주」

『장자』를 읽을 때마다 눈길이 멎어 몇 번이나 다시 읽게
되는 부분이 바로 포정의 우화가 나오는 「양생주」 대목이다. 포정은
소를 잡는데 그 솜씨가 얼마나 숙달되었는지 살과 뼈를 해체하고 분리
하는 칼의 움직임이 마치 상림의 무악을 연주하는 듯했다. 문혜군은
포정의 소 잡는 솜씨에 반해서 거듭 "훌륭하다!"고 감탄했다. 문혜군
이 물었다. "네 재주가 어떻게 이와 같은 경지에 이르렀는가?" 포정이
대답했다. "감히 말하건대 저는 기술을 넘어 이미 도에 이르렀습니
다." 포정은 소를 잡는 기예가 최고의 경지에 이른 고수다. 포정은 소
를 잡을 때 소를 정신으로 대했지 눈으로 보지 않았다. "보는 이가 보

이는 것에 내속하고, 만지는 이가 만져지는 것에 내속하고, 느끼는 이가 느껴지는 것에 내속한다."(메를로-퐁티) 포정은 홀연 그 내속을 넘어서서 무위자연에 이르렀다. 소를 잡는 천한 기술을 가진 백정이지만 이미 그 길에서 도의 경지에 도달한 사람이다. 마음의 깨달음을 얻은 사람. 깨달음을 얻으면 형체가 있는 것에서 형체를 넘어서서 무형한 것을 투시해낸다. 포정은 이미 그 경지에 가 닿은 사람이다. 포정의 칼이 소의 몸에 닿았을 때 칼의 움직임이 얼마나 빠르고 자연스럽던지 마치 무악을 연주하는 것 같고 명곡의 음률이 울려퍼지는 듯했다. 칼이 움직일 때 소의 힘줄을 다치지 않고 뼈를 다치지 않으니 소는 미처 고통을 느낄 틈조차 없었다. 칼이 움직일 때마다 피 한 방울 튀지 않고 살점이 떨어졌다. 포정의 칼은 움직이되 자연의 섭리를 거스르지 않는다.

죽이는 일을 도맡는 백정은 직업 중에서 가장 천하다. 누구나 천한 일을 기피하고 천한 일에 종사하는 사람을 멸시한다. 그러나 포정은 천한 일을 하면서도 거기에 정진해서 마침내 도에 이른다. 포정이 처음 소를 잡을 때 소는 한 덩어리의 거대한 살집으로 이루어진 덩어리에 지니지 않았다. 포정은 칼로 그 덩어리를 자르고 베었다. 소를 죽여 살점을 자르고 베며 뼈와 분리해내는 일은 고된 일이다. 세월이 지나 포정은 소의 몸통이 덩어리가 아니라 살과 뼈로 이루어진 하나의 구조임을 깨달았다. 구조를 이해하자 칼이 비집고 들어갈 틈이 보였고, 칼이 지나갈 길이 열렸다. 칼은 그 길을 따라 움직이면 그만이었다. 포정의 칼은 벤다는 의식 없이 그저 제가 나아갈 바 길을 따라 흘러간다. 흐름에 저를 맡기니 자연의 섭리를 거스르는 법이 없다. 인위가 아니라 무위를 따른 결과다. 무위에 이르러 포정의 칼과 소는 하나가 되었다. 포정의 칼에 실린 포정의 마음과 소의 마음이 하나가 되니 주와 객이라는 의식을 넘어서서 둘은 한 몸이 되어 거대한 우주의 음악을 연주하고 춤을 추는 것과 마찬가지다. 그 뒤로 포정의 솜씨는 날로 더해져 마침내 신기神技에 이르렀다.

전갈자리는 여름철 남쪽 하늘에서 관측되는 별자리로 천칭자리의 동쪽에 이어지는 황도십이궁黃道十二宮의 하나다. 이 주변은 은하 중심부에서 가깝고 산광성운散光星雲과 성단星團 등이 수없이 관측된다. 남중은 7월 하순에 이루어지는데 나는 밤마다 하늘을 살폈다. 그해 여름의 전갈자리는 유난히 밝게 빛났다. 높은 집에 사는 이들에게 순환기 계통의 질병이 잦고, 나라에 큰 혼란을 불러오는 큰일이 있으리라는 징조였다. 그러나 내 처지가 '식食'과 '주住'를 해결하지 못하는 궁핍에 처해 있던 터라 남의 시비나 나랏일에 저촉될 만한 일을 궁리하지 못했고, 더더구나 나라 걱정 따위는 언감생심이었다. 그해에도 선남선녀들은 결혼식을 올리고 환하게 웃으며 결혼 피로연에 나타나 축하 인사를 받고, 체조 선수들은 착지를 하다가 자주 엉덩방아를 찧고, 파고다 공원의 양지 바른 곳에 모인 노인들은 시국 토론에 여념이 없고, 어디에나 똑똑한 악당들은 큰소리를 내며 활개를 치고 파렴치한들과 사기꾼들은 눈꼽만큼도 개과천선하려는 의지도 없이 멀쩡한 사람들을 곤경에 빠뜨렸다. 얼굴빛이 검푸른 이가 다스리는 나라의 기강은 날로 느슨해져 예악은 음란해지고, 사악한 거간꾼들의 살림은 늘고 반대로 인의는 뼈쩍 마른 채 땅에 함부로 던져져 짓밟혔다.

그해 나는 스물네 살이었다. 한갓 마른 풀 더미를 보고 청운의 뜻을 슬퍼하거나 시든 갯버들을 보고 남은 생을 탄식하기에는 아직 이른 나이였다. 나는 시립도서관에 처박혀 종일 책이나 읽는 백수 이상도 이하도 아니었다. 땀 흘리는 모든 수고가 보람이 있는 것은 아니고, 게으름이 마냥 무의미하지만은 않다는 것을 어렴풋하게 눈치 채며 백수 노릇에도 그럭저럭 이력이 붙을 무렵이다. 시립도서관의 참고열람실의 한 책상에 엎드려 비평이란 형식의 글을 쓴 것은 단지 아무 책임과 의무의 강제 없이 주어진 자유로움의 무량함 때문이다. 뭐, 대단한 결심이 필요했던 것은 아니다. 나는 그저 심심해서 끼적거렸다. 마치 가전 기기를 파는 상점에서 전기밥솥을 하나 사듯 금세 두 편을 완성했는데, 내게 괴력난신(怪力亂神)이 강림했던 것은 아니고 그저 아무리 써도 남는 시간의 부추김에 힘입은 헛된 용맹의 결과였다. 그해 가을 서울시립도서관 참고열람실 서향 창을 등지고 앉은 내 어깨 너머로 쏟아져 들어온 일광은 뇌 속에 세로토닌의 분비를 활발하게 했다. 내 용맹함은 세로토닌 분비의 왕성함이 빚은 예기치 못한 사태였다. 아마도 그해 가을비가 잦았다면, 그래서 거리는 어둡고 사방에 음울한 빛만 떠돌았다면 나는 감히 평론을 쓸 엄두조차 내지 못했을 것이다.

평론을 쓰는 데 몇 가지 원칙을 세웠다. 살아 있는 작가를 대상으로 쓸 것, 비평 문체인 건조함을 피할 것, 새로운 스타일의 글을 쓸 것, 그리고 잘난 척 하지 말고 쉽게 쓸 것 따위다. 나는 그즈음 자주 읽던 '황동규'와 '정현종'을 신중하게 선택했다. 다시 그들의 시집을 꼼꼼하게 정독했다. 그 시인들이 하루에 몇 번이나 하품을 하는지, 하품할 때마다 폐 속에 유입되는 산소량은 얼마나 되는지를 가늠할 수 있을 만큼 열심히 읽었다. 예나 지금이나 좋은 비평은 텍스트에 대한 성실한 읽기에서 시작한다. 스물세 살 난 청년 장국영이 영화 「홍루춘상춘」으로 홍콩에서 영화배우로 데뷔한 그해 어느 날 내 첫 평론의 첫 문장을 썼다. 그 소감이 어땠는가를 듣고 싶은가? 내가 제대로 된 문장을 한 줄도 쓰지 못한다는 사실을 씁쓸하게 깨달았다. 주먹을 쥐고 머리통을 두어 번 툭툭 쳤다. 정신 차려, 이 친구야! 나는 잠시 쓰던 걸 멈추고 김현과 김우창의 비평집을 읽었다. 특히 김우창의 『궁핍한 시대의 시인들』[1977]은 풍부한 인문학적 사유를 끌어들여 문학의 지평을 한껏 넓힌 비평집이다. 김우창은 지각의 객관화라는 척도로 문학을 재고, 심미적 이성이 어떻게 작품의 구조적 질서를 만들어내는가를 살피며, 어느 한쪽으로 치우침 없는 균형잡힌 평가를 내린다. 그에게서 문학은 지각, 느낌, 생각 들의 총합이 아니라 그것에서 발현된 메아리며, 스타일이라는 것을 배웠다. 내 첫 평론에서 김우창에게서 받은 영향의 흔적을 찾는 일은 어려운 일이 아니다. 나의 사유는 많은 부분에서 그에게 빚졌다. 어쨌든 한 달 만에 두 개의 보잘것없는 평론을 마무리했는데, 순전히 만용의 결과다. 두 편을 일간지의 신춘문예 공모에 보내놓고 여행을 떠났다. 여행이 끝났을 때 한 편은 떨어지고 한 편이 겨우 가작에 입선했다는 통보를 받았다. 그로부터 어언 30년이 흘렀다. 나는 그동안 많은 평론을 쓰고, 열 권 쯤의 평론집을 냈다.

다시 1978년으로 돌아간다면 나는 평론 따위는 쓰지 않겠다. 직업으로서의 평론가는 황당무계하다. 조선시대에 전기수(傳奇叟)라는 직업이 있었다. 청계천 다리 아래 등지에서 사람을 모아 돈을 받고 「숙향전」 「심청전」 「살인귀전」 따위를 읽어주는 사람이다. "항간에 이런 이야기가 있다. 종로 담뱃가게에서 소설을 듣다가 영웅이 뜻을 이루지 못하는 대목에 이르자 손님이 눈을 부릅뜨고 입에 거품을 물면서 담배 썰던 칼을 들고서 곧바로 달려들어 소설 읽던 사람을 쳤다. 그는 그 자리에서 죽고 말았다."(『정조대왕실록』, 14년 8월 10일) 오늘의 평론가는 봉건왕조 시대의 전기수와 다를 바가 없다. 사회에서 존경도 받지 못하고, 수입도 보잘것없다. 남의 작품이나 읽으며 붓을 놀리다가 구설수에 오르거나 칼에 맞아 죽는 일이 없으란 법도 없다. 차라리 유도 기술을 연마해서 올림픽에 나가 금메달을 따는 게 훨씬 신명나는 일일 것이다. 그러나 금메달을 따는 게 아무나 이룰 수 있는 일인가? 물론 하늘의 별만큼이나 따내기 어렵다는 걸 안다. 금메달을 못 따더라도 엄청난 체력은 고

스란히 남지 않는가! 아니면 돌 깨는 사람이 되거나 소나무를 키우는 사람이 되는 게 낫다. 평론가 30년 세월이 남긴 것은 오랫동안 불편한 자세로 책을 읽은 탓에 얻은 척추만곡증과 나쁜 작품을 읽을 때마다 치를 떨며 어금니를 물은 탓에 생긴 편두통, 혹평에 맹렬히 분노하는 다수의 순진무구한 적들이다. 그토록 오래 평론을 써온 것은 아무리 생각해도 어리석은 짓이다. 차라리 읽는 것에서 보람을 찾았다면 사는 일이 이토록 팍팍하지는 않았을 터다. 아르헨티나의 국립도서관장을 지낸 소설가 보르헤스는 "자, 오늘 밤엔 키플링을 읽어볼까?" 하고 입가에 미소를 지었다. 나는 평론 따위는 쓰지 않고 읽기의 행복만을 고스란히 누린 보르헤스가 부럽다. 나도 정원에 버드나무를 심고 한쪽에는 연못을 파고 수련을 키우며 "자, 오늘 밤엔 김수영이나 한번 읽어볼까?" 할 수 있다면 얼마나 행복할까?

서툰 백정은 소를 소로만 볼 뿐 그것이 '나'라는 존재의 가능태임을 보지 못한다. 그러니 유형한 칼로 유형한 소를 자르고 벤다. 포정은 유형한 것을 육안으로 보지 않고 마음의 눈으로 보고 마치 무형한 것으로 무형한 것을 자르고 베는 듯했다. 거기에는 어떤 부딪침도 없이 바람과 같은 자연스런 흐름만이 있을 뿐이다. 소의 몸을 해체하는 포정의 칼은 마치 바람이 제 길을 따라 흐르는 듯했다. 백정들의 칼은 무뎌져서 달마다 칼을 바꿔야 하지만 포정의 칼은 19년을 써도 방금 숫돌에서 나온 것과 같이 변함이 없었다. 바람이 닿는 법이 없는 것과 마찬가지다. 형체가 있는 것은 형체가 없는 것의 그림자에 지나지 않는다. 그러므로 눈으로 볼 수 없고 귀로 들을 수 없는 무형한 것은 항상 눈으로 볼 수 있고 귀로 들을 수 있는 유형한 것에 앞선다. 형체가 있는 것을 형체가 있는 것으로 대립하면 당연히 마찰을 부르고 저항이 생긴다. 그래서 가는 길이 순조롭지 못한 법이다. 소는 물[1] 그 자체다. 포정은 처음에 소를 나와 다른 하나의 물로 받아들여 그것을 보았다. 포정은 감각이 가리키고 지시하는 바를 넘어서서 나중에는 소를 마음으로 보았다. 무릇 물이란 현존하는 마음이라는 큰 존재가 나타나는 자리다. 너는 나라는 존재가 출몰하는 장소요, 나는 네가 출몰하는 장소다. 감각의 분별을 넘어서서 대상 일반을 보니 포정 자신과 소는 다를 바 없는 하나였다. 소가 곧 자신이고, 자신이 곧 소였던 것이다.

물가에 늘어선 버드나무를 딸 삼고, 저 너른 금광호수를 아내로 삼고, 서운산 계곡의 오솔 길들을 조카처럼 어여삐 여기며 꿋꿋하게 생계를 꾸렸다. 그 10년 동안 『장자』를 읽으며 나는 마음의 상처들이 아무는 것을 지켜보았다. 마침내 고요해졌다.

누가 바람을 부러워하랴

외발 짐승인 기는 발이 많은 노래기를 부러워하고, 노래기는 뱀을 부러워하고, 뱀은 바람을 부러워하고, 바람은 눈을 부러워하고, 눈은 마음을 부러워한다. 기가 노래기에게 말했다. "나는 외발이라 깡충깡충 걸어야 하니 나는 너만 못하다. 너는 수많은 발을 부리는데 나만 이게 무슨 꼴인가?" 노래기가 말했다. "그렇지도 않다. 저 거품을 품으며 노발대발하는 자를 보지 못했는가? 뿜어대는 것이 크면 진주 같고 작으면 안개 같아 섞여 내리면 셀 수조차 없다. 지금 나는 나의 하늘 기계를 움직일 뿐 그 까닭을 모른다." 노래기가 뱀에게 말했다. "나는 많은 발로 다니지만 발 없는 너에게 미치지 못하니 어쩐 일인가?" 뱀이 말했다. "대저 하늘 기계의 운동을 어찌 바꿀 수 있겠는가? 그러니 내가 어찌 발을 쓸 수 있겠는가?" 뱀이 바람에게 말했다. "나는 내 갈비뼈를 움직여 다니므로 발과 비슷할 뿐이다. 너는 쑥대가 나부끼듯 북해에서 일어나고 남해에 들어가지만 발 같은 것도 가진 것이 없으니 어인 일인가?" 바람이 말했다. "그렇다. 그러나 나를 지시하는 내 마음은 나보다 앞선다. 나를 좇아가게 하는 내 마음은 역시 나를 이긴다. 그렇지만 큰 나무를 꺾고 큰 집을 날려버리는 것은 내가 능하다. 그러므로 작은 것들을 이기지 않는 것이 큰 이김이다. 이러한 큰 이김은 오직 성인만이 할 수 있는 것이다."

『장자』, 「추수」

『장자』의 「추수」 편을 읽는다. 외발 짐승은 수많은 발을 부리는 짐승을 부러워하고, 발이 많은 짐승은 발 없이 움직이는 짐승을 부러워하고, 발 없이 움직이는 짐승은 몸 없이 움직이는 것을 좋아하고, 몸 없이 움직이는 것은 볼 수도 없고 잡을 수도 없는 마음을 부러워했다. 기는 외발이라 깡충깡충 뛰며 걸어야 한다. 기는 수많은 발을 부리는 노래기를 부러워했다. 노래기는 발 없이 이동하는 뱀을 부러워했다. 뱀은 북해에서 일어나고 남해에 들어가지만 발 같은 것은 아예 없는 바람을 부러워했다. 그 바람은 눈에 보이지도 않는데 큰 나무를 꺾고 큰 집을 날려버리는 저를 부리는 마음을 부러워했다. 가장 큰 것은 마음이다. 우주의 모든 것이 그 마음에서 비롯되는 까닭이다. 눈에 보이는 것만을 좇는 사람은 작은 사람이다. 본다는 믿음은 그 봄의 저 너머에 있는 것들을 가리는 작용을 한다. 우리가 본다는 것은 언제나 한정적인 대상 세계만을 본다는 것을 뜻한다. 대상 세계 저 너머의 샹그리라는 보지 못한다. 샹그리라는 언제나 봄의 저 너머에 있는 까닭이다. 본다는 것에 빠져 있을 때 보지 못하는 세계가 있다는 것조차 망각한다. 보는 이는 항상 보이는 세계 속으로만 통한다. 봄과 보임 사이에, 만짐과 만져짐 사이에 또 다른 보이지 않고 만져지지 않는 세계가 있다. 보는 것만을 믿는 사람은 보이는 것들의 유령에 따라 춤을 춘다. 그러므로 작은 사람은 마음으로만 볼 수 있는 것들의 세계를 믿지 않는다. 오로지 성인만이 보이는 세계와 그 너머의 보이지 않는 대상 세계를 하나로 꿰어 볼 따름이다.

선禪의 법통에서 제6대 조사인 혜능을 잇는 이가 마조馬祖 도일道一이다. 마조는 어린 시절에 고향 근처의 절에 들어갔다. 승려가 된 것은 스무 살도 되기 전이다. 마조는 계를 받고 남악산으로 가서 홀로 좌선 수행을 했다. 그즈음 회양은 남악산 반야사 주지 자리에 있었다. 회양은 마조가 큰 인물임을 한눈에 알아보았다. 회양이 마조가 수행하는 방을 찾아갔다.

"이렇게 좌선 수행에 열중하시니, 뭘 얻으시려는 것이오?"

"불성을 얻으려 합니다!"

그 말을 듣고 회양이 벽돌을 집어 바위에 문지르기 시작했다. 이번에는 마조가 궁금해서 물었다.

"벽돌은 왜 가시는지요?"

"거울을 만들 작정이오."

"제 아무리 벽돌을 간다 한들 그게 거울이 되겠습니까?"

그러자 회양이 버럭 소리를 질렀다.

"벽돌 하나가 거울 되기도 이렇듯 어려운데, 네 녀석은 혼자 앉아서 어찌 불성을 얻겠다는 것이냐?"

"그럼 어떻게 해야 합니까?"

"소달구지를 생각하거라. 소달구지가 움직이지 않을 때, 너는 달구지를 때리느냐, 소를 때리느냐?"

마조는 대답하지 않았다. 회양이 말을 이었다.

"가만히 앉아서 명상에 잠겨 있을 때, 너는 참선하겠다는 것이냐, 앉은뱅이 부처를 흉내 내는 것이냐? 참선을 하겠다면 선이란 본디 앉는 데에도 눕는 데에도 있지 않다. 부처를 흉내 내는 것이라면 부처에 고정된 자세가 있지 않다. 불법은 영원히 움직일 뿐, 어디에도 머물지 않는다. 그러므로 너는 불법이 조금 드러난다고 해서 이제 집착하거나 이를 버려서는 안 된다. 앉아서 부처가 되겠다는 말은 부처를 죽이겠다는 말과 같다. 참선에 집착하면 중요한 것을 놓쳐버릴 수 있다."

마조는 회양을 만난 뒤에 크게 깨달았다. 뒷날 마조는 회양의 곁을 떠나 강서로 가서 절의 주지가 되었다. 마조는 이렇게 말했다.

"눈에 보이는 세계는 눈에 보이지 않는 세계와 똑같다. 태어난 것은 태어나지 않은 것과 다를 바 없다. 이를 똑똑히 볼 수 있다면 하루하루 살아갈 수 있을 것이며, 옷을 입을 수 있을 것이며, 밥을 먹을 수 있을 것이며, 자기 안에 '성스러운 태'를 기를 수 있을 것이고, 더 나아가 자신의 인연과 인간사의 물결에 맞추어 살아갈 수 있을 것이다."

빙초산같이 이마를 태워버릴 듯 뜨겁던 햇볕이 어느 날 갑자기 그 뜨거움을 잃는다. 한여름의 땡볕들은 달군 쇠꼬챙이로 정수리를 꿰뚫 듯 작열했었다. 그것들은 지난 계절의 추억이 되겠다. 뜰 안 대추나무 가지마다 다닥다닥 매달린 대추들에 붉은빛이 돈다. 대추에 단맛이 깊어지는 동안 햇볕 아래에서 녹음綠陰은 더는 울울창창 사납지 못하고, 여기저기에 유순한 그늘들이 자란다. 감나무 아래를 돌아다니던 유혈목이가 가을볕이 데워놓은 수돗가 시멘트 바닥에서 엎드려 몸을 말린다. 그 고요한 휴식을 방해할까봐 물통을 들고 수도가로 나가다가 소리 없이 돌아선다. 유혈목이는 제법 살이 올라 더 추워지면 동면 자리를 찾아 떠날 채비를 충분히 한 듯싶다. 돌연 가을이다. 밤은 여름보다 빨리 다가오고, 더 길게 머문다. 길어진 밤에 등 밑에서 여름에 다 읽지 못한 하이데거의 꽤 두툼한 책을 펴드는 건 가을에 누려야 할 덕목 중의 하나다. 섬돌 밑에서 숨어 우는 귀뚜라미의 소리가 높아지고, 조도照度를 한껏 높인 달이 뜰에 서성인다. 가을엔 늦게 잠들어도 피곤하지 않다. 숙면을 취하는 까닭이다. 늦도록 책을 읽고 깜빡 덧창을 닫는 걸 잊은 채 잠이 들었다. 새벽에 서늘한 기운에 깨어나 덧창을 닫고 다시 무명 이불 속으로 들어가 남은 잠을 청한다. 아, 그 어떤 이유로도 유예하고 싶지 않은 이 가을 아침의 아늑한 늦잠이라니! 아침엔 낮아진 풀들에 이슬이 함초롬히 맺히고, 낮엔 빨래들이 잘 마르고, 밤엔 잠이 달다.

떠날 것들은 표표히 떠나고 남은 것들만 쓸쓸함이란 몹쓸 질병을 앓는 게 가을이다. 나는 삶 쪽으로 너무 편향된 건 아닐까, 하는 반성을 하며, 낮엔 산림욕장 저 너머에 있는 포도원을 다녀온다. 열매를 수확한 뒤라 푸른 이파리 몇 장씩 단 포도나무 빈 나뭇가지들 사이로 바람들이 해류海流처럼 돌아다닐 뿐이다. 폴 발레리의 한 구절, "바람이 분다, 살려고 애써야만 한다"가 저절로 입술 사이로 흘러나온다. 내가 삶에 편향된 인간이란 걸 실토하지 않을 수 없다. 열매를 다 내주고 빈 몸이 되어버린 포도나무들 사이에 서서 하늘을 올려다본다. 열매를 다 따고 주인도 떠난 텅 빈 포도원은 고요와 공허로 가득 차 있다. 고요를 밟는 내 낡은 구두 위로 포도나무 잎사귀들이 떨어질 때 모든 것을 버림으로 얻은 자유에 대해 숙고한다. "원하라, 가질 수 있느니!" 젊은 날에는 뭔가를 쥐려고 간절히 열망했고, 그 열정으로 여기까지 왔다. 소유하는 자는 결국 소유된다는 깨달음을 뒤늦게나마 갖게 된 건 참 다행이다. 적게 먹고 적게 소유하며 한량으로 사는 것의 자유로움 때문에 "원하지 마라, 자유롭게 되리니!"라는 금언을 자꾸 되새긴다.

아침 일찍부터 잎 진 감나무 가지에 곤줄박이 한 마리가 앉아 울었다. 나는 그 곤줄박이를 바라봤다. 이윽고 곤줄박이는 울기를 그치고 날아갔다. 곤줄박이가 앉았던 감나무 가지가 가늘게 떨리다 멈췄다. 이 우주에 한 구멍이 있어 새는 제 그림자와 함께 그 속으로 들어간 듯했다. 감나무 아래에는 감나무의 그림자가 누워 있고, 그 옆에 있는 바위는 잠잠했다. 내 마음은 새가 날아간 방향을 뒤쫓으며 나 자신에게 묻고 그 물음에 내가 답하는 문답을 이어갔다.

"새는 어디로 갔는가?"

"모른다."

"새가 어디로 날아갔는지를 모르는 것을 아는 사람은 누구인가?"

"모른다."

"그렇다면 아는 것은 무엇인가?"

"새가 감나무 가지에 와서 울었고, 이제는 날아가서 없다는 것이다."

"네가 본 것은 본디 없던 것이고, 네가 보지 않은 것은 본디 있던 것이다. 그러므로 너는 아무것도 없던 것을 보았을 뿐이고, 네가 본 것은 보았다고 믿는 네 마음이다."

본다는 것은 분별이다. 우리가 본 것은 외부의 대상에 비친 내 마음의 그림자며 메아리일 따름이다. 우리가 정말 보아야 할 것은 본디의 자기 얼굴本來面目이다. 되비친 것이나 메아리는 본디의 자기 얼굴이 아니다. 그러므로 본 것도 보고 보지 않은 것도 함께 꿰어 보아야 한다.

저녁 물가에 서서 버드나무들의 잎들이 물 위로 가득 흘러가는 걸 본다. 도대체 저 잎들은 다 어디로 가는 것인가. 낮에 산림욕장을 다녀오며 문득 그리스 여행을 하기 위해 그리스어를 공부한다는 당신의 검은 머리에 한두 올씩 섞인 새치를 떠올린다. 나이를 먹는데도 꿈을 갖는다는 건 아름다운 일이다. "자신이 쓰지 않은 작품 속 주인공처럼 사는 법을 배우라."(에픽테토스) 잘 산다는 것은 뭐, 그런 것 아닌가? 삶을 만드는 건 우리가 걸어온 길이다. 허나 진짜로 우리 마음을 끌고 가는 건 가고 싶지만 가보지 못한 그 많은 길들이 아닐까? 날개 달린 모든 것들은 공중에 떠서 날고, 날개 없는 것들은 고즈넉이 지상에 앉아 저녁을 맞는다. 내 안에 있는 노동자의 영혼도 문설주 아래로 내려오는 집거미를 바라보며 고요하다. 내 아버지의 아버지의 아버지가 겪은 가을 저녁이 수백 년이 지난 뒤에 다시 내 앞에 당도해 있다. 이 가을 저녁 당신은 멀리 있고 나는 박복한데 그 박복과 나는 데면데면하다. 내 박복을 위로하려면 심오한 기쁨이 필요하다. 그래서 "유리 감옥 주홍빛 밀랍에 갇힌"(보들레르) 붉은 포도주가 내 앞에 있다. 나는 그 붉은 포도주가 내 속에 들어와 불러줄 "빛과 우애 가득한 노래 한 곡"을 기다린다. 당신은 그 노래의 후렴처럼 아득하다. 오늘밤도 당신에게 숙면의 축복이 함께하기를 빈다.

드러난 아름다움은
아름다움이 아니다

양자가 송나라에 갔을 때 여인숙에 머물렀다. 여인숙 주인에게는 첩이 둘이었는데, 하나는 미인이고, 다른 하나는 추녀였다. 추녀는 귀여움을 받고 미인은 천대를 받았다. 양자가 그 까닭을 물었더니 주인이 대답하였다. "저 미인은 스스로 아름답다고 하여 아름다운 줄을 모르겠는데, 저 추녀는 스스로 못났다고 하여 그 못남을 모르겠습니다."

양자가 제자들에게 말했다. "너희들은 새겨들어라. 어진 행동을 하면서도 스스로 어진 행동을 한다고 하지 않으면 어디 간들 사랑을 받지 않을 수 있겠는가?"

「장자」, 「산목」

한 첩은 어여쁘고 다른 한 첩은 어여쁘지 않다. 그러나 어여쁜 첩은 저 스스로를 아름답다고 말한다. 다른 한 첩은 저 스스로를 어여쁘지 않다고 말한다. 드러내는 의는 의가 아니다. 진짜 의로움은 드러나지 않는다. 그런데 미인은 스스로의 아름다움에 도취되어 저를 뽐내지만 게으르고 내면에 덕성은 부족했다. 반면에 추녀는 스스로 못남을 알고 저를 드러내지 않고 제 할 일을 열심히 했다. 누가 더 주인의 사랑을 얻겠는가?

외관은 저 스스로 노력함 없이 거저 얻은 것이다. "그러므로 덕이 뛰어나면 육체는 잊어버린다. 그러나 사람들은 정작 잊어야 할 것은 잊지 않고, 잊지 말아야 할 것은 잊어버린다. 이것을 진짜 잊어버리는 것이라고 한다."(「덕충부」) 미인이란 그 본래의 덕이 이미 세상에 드러난 사람이다. 드러나기 때문에 그 가치는 빨리 닳아 없어지고 그 덕은 귀하지 않다. 드러난 덕, 과시하는 덕은 빨리 더럽혀진다. 추녀의 덕은 세상에 드러나지 않는 덕이다. 숨어 있기 때문에 그 덕은 온전할 수 있다. 덕을 드러내지 않음이란 무슨 뜻일까? 장자는 공자의 입을 빌어 이렇게 말한다. "평평한 것은 물이 완전히 고요해진 상태입니다. 이것이 본보기가 될 수 있음은 안에 고요를 간직하고 밖으로는 출렁거리지 않기 때문입니다. 덕을 이룬 사람은 조화를 이룬 사람으로, 덕을 밖으로 드러내지 않기 때문에 사람들이 그에게서 떠나지 못합니다." 진짜로 아름다운 사람은 제 아름다움을 부끄럽게 여겨 숨기려들고, 진짜로 덕이 있는 사람은 제 덕을 의식하지 않는다.

장자는 몸, 즉 드러난 외관보다 중요한 것이 있음을 말한다. 장자는 중니의 말을 빌려 이렇게 말한다. "저는 예전에 초나라에 사절로 간 적이 있습니다. 그때 우연히 새끼 돼지들이 죽은 어미 돼지의 젖을 빠는 것을 보았습니다. 그런데 눈 깜짝할 사이에 새끼 돼지들은 놀란 듯 모두 어미를 버리고 도망쳤습니다. 어미가 자기들을 쳐다보지도 않고, 그 모습도 이전 같지 않았던 것입니다. 새끼 돼지들은 제 어미의 몸을 사랑했던 것이 아니라 그 몸을 주재한 것을 사랑했던 것입니다."「덕충부」

새끼 돼지들이 제 어미의 젖을 빨고 있다. 그런데 어미가 죽자 새끼 돼지들은 놀라서 제 어미를 버리고 도망쳤다. 새끼 돼지들은 그 어미의 외관은 그대로이나 죽은 어미는 이제 그 어미가 아님을 알아본 것이다. 죽은 어미는 그 몸을 주재하던 것을 잃어버렸다. 어미가 잃어버린 것은 무엇일까? 그것은 생명이며, 새끼 돼지들을 사랑하는 마음이고, 베풀며 거두는 덕성이다.

사람을 겉으로 드러난 모양만으로 볼 일은 아니다. 외모는 내가 선택하는 것이 아니라 타고나는 것이다. 장자는 겉모양에 따라 싫고 좋음으로 제 감정을 움직이는 일은 옳지 않다고 말하고, 혜자는 사람인 이상 좋고 싫음의 감정이 어찌 생기지 않느냐고 반문한다. 혜자는 외관의 같음과 다름, 그리고 그것의 크고 작음을 중시하고, 육체 속에 내재된 기와 덕은 상대적으로 덜 중시한다. 그런 혜자에게 장자가 말한다. "도가 자네에게 얼굴 모양을 주고, 하늘이 형상을 주었으니, 좋고 싫은 마음으로 몸을 상하게 하지 말아야 하네. 그런데 지금 자네는 자네의 신#을 겉으로 드러내놓고 정력을 쓸데없이 소모하면서, 나무에 기대어 신음하고, 책상에 기대어 졸고 있네. 하늘이 자네의 형체를 골라주었는데, 자네는 지금 그게 단단하다느니 희다느니 지껄이고 있네 그려!"(「덕충부」) 장자는 육체의 불구자들에 대해 여러 번 언급한다. 절름발이나 꼽추, 언청이로 태어났더라도 결함을 가진 육체 속에 깃든 덕이나 정기로 그 사람이 생명의 광휘를 가진 눈부신 존재가 될 수 있음을 말한다.

장자가 해골을 베고 잠들다

장자가 초나라로 가다가 빈 해골을 보았다. 삐쩍 말랐지만 형체는 남아 있었다. 말채찍으로 두드리며 물었다.

"그대는 삶을 탐하여 도리를 어겨 이런 꼴이 되었는가? 그대는 국사를 망쳐 칼을 받아 이런 꼴이 되었는가? 선하지 못한 짓을 하여 부모처자에게 치욕을 남겨 이런 꼴이 되었는가? 굶어 죽고 얼어 죽는 환난을 당해 이런 꼴이 되었는가? 나이가 많아 이 지경에 이르렀는가?" 장자는 말을 마치고 해골을 끌어다 베고 잤다.

밤중에 해골이 꿈속에 나타나 말했다.

"아까 당신의 얘기는 변사와 같았소! 그러나 당신이 말한 것을 보면 모두 살아 있는 사람들의 허물일 뿐 주검은 그런 것이 없다오. 그대는 정말 죽은 자의 말을 듣고 싶은 거요?"

장자가 말했다. "그렇소!"

해골이 말했다.

"주검에는 위로는 군주가 없고 아래로는 신하가 없으며 사시사철의 수고로운 일도 없이 천지를 따라 세월을 보내고 있으니 비록 왕의 즐거움도 이보다 더할 수는 없을 것이오."

장자는 믿지 못했다. 그래서 말했다.

"내가 염라대왕에게 부탁하여 그대의 몸을 부활시키도록 하여 그대의 골육과 피부를 만들고 부모처자와 마을의 친구들에게 돌려보내준다면 그대는 그렇게 하겠소?"
해골은 심히 불쾌한 듯 콧대를 찡그리며 말했다.
"내 어찌 왕보다 더한 즐거움을 버리고 사람의 수고로움을 반복하겠소?"
「장자」, 「지락」

「지락」편은 "천하에 지극한 안락이란 있을 수 없을까?" 라는 물음에서 시작한다. 장자는 살아서 지극한 안락을 구하고, 몸을 살리는 신선술을 익히라고 권한다. 이때 지극한 안락은 세속의 사람들이 쉽게 빠져드는 쾌락과는 다르다. 쾌락은 오랫동안 추구하더라도 만족함이 없다. 그것은 바닷물과 같아서 마시면 마실수록 목마름만 더 커질 따름이다. 장자는 무위만이 진실로 즐거운 것이라고 말한다. "지극한 안락은 몸을 살리는 것이며 오직 무위에서만 있을 수 있다."「지락」 무위는 하지 않음으로 함을 일삼는 것이고, 거기서 '지극한 안락'을 찾을 수 있다고 말한다. 사람들은 부귀와 장수와 명예를 좋아한다. 그리고 안락함, 좋은 음식, 아름다운 의복, 예쁜 색시, 황홀한 음악을 탐한다. 사람들은 이것들을 구하려고 밤낮없이 일하고, 구하려다 얻지 못하면 크게 근심하여 병이 나기도 한다. 사람들이 비천하게 여겨 싫어하는 것은 가난, 천대, 요절, 악명이다. 아무도 그것을 원치 않지만 많은 사람들은 가난하고, 어떤 사람들은 천대를 받고, 예술가들은 요절하며, 죄를 저질러 세상을 어지럽히는 자들은 악명을 얻는다. 하지만 이것들도 죽으면 연기처럼 다 사라질 것들이다.

장자가 삐쩍 말라 들에 함부로 구르는 해골을 만나 조롱한다.
"그대는 삶을 탐하여 도리를 어겨 이런 꼴이 되었는가?"
해골은 나라에 죄를 짓고 벌을 받아 죽은 사람이 남긴 것인지도 모른다. 어쩌면 해골은 굶어 죽고 얼어 죽는 환난을 당했는지도 모른다. 이도저도 아니라면 늙어 죽은 뒤 살이 썩고 해골만 남았을지도 모른다. '해골'은 살아 있음의 미래이다. 누구나 죽어서 살이 썩으면 해골이 드러나는 까닭이다. 그런데 사람들은 살아 있을 때 자기는 죽지 않을 것처럼 극렬하게 삶을 탐한다. 결국은 해골이 되고 말 것을! 장자는 그런 사람들의 어리석음을 꼬집은 것이다.

그 해골이 장자의 꿈에 나타나 말한다. 위로는 군주가 없고 아래로는 신하가 없으니 어디 매인 데 없이 자유롭고, 수고와 노동 없이 세월을 보내니 즐겁다 한다. 해골의 즐거움은 어디서 비롯되는가? 해골은 자기가 비록 볼품없지만 이미 무위에 들었음을 말하는 것이다. 산 자의 삶은 고단하다. 하루도 아무 일 없이 머무를 수 없기 때문이다. 몸을 고되게 부려 일을 해야 하고, 사람과 사람 사이에 일어나는 문제들로 골이 팬다. 그러니 무위의 지극한 안락에 든 해골이 어찌 다시 속세의 노고와 곤란 속으로 돌아가려고 하겠는가?

모란과 작약의 붉은 꽃이 질 무렵에 망종이란 절기가 있다. 낮엔 종일 뻐꾹새가 울고, 배나무 가지에 달린 배들이 초란(初卵)만 해졌다. 망종 지난 뒤 계절은 본격적으로 여름 채비를 갖춘다. 한낮 기온은 자꾸 올라간다. 밖에 세워둔 자동차는 땡볕에 달궈져 살이 닿으면 데일 정도다. 수국은 하얀 꽃숭어리를 내달고, 어린 벼들은 나날이 키가 자란다. 초록이 짙어진 논에 백로들이 날아와 한가롭게 서있다. 밤에는 개구리 울음소리가 드높다. 어느덧 시골에 내려와 산 지도 봄가을이 열 번이나 바뀌도록 세월이 흘렀다. 이즈막에는 하이쿠를 즐겨 읽는데, 그중에 "이 숲도 한때는 흰 눈이 얹힌 나뭇가지였겠지."(타다토모)라는 시편이 마음에 와 꽂힌다. 숲에게도 푸른 수액이 돌던 시절이 있었다면, 쉰 줄을 훌쩍 넘겨 정수리 쪽 귀밑머리가 허연 범부에게도 푸르렀던 시절이 왜 없겠는가! 맨땅을 밀고 올라오는 죽순의 씩씩한 기세로 인생을 경영하던 저 젊은 날들의 기억은 아득하다. 그 기억 아득하다 해도 아쉬움은 없다. 지금 여기의 내 삶에 자족하며 마음으로는 늘 늠름하다. 내 마음이 늠름한 것은 천하에 읽을 만한 책들이 있고, 끼니 걱정 없고, 밤이면 몸 뉘일 자리가 있기 때문이다.

내 인생에서 잘한 일은 마흔 넘어 거처를 서울에서 시골로 옮긴 것이다. 뭐, 도연명처럼 "세상이 나와 서로 어긋나 맞지 않거늘/ 다시 수레를 몰아 무엇을 구할 것인가" 하는 비장한 심경이 되어 시골로 온 것은 아니다. 내 꿈은 소박하기 이를 데 없다. 뜰을 가진 집에서 느린 삶을 살아보고 싶었다. 뜰 한쪽에는 인격을 고상하게 한다는 매화를 심어 봄마다 매화를 보고, 연못에는 수련을 심어 여름 새벽에는 이슬을 머금은 연꽃을 보고 싶었다. 집 안마당에는 모란을 심고, 집 뒤편에는 대나무를 심고 싶었다. 도연명은 "전원이 바야흐로 황폐해지는데 어찌 돌아가지 않으리오"라고 귀거래사를 읊으며 나라에서 녹봉 받는 일을 그친 뒤 시골로 돌아왔다. 나는 인생의 잗다란 불평으로 퉁퉁거리는 마음이 육신의 부림을 받는 삶을 찾아 시골로 왔다. 시골이 보랏빛 수정으로 된 선경仙境은 아니다. 낭만적으로만 볼 일은 아니다. 돌로 된 사람이 아니니까 겪어서 고된 궂은 일도 적지 않고, 험한 일로 마음 고생도 없지 않았다.

도시에서는 방심하면 누구나 비만 고양이가 되어버린다. 도시는 편의와 편리의 집약체니까, 내 몸의 모든 필요와 욕망을 쉽게 해결할 수 있다. "비명과 비린내와 체온이 위생적으로 제거된 먹이들./ 수저 같은 혀만 있으면 목만 움직여도 편히 먹을 수 있는 먹이들."(김기택, 「비만 고양이」) 나는 시골에 와서 편의점과 소음과 자동차들과 저녁의 술집들과 갖가지 도락들을 잃어버린 대신에 생취生聚를 얻었다. 사실을 말하자면 시골은 불편하다. 일찍 어두워지고 밤은 아주 길다. 대개 욕구의 충족은 지체되거나 지연된다. 갓 구워낸 파리크루아상을 간절히 먹고 싶은 아침이 있다. 허나 시골에서는 당장에 파리크루아상을 살 수가 없다. 그 대신에 새벽의 물안개, 모란과 작약, 밤나무숲, 약수터, 반딧불이, 삽살개, 붉은머리오목눈이, 밤하늘의 그 많은 별들을 새로운 벗들로 얻었다. 새벽 새소리에 잠이 깨고 밤 개구리 울음소리를 자장가 삼아 잠든다. 몸은 불편해도 눈과 귀는 새로운 벗들이 베푸는 후의로 풍요로워졌다.

시골에 와서 가랑가랑 내리는 봄비를 종일 바라보며 고요의 기쁨을 깨닫는다. 하늘에서 내리는 비의 종류는 어찌 그리 많은지! 마파람이 불면 누군가 그리워져 편지를 쓰고, 명주바람이 불 땐 꽃비 내리는 산벚나무 아래서 혼자 술을 마시며 뱃속까지 스며드는 행복에 감격하고, 피죽바람 불던 저녁엔 끼니도 잊은 채 묵정밭에 찾아온 고라니를 오래 바라보았다. 시골에서 나는 온갖 바람의 변화를 다 느끼며 산다. 바람이 불 때마다 나는 도연명과 같이 읊조리고 싶다. "지나간 일은 돌이킬 수 없음을 깨닫고/ 앞으로의 일은 바른 길 쫓을 수 있음을 알았다네." 쓸데없는 욕망에 휘둘리며 저를 소모하는 사람들을 볼 때마다 봄에는 버들과 모란을 살펴보고, 가을엔 하늘 높이 뜬 매를 우러러보는 기쁨을 새삼스러워한다. 나이가 들수록 마음을 비우고 고요와 은일隱逸이 얼마나 사람의 마음을 참답게 만드는지를 살필 일이다. 오늘은 서운산에 올라 산딸나무 꽃들을 꼼꼼히 눈에 담고 오련다.

맛있는 음식을 먹는 것, 몸이 아름다운 옷을 입는 것, 눈이 좋은 색깔을 보는 것, 귀가 좋은 음악을 듣는 것, 이 모두는 살아 있을 때의 일이다. 삶의 즐거움은 이것들에서 온다. 세속의 지극한 쾌락이 이것들에서 말미암는다는 사실을 부정할 수는 없다. 그래서 사람들은 그것들을 구하기 위해 몸을 고되게 부리며 일하고 부지런히 재물을 쌓는다. 그러나 많은 재물을 쌓은 자들도 그것을 다 쓰지 못하고 죽는다. 몸의 즐거움만 탐닉하는 일은 끝이 없다. 욕심의 사나움에 사로잡혀 달려가는 그 추구의 끝에 얻는 것은 곤궁함이다. 왜냐하면 이것들은 모두 궁극적으로 본성을 잊게 만들고, 생명을 해치는 것들이기 때문이다. 장자는 이것들을 구하는 일에 전념하여 마침내 얻었다고 생각한다면 손발이 꽁꽁 묶인 죄인이나 울에 갇힌 호랑이와 다를 바 없다고 말한다. "또한 시비 취사선택, 오성과 채색 등 섶으로 마음을 틀어막고 가죽 고깔과 물총새 깃털 관을 쓰고 홀을 잡고 관대를 둘러 몸을 꽁꽁 묶어, 안은 갈래마다 가시나무 울타리로 막히지 않은 곳이 없고 밖은 겹겹이 노끈으로 묶였으니, 찬찬히 살펴보면 실로 밧줄에 묶여 갇힌 것을 스스로 얻었다고 생각한다면 이는 손발이 꽁꽁 묶인 죄인이나 울에 갇힌 호랑이도 역시 뜻을 얻었다고 할 수 있을 것이다."(「천지」) 생명은 임시로 빌려 쓰는 것이다. 해골은 빌려 쓰던 그것들을 다 반환하고 무위에 들어 편안했다. 그랬으니 해골은 살과 뼈를 다시 만들어 몸을 주고 다시 속세로 돌려준다는 장자의 제안을 일언지하에 거절한다. "내 어찌 왕보다 더한 즐거움을 버리고 사람의 수고로움을 반복하겠소?" 산 사람들은 해골이 흉하고, 해골의 임자였던 죽은 자를 동정하고 연민하지만, 이는 해골이 이미 무위에 들어 지극한 안락을 얻었다는 사실을 알지 못하기 때문이다. 이렇듯 어리석은 자의 눈으로 보면 지혜로운 자가 도리어 어리석어 보이는 법이다.

2000년 여름, 안성의 한 호숫가에 '수졸재(守拙齋)'라는 집을 마련하여 책 읽기와 글쓰기, 산책과 명상 등을 하며 단순한 삶을 살고 있다. 엄청난 독서량이 소문나면서 책을 사랑하는 독자들이 붙여준 '독서광'이라는 별칭을 무엇보다도 좋아한다.

에필로그
다시 느림과 비움을 노래하자!

신자유주의와 세계화가 만들어낸 대폭락과 경제공황의 유령들이 우리 현실 언저리를 어슬렁거리며 먹잇감을 노리고, 자본을 움켜쥔 자들의 탐욕과 도덕적 해이는 끝이 없다. 이 유령들이 해와 달의 빛을 가리고 독거미처럼 살을 깨문다. 이는 장자가 말하는 "거꾸로 매달림의 상태"가 아닐까. 이것은 인류 생존의 위기를 알리는 크고 작은 적색경보 중의 하나가 아닐까. 그 대목을 보자. "대저 생명을 얻는 것은 우연히 시절을 만난 것이요, 그것을 잃는 것은 자연의 변화에 따르는 것이니, 시절을 편안하게 받아들이고 변화에 따르면, 슬픔도 즐거움도 마음에 들어올 수 없다네. 이것이 옛사람이 말한 거꾸로 매달린 상태에서 풀려나는 것이다. 스스로 풀 수 없는 것은 다른 사물이 묶고 있기 때문일세. 사물이 자연을 이기지 못한 지는 오래되었네. 내가 어찌 그것을 싫어하겠느냐?"(『장자』, 「대종사」) 거꾸로 매달린 상태는 부자연스럽고 힘들다. 부자연스러우니 오래갈 수는 없다. 우리는 지금 그 상태에 처해 있다.

더 암울한 것은 인류가 산업혁명 이후 더 큰 위기를 향해 달려가고 있다는 사실이다. 지구는 점점 뜨거워지고 있다. 누구의 책임인가? 바로 어리석음에 빠져 허우적이는 인류 자신의 책임이다. "우리 지구는 자연스럽고 정상적인 변동폭을 크게 넘어서는 온난화 추세를 경험하고 있으며, 이는 대량생산과 연관된 인간 활동에서 기인하는 것이 거의 확실하다. 이러한 과정이 1700년대 후반에 산업혁명과 함께 시작되었다. 그때부터 인간의 노동력과 마력, 수력 등이 기계로 교체되거나 보완되기 시작한 것이다. 이후 산업혁명은 영국과 유럽 그리고 마지막으로 북아메리카에 이르기까지 주로 농경과 상업에 의존하던 사회를 도구와 가축보다는 기계와 엔진에 의존하는 산업사회로 변모시켰다."(토머스 프리드먼, 『세계는 평평하다』) 어디 그뿐인가. 인류는 갈수록 더 많은 온실가스를 배출하고 있다. 사람만이 아니다. 육식을 위해 키우는 13억 마리의 소들이 날마다 트림으로 메탄을 배출하는데, 이 메탄이 대기 중에서 온실가스가 되어 지구를 뜨겁게 하는 데 일조한다. "분자당 비율로 볼 때, 메탄이 대기 내에 열을 가두는 힘은 온실가스에서 가장 큰 비중을 차지하는 이산화탄소의 스물한 배에 달한다. 지구상에 존재하는 소 13억 마리(미국에만 1억 마리)가 거의 지속적으로 트림을 하고 있다는 점을 감안하면, 가축이 배출하는 메탄이 온실가스의 주요인이라 해도 그리 놀랄 일은 아니라고 미 환경보호국은 말한다."(토머스 프리드먼, 『사이언스월드』, 앞의 책에서 재인용) 2천만 년 동안 아무 변동이 없던 지구 대기의 구성이 지난 1백 년 동안에 극적인 변화를 겪고 있다. 지구는 점점 뜨거워지고, 인류는 예측할 수 없는 기후 변화의 시대를 맞고 있다. 이 사태의 원인제공자는 "자기만족과 나태함"에 빠진 인류 자신이다. 한 영화에서는 작중인물의 입을 빌려 다음과 같이 적시한다. "내가 여기에 머무는 동안 내가 깨달은 계시록 하나를 들려주고 싶군. 내가 너의 종족을 분류할 때 문득 든 생각이야. 내가 깨달은 건 당신들은 사실 포유류가 아니라는 사실이지. 지구에 사는 모든 포유류는 본능적으로 주변 환경과 조화로운 균형을 만들어가려는 노력을 하는데, 유독 당신네 인간들은 그렇지 않아. 당신네 인간들은 이리저리 옮겨 다니면서 마지막 하나 남은 자연자원이 고갈될 때까지 번식을 해나가지. 당신네들이 살아남을 수 있는 유일한 방법은 이제 자연자원이 고갈되지 않은 다른 곳으로 옮겨가는 것뿐이야. 아! 지구상에 당신네들과 동일한 패턴을 가진 유기체가 하나 있긴 하다. 뭔지 아나? 그건 바이러스야. 인간이란 지구의 병적이고 암적인 존재야. 너희들은 전염병이고, 우리는 치료제야."(영화 「매트릭스」, 스미스 요원의 대사) 제 삶의 터전을 황폐화시키고 자원을 고갈시키는 현생 인류는 바이러스다! 이 바이러스들이 지구를 고갈시키고 궤멸한 뒤 결국은 절멸에 이를 것이다.

나는 지난 10년 동안 『장자』를 머리맡에 두고 하루도 쉬지 않고 읽었다. 이 암울함이 암종처럼 자라는 시대에 '책'이 무슨 도움이 되느냐? 오늘의 시대야말로 책에게 귀 기울여야 한다고 믿는다. 책은 삶과 존재 방식을 근본적으로 되돌아보게 한다. 책은 이 "뜨겁고 평평하고 붐비는 세계" 속에서 삶을 근본에서 짚어보고 최적의 생존에 맞는 자기 혁신과 영감에 대해 말한다. 책에서 우리가 배우고 익힐 것은 '존재의 기술'이다. 존재함만으로는 부족하다. 어떻게 지혜롭게 존재하느냐를 찾아야 한다. 이의 핵심은 자기 탐색과 자기 생성의 기술이다. 미셸 푸코에 따르면 "의식적으로 성찰된 실천인 동시에 자발적인 실천"이다. 이 '자발적 실천'에 대해 장자는 이렇게 압축해서 말한다. 느리게 살아라! 비우고 살아라!

2천3백여 년 전에 살았던 현인 장자! 장자는 이 나라 저 나라를 바람처럼 떠도는 방랑의 천재, 예기치 않은 은유와 환유로 잠든 뇌를 깨어나게 하는 수사학의 달인, 삶과 죽음의 경계를 무시로 넘나드는 초월과 지혜의 진인, 웃음의 왕, 이미 2천 년 전에 녹색 성장을 주창한 근본 생태주의자다. 그 장자를 시공을 건너뛰어 지금도 만날 수 있다. 바로 '책'을 통해서! 장자가 살았던 시대도 우리 시대와 크게 다르지 않았다. 장자는 전국시대에 살았는데, 걸핏하면 전쟁이 일어나고, 사람들은 전쟁터에 끌려가 죽음을 당하고, 나랏님들이 벌인 역사(役事)에 끌려가 고된 부림을 받다가 병신이 되거나 목숨을 잃는 일이 다반사였다. 가난으로 굶어 죽고, 추위에 얼어 죽고, 재주가 뛰어나도 정쟁에 말려 목이 달아나는 일이 드물지 않았으니, 장자의 시대는 난세요 말세였다. 장자는 걸핏하면 양식이 떨어져 굶다가 양식을 꾸러 다녔다. 그럼에도 장자는 유유자적 천하를 유람하며 매임 없이 즐겁게 살았다. 장자는 치언(巵言)과 중언(重言)과 우언(寓言)을 수단으로 삼아 무위자연의 도를 가르쳤다. "우언은 열에 아홉이고, 중언은 열에 일곱이고, 치언은 날마다 새롭게 하는 말로 자연의 변화에 호응한다. 우언은 열에 아홉인데, 바깥의 것을 빌려 논증하는 것이다. (중략) 중언은 열에 일곱인데, 논쟁의 말들을 그치게 하는 방법인 것이다. (중략) 치언은 날마다 새롭게 사는 말로 자연의 변화에 호응한다. 끝없는 변화를 따르기 때문에 천수를 다할 수 있다."「우언」 반어와 풍자를 자유자재로 구사하며 말 한마디로 천하를 들었다 놓고, 웃기고 울리는 사람이 장자였다. 홀로 천지의 정신과 소통하고, 육기의 변화를 몰아 자유롭게 노닐었다. 여러 나라에서 다투어 재상 자리를 주겠다고 했으나 다 물리치고 스스로 가난에 처해 민중들과 더불어 사는 삶을 마다하지 않았다. 기존 정치와 체제의 질곡에서 벗어나 자연에서의 물아일체의 삶을 이상으로 삼았으니 재상 자리를 마다한 것은 당연한 일이겠다. 장자에게서 삶의 기술을 배운다면 우리도 이 난세에 타고난 자연수명을 다 누리며 즐겁게 살지 않겠는가?

사마천에 따르면 『장자』는 본디 10여 만 자에 이르는 책이다. 우리가 읽는 『장자』는 곽상郭象, 312년에 사망이 편집한 것으로 「내편內篇」 일곱 편, 「외편外篇」 열다섯 편, 「잡편雜篇」 열한 편으로 합쳐 서른세 편으로 이루어진 판본이다. 곽상은 장자보다 6백 년 뒤에 살았던 위진시대의 학자다. 『장자』는 『남화진경南華眞經』이라는 별칭으로 불리기도 하고, 『노자』 『주역』과 함께 '삼현三玄'으로 꼽히기도 했다. 내편은 이치의 근본을 밝히고, 외편은 구체적 사실을 끌어다 내편에서 말한 것을 입증하고, 잡편은 이치와 구체적 사실을 뒤섞어 알기 쉽게 만들었다. 조선의 선비들도 장자를 즐겨 읽었다. 이수광이 쓴 책에서도 장자를 언급한 대목이 나온다. "옛사람들은 장자를 문장의 귀신이라고 말한다. 대저 장자의 글은 진인에 이른 백정과 복수가 소를 잡고 바퀴를 만들 듯 스스로 깨달음을 얻게 한다. 그러므로 열리고 닫히고 그 환상적인 변화가 저도 모르는 사이에 교묘함을 이루었으니 고금을 통하여 그에 미치는 자가 없었으므로 그를 문장의 귀신이라 부르게 된 것이다."(이수광, 『지봉집芝峰集』, 권28, 「병촉잡기秉燭雜記」)

우선 「내편」 일곱 편의 배열은 우연으로 정한 것이 아니라 합리적 이치에 따른 것이다. 소요逍遙한 뒤에 제물齊物할 수 있고, 제물 뒤에 양생養生할 수 있고, 양생한 뒤에 비로소 처세의 도에 이를 수 있다. 도를 깨닫고 본질을 통달하면 대붕과 같이 천하를 자유롭게 노닐 수 있다. 천지의 상도常道를 타고 육기의 변화에 따라 무궁無窮에 노닌다면 다시 무엇을 의지할 필요가 없다. 곤이라는 물고기는 천지의 변화를 타고 붕으로 몸을 바꾸고, 이윽고 붕은 9만 리 장천을 매임 없이 날아간다. 그래서 「소요유逍遙遊」를 지었다. 삼라만상의 본질은 하나다. 도에서 나와 도로 돌아가니, 만물은 도 안에서 하나됨을 이룬다. 만물이 제일齊一하다는 이치를 깨달은 자는 땅의 음악과 하늘의 음악을 함께 듣는다. 그래서 「제물론齊物論」을 지었다. 만물을 한눈에 꿰뚫으니 마음이 두루 담담

해서 천하가 거센 변화의 파고(波高) 속에서 요동치더라도 몸과 생명을 너끈히 지켜낼 수 있다. 양생의 도를 터득하고 그 안에 머물면 다치지 않고 생명을 보전할 수 있다. 아서라, 유한한 생명으로 무한한 지혜를 구하는 일은 고달프다. 그래서 「양생주(養生主)」를 지었다. 삶과 죽음의 분별을 잊고, 옳고 그름의 경계 없이 넘나든다. 세상이 쓸모있음을 따를 때 홀연히 마음을 비우고 쓸모없음의 가치를 흠모하니 시비하는 자가 없다. 천지간의 변화를 타고 노니 인간 세상에 섞여 살아도 자유롭고 거침이 없다. 그래서 「인간세(人間世)」를 지었다. 덕이란 화평을 이루는 수양이다. 재주는 있되 덕이 없다면 불길하다. 덕의 원만함으로 재주를 감싸야 그 재주가 빛이 난다. 성인은 덕의 충만함 속에서 무위자연에 노닐 수 있고, 그래야만 시비의 대상에서 비켜설 수 있다. 그래서 「덕충부(德充符)」를 지었다. 강을 건넜다면 나룻배를 지고 갈 필요는 없다. 물고기는 물을 따라 태어나고, 사람은 도를 따라 태어난다. 물고기는 물을 잊고 물 속에서 움직임이 자유롭다. 사람은 몸을 잊고 덕을 잊고 도마저 잊어야 한다. 그래야 부귀와 빈천, 명예와 치욕, 이로움과 해로움, 삶과 죽음의 경계를 넘어 무위할 수 있다. 무위에 들면 자유롭고, 자유로우면 매이지 않는다. 천지가 어찌 사사로이 이미 무위에 든 사람을 가난하게 만들 수 있겠는가? 그래서 「대종사(大宗師)」를 지었다. 어리석음과 아집을 버리고 마음이 고요에 처하면 만물의 변화를 고스란히 꿰뚫어 본다. 그걸 볼 수 있는 자만이 거기에 순응함으로서 만물을 제어할 수 있다. 그래서 「응제왕(應帝王)」을 지었다.

장자는 산중에 숨어 사는 고독한 은둔자가 아니다. 2천3백 년 전 중국의 하남성 상구현 동북쪽 어딘가에 있었다는 몽蒙 지방에 살던 사람으로 본디 이름은 장주莊周다. 전국시대 양梁의 혜왕이나 제齊의 선왕과 같은 시대에 살았던 사람으로 대략 기원전 369년경에 태어나 286년경에 죽었으리라고 추정된다. 장자는 옻나무 숲을 관리하는 말단 관직에 있었고, 박봉으로 늘 살림이 쪼들렸다. 장자가 살았던 시대는 혼란하고 어지러운 시대였으니, 많은 학자와 사상가들이 나타나 제 나름대로 그 혼란과 어지러움을 수습하는 법을 제시한 제자백가諸子百家의 시대였다. 그러니까 장자는 그 제자백가 중의 한 사람이다.

『장자』의 탁월함은 그 현재성에 있다. 장자는 청바지를 입고 홍대 앞을 유유자적 어슬렁거리는 그 사람이다. 나는 그동안 왜 장자를 보지 못했던가. 한 소설에서는 작중인물의 입을 통해서 그 대답을 말한다. "나는 우리가 눈이 멀었다가 다시 보게 된 것이라고 생각하지 않아요. 나는 우리가 처음부터 눈이 멀었고, 지금도 눈이 멀었다고 생각해요. 눈은 멀었지만 본다는 건가. 볼 수는 있지만 보지 않는 눈먼 사람들이라는 거죠."(주제 사라마구, 『눈먼 자들의 도시』) 우리는 볼 수는 있지만 본질을 통찰하는 눈이 먼 상태이기 때문에 장자를 볼 수 없었다. 그 장자는 2천3백 년 전 복수濮水라는 강가에서 낚시를 하다가 초나라 왕이 보낸 신하가 "부디 초나라의 재상 자리를 맡아주십시오" 했을 때 "나는 비단옷 입고 궁에서 살기보다는 살아서 진흙 속에서 꼬리를 끌고 다니겠소"라고 일언지하에 거절했던 바로 그 사람이다. 나는 홍대 앞 거리에서 장자를 만난다. "2천3백 년이 지났는데, 그 외관만 조금 바뀌었을 뿐 세상은 돌고 돌아 내가 살았던 시대와 같은 시대로 돌아와 있더군. 세상이 어지러워! 정신을 차릴 수 없을 지경으로 어지러워! 게다가 거대한 고래가 썩고 있는 것처럼 세상에는 악취가 진동하고 있어! 내 코가 다 썩을 지경이야." 그렇게 말했지만 장자의 표정이 심각했던 것은 아니었다. 그의 표정은 무심하고 평온했다. "이 미쳐 돌아가는 세상에서 어떻게 살아야 잘 사는 겁니까?" 내 표정은 무심할 수가 없었다. 내 속에서 알 수 없는 대상을 향한 분노가 솟구쳐 올랐다. "죽고 사는 것, 얻고 잃는 것, 운수의 막힘과 트임, 가난과 부유함, 똑똑함과 어리석음, 욕먹는 것과 칭송을 듣는 것, 목마름과 배고픔, 추위와 더위 이 모두는 사물의 변화와 기의 흐름에 따른 것이라네. 한 번 요동침이 크면 그 뒤 안정됨은 오래가고, 한 번 큰 변고가 일어나면 그 뒤 평화가 길게 이어지네. 변화와 기의 흐름이 안정되지 못한 것은 이 세상이 움직여 다른 세상이 되려하기 때문이라네. 그 시기가 지나갈 때까지 마음을 고요하게 다스리고 기다려야겠지. 물 속에 숨은 용은 아무리 파도가 쳐도 꿈쩍도 하지 않는 법이네. 다들 머리만 쓰더군. 머리만 써서 해결책을 강구하는데, 머리만으로는 안 돼. 내가 왜 9만 리 상공을 여섯 달씩 쉬지 않고 날아가는 대붕 얘기를 했겠나? 매미나 메추라기들은 대붕의 뜻을 이해하지 못하고 어리석다고 했지만 변화를 타고 놀아야지. 놀되 아주 크게 놀아야지!" 장자는 웃었다. 나는 웃지 않았다.

"회사는 언제 부도날지 모르고, 회사가 문을 닫으면 직장을 잃고 거리로 쫓겨날 판인데, 놀다니요?" "지금은 바다 기운이 움직여 물결이 흉흉해지는 형국이야. 물고기들이 다 불안에 떨고 있지. 도대체 이 바다가 어쩌려고 이렇게 흉흉해지는 걸까. 그러나 사람들은 바다가 흉흉한 것이 불안한 것이 아니라 그로 말미암아 제가 가진 걸 잃을까봐 불안한 거지. 집, 땅, 주식, 직장……. 쥐고 있는 걸 놓아봐. 더이상 잃을 게 없는 사람은 불안하고 말 것도 없어."

나는 대붕을 머릿속으로 그렸다. 대붕이 남쪽 바다로 갈 때, 파도가 일어 3천 리 밖까지 퍼진다. 대붕은 회오리바람을 일으켜 그것을 타고 여섯 달 동안 9만 리 장천을 날고 내려와 쉰다. 그 대붕은 장자다. "천지는 나와 함께 살아가고, 만물은 나와 함께 하나가 된다. 이미 하나가 되었으니 말이 있을 수 있겠는가? 이미 하나라고 했으니 말이 없을 수 있겠는가? 하나와 말이 더해져서 둘이 되고, 둘과 하나가 더해져서 셋이 된다. 이런 식으로 나간다면 뛰어나게 셈을 잘하는 사람이라도 다 헤아릴 수 없다. 그런데 일반 사람은 어떻겠는가? 그러므로 없음에서 있음으로 나가 셋에 이르렀는데, 하물며 있음에서 있음으로 나가면 어떻겠는가? 헤아려 나갈 필요가 없다. 그저 자연에 그대로 맡길 따름이다."(제물론) 장자는 커피를 다 마셨다. "자, 그럼 이만 나는 가보겠네." 청바지를 입은 장자는 내 눈앞에서 사라졌다.

나는 '장자'가 말하는 느림과 비움에서 희망을 찾는다. 장자는 시류를 타고 놀되 그 시류에 잠기지 않았다. 세속에 있으면서도 대붕과 같이 구름을 타고 세속 밖을 날아다녔다. 그는 어려움에 처했지만 담대하고 탁 트였으며, 두루 통하지 않은 데가 없었다. 현재와 과거의 소용돌이치는 힘들의 자리가 현실이다. 이 현실 속에서 역경과 시련이 나오는데, 사람은 그 속에서 단련되는 법이다. 실직 위기가 넘실대고 파산의 그림자가 드리워진 시대, 막막하고 캄캄한 길에 언제 어디에서 함정을 만나 추락할 지 알 수가 없다. 희망은 줄고 절망은 점점 커진다. 그러나 너무 두려워하지 말자. 가난보다도 더 무서운 것은 희망을 잃는 일이다. 자, 두려움 떨치고 일어나자. 모든 생명체는 저마다 타고난 방식으로 제 삶을 꾸리지만 상호연기相互緣起의 인드라망 안에서 하나로 연결된다. 나의 밖에 있는 다른 생명들은 내 생명의 가능성이며, 타자들은 나의 또 다른 자아들이다. 우리 안에서 소용돌이치고 있는 생물적 욕망과 필요를 넘어서서, 종種을 초월하는 생태학적 윤리의 길로 가자! 느림과 비움의 길로!

2010년 새해 아침,
어리석은 자가 엎드려서 쓰다